职业教育培训方法与模式改革分析

王波 著

中国纺织出版社有限公司

图书在版编目（CIP）数据

职业教育培训方法与模式改革分析 / 王波著 .
北京：中国纺织出版社有限公司 , 2024.9. -- ISBN
978-7-5229-2181-5

Ⅰ . G719.2

中国国家版本馆 CIP 数据核字第 2024NW0584 号

责任编辑：房丽娜　　责任校对：王蕙莹　　责任印制：储志伟

中国纺织出版社有限公司出版发行
地址：北京市朝阳区百子湾东里 A407 号楼　邮政编码：100124
销售电话：010—67004422　　传真：010—87155801
http://www.c-textilep.com
中国纺织出版社天猫旗舰店
官方微博 http://weibo.com/2119887771
天津千鹤文化传播有限公司印刷　各地新华书店经销
2024 年 9 月第 1 版第 1 次印刷
开本：787×1092　1/16　印张：18.5
字数：200 千字　定价：78.00 元

凡购本书，如有缺页、倒页、脱页，由本社图书营销中心调换

前 言

在当今社会,职业教育作为培养高素质技术技能人才的重要途径,正日益受到社会与公众的广泛关注。《职业教育法》规定职业教育包括职业学校教育和职业培训,育训并举是职教法确定的法定职责。党的十九大报告指出,要"完善现代职业教育和培训体系,深化产教融合,校企合作""大规模开展职业技能培训,注重解决结构性就业矛盾,鼓励创业带动就业"。党的二十大报告则进一步强调科教兴国战略、人才强国战略、创新驱动发展战略,明确"统筹职业教育、高等教育、继续教育协同创新,推进职普融通、产教融合、科教融汇,优化职业教育类型定位"。随着经济的快速发展和产业结构的不断升级,职业教育不仅关乎广大学生的未来发展,更是对生产和管理的后备人力资源有着直接而决定性的影响。因此,如何科学而系统地认知现有职业教育培养模式与方法,并持续推动其创新与改革,成为当下职业教育领域面临的重要课题。

职业教育培训方法与模式的改革,是适应经济社会发展需求、推动职业教育高质量发展的关键所在。一方面,随着新兴产业的崛起和传统产业的转型升级,对人才的需求也在不断变化,职业教育必须紧跟产业发展趋势,调整人才培养模式,培养适应产业发展需求的高素质技术技能人才。另一方面,技术进步日新月异,对人才的能力要求也在不断提高,职业教育需要加强对学生实践能力和创新创业精神的培养,以适应技术进步对人才能力的新要求。然而,当前职业教育体系仍存在诸多不足,如实践教学环节薄弱、校企合作不够深入、教师队伍素质有待提高等。这些问题严重制约了职业教育培养质量和效益的提升，难以满足经济社会对高素质技术技能人才的需求。因此，改革职业教育培训方法与模式，成为提升职业教育整体水平、促进学生全面发展的必然选择。

为落实党中央完成职业教育和培训体系，深化产教融合，适应经济转型升级、产业结构调整及科技进步对高素质技能型人才的需求，作者对职业教育进行了深入研究和实践，撰写了《职业教育培训方法与模式改革分析》一书，本书对职业教育培训方法与模式改革进行了全面分析，旨在通过对当前职业教育培训方法与模式的基本状况进行深入分析，探讨其存在的问题与不足，并提出相应的改革策略与措施。通过借鉴国内外先进经验，结合我国职业教育实际，从注重学生职业核心技能的培养与发展、增加职业教育培养体系中的实践教学体系、深化校企合作、提高教师队伍素质等多个方面入手，推动职业教育培训方法与模式的全面创新与改革。

本书从职业教育概念分析入手，阐述了职业教育的理念，强调职业导向性贯穿教育体系各个环节，以"产学研"为抓手，明确职业教育的地位与功能，提出要培养"一专多能、全面发展"的复合型技术技能人才，继而深入讨论了职业教育中培训的教学理论，职业院校的培训教学实践及教学方法的改革与创新，本书分析了职业技能熟化过程及其影响因素，强调了职业综合素养教学改革的实施，包括思想、职业、创新、身心和人文素养的培育，以人为本，采取项目导向教学等多种教学模式开展职业教育与培训。最后，本书聚焦于信息时代职业教育质量监控与师资保障的构建，为职业教育的持续发展提供理论支持和实践指导。

我们相信，通过不懈努力，职业教育将能够更好地适应经济社会发展需求，培养出更多具备创新精神和实践能力的高素质技术技能人才，为产业升级和区域发展提供有力的人才支撑。同时，职业教育也将成为学生成长和发展的主要路径与平台，助力学生实现全面可持续发展。

本书编写是基于湖南工业职业技术学院教育部"双高"建设单位在多年办学历史中开展职业教育与培训方面的经验总结，是贯彻习总近平书记在党的二十大报告强调"健全终身职业技能培训制度"，加快建设包括大国工匠和高技能人才在内的"国家战略人才力量"的回应。职业教育肩负育训并举重任，职教同仁携手共进，共同探讨产教融合、人才培养的新模式、新路径，服务经济社会高质量发展。

王波

2024年6月

目 录

第一章　现代职业教育的概述
第一节　现代职业教育的概念阐释 …………………………… 002
第二节　现代职业教育的理念与特征 ………………………… 005
第三节　现代职业教育的地位与功能 ………………………… 009
第四节　现代职业教育的培养目标 …………………………… 013

第二章　职业教育培训的教学理论
第一节　职业教育和培训理论 ………………………………… 018
第二节　职业教育与职业培训发展 …………………………… 024
第三节　职业院校的培训教学 ………………………………… 028

第三章　职业教育中技术知识的教学方法
第一节　默会知识的传递与教学策略 ………………………… 036
第二节　职业技能的熟化过程及其影响因素 ………………… 046
第三节　明言知识的教学改革与创新路径 …………………… 056

第四章　职业教育综合素养教学改革的实施
第一节　思想素养的培育与实践 ……………………………… 062

第二节	职业素养的培育与实践	071
第三节	创新素养的培育与实践	095
第四节	身心素养的培育与实践	112
第五节	人文素养的培育与实践	130

第五章　行业协会参与职业教育模式

第一节	行业协会参与职业教育校企合作模式的探索	140
第二节	OBE 理念下行业协会参与职业教育的模式创新	159
第三节	行业学院：产教融合的新平台	166
第四节	"双高计划"与行业学院的构建策略	173
第五节	职业教育集团的协同创新与利益协调	193
第六节	"三螺旋"理论在现代产业学院中的应用	200

第六章　职业教育校企深度融合模式改革

第一节	主体化改革：激发教育活力	214
第二节	以就业为导向的教学体系改革	220
第三节	"双证制"：认证与能力的双重保障	226
第四节	现代学徒制：人才培养的新模式	232
第五节	校企合作"小实体大平台"模式的改革与实践	244

第七章　信息时代下职业教育的质量监控与师资保障

第一节	信息时代背景下职业教育的产学研合作	256
第二节	信息时代背景下职业教育的质量体系	264
第三节	信息时代背景下职业教育的师资队伍建设	278

第一章
现代职业教育的概述

　　职业教育是为适应经济社会发展的需要和个人就业的需求,对受过一定教育的人进行职业素养特别是职业能力的培养和训练,为其提供从事某种职业所必需实践经验的一种教育。它不仅是教育的一种类型,更是培养技术型、技能型应用人才的重要途径。

第一节　现代职业教育的概念阐释

现代职业教育作为教育体系中的重要组成部分，其概念随着时代的变迁而不断丰富和发展。简而言之，现代职业教育是指在现代社会背景下，为适应经济转型升级、产业结构调整及科技进步对高素质技能型人才的需求，而实施的一种具有鲜明时代特征、强调实践应用与创新能力培养的教育模式。它不仅涵盖了传统职业教育中的技能训练与职业准备，更融入了现代教育理念，如终身教育、素质教育、创新教育等，旨在培养德、智、体、美、劳全面发展的社会主义建设者和接班人。

现代职业教育的内涵广泛，包括但不限于以下几个方面。

一、教育目标的多元化

在现代职业教育体系中，教育目标的多元化是其显著特征之一，这一理念深刻体现了对学生全面发展的高度关注。首先，职业技能培养作为职业教育的核心任务，旨在通过系统的专业课程和实践训练，使学生掌握扎实的专业知识和技能，为未来的职业生涯奠定坚实基础。这不仅包括对行业通用技能的掌握，还涉及对专业领域内最新技术、工艺和方法的了解与应用，以确保学生能够在激烈的市场竞争中保持竞争力。

然而，现代职业教育并不仅仅满足于职业技能的培养，它同样重视学生的职业道德、职业素养及综合能力的提升。职业道德是职业人员在职场中应遵循的基本行为规范和道德准则，它关乎个人的职业操守和社会责任感。现代职业教育通过开设职业道德教育课程、组织社会实践活动等方式，引导学生树立正确的职业观念，培养良好的职业道德品质。同时，职业素养的提升也是不可忽视的一环，它涵盖了沟通能力、团队协作能力、问题解决能力等多个方面，是学生在职场中取得成功的重要因素。

此外，综合能力的提升也是现代职业教育的重要目标之一。这包括对学生创新思维、批判性思维、信息素养、跨文化交流能力等综合素质的培养。在快速变化的社会环境中，只有具备这些综合素质的学生才能更好地适应未来社会的发展需求，成为具有创新精神和实践能力的复合型人才。

二、教育内容的现代化

教育内容的现代化是现代职业教育适应时代发展的必然要求。随着科技的飞速进步和产业结构的不断升级，传统的教学内容已经难以满足现代企业对高素质技能型人才的需求。因此，现代职业教育必须紧密对接产业发展前沿，及时引入新技术、新工艺、新规范，实现教学内容与行业标准的深度融合。

为了实现教育内容的现代化，现代职业教育需要加强与行业企业的合作与交流，了解行业发展的最新动态和人才需求趋势。同时，还需要积极引进国内外优质教育资源，包括教材、课程、师资等，不断更新和完善教学内容体系。此外，现代职业教育还应注重教学内容的实用性和针对性，通过案例教学、项目驱动等教学方式，让学生在实践中掌握知识和技能，提高解决实际问题的能力。

三、教育方式的灵活性

教育方式的灵活性是现代职业教育适应学生个性化需求和学习特点的重要体现。传统的教学方式往往以课堂讲授为主，缺乏实践性和互动性，难以满足现代职业教育的需求。因此，现代职业教育需要采用线上线下混合教学、工学结合、校企合作等多种教学模式，以增强学习的实践性和针对性。

线上线下混合教学模式结合了线上学习的便捷性和线下学习的互动性优势，通过在线课程、网络教学资源等方式为学生提供了灵活多样的学习途径。同时，线下教学则注重实践操作和师生互动，通过实训、实验、实习等环节加深学生对专业知识的理解和掌握。

工学结合模式则是将学习与工作紧密结合在一起的教学模式。学生可以在学校学习理论知识的同时，到企业参与实际工作，通过实践锻炼提高自己的职业技能和职业素养。这种教学模式不仅有助于增强学生的实践能力，还能帮助他们更好地了解职场环境和企业文化。

校企合作模式则是现代职业教育与产业深度融合的重要途径。通过与企业建立紧密的合作关系，学校可以及时了解企业的人才需求和技术标准，调整和优化教学内容和课程设置。同时，企业也可以借助学校的师资力量和教学资源，开展员工培训和技术研发等活动，实现互利共赢。

四、教育评价的全面性

教育评价的全面性是确保现代职业教育质量的重要保障。传统的教育评价往往以考试成绩为主要依据，忽视了对学生综合素质和能力的全面评价。因此，现代职业教育需要建立以能力为核心、过程与结果并重的多元化评价体系，以促进学生的全面发展。

首先，能力评价应成为教育评价的核心。这包括对学生职业技能、职业素养、创新能力等综合素质的评价。通过设立技能鉴定、职业资格考试等方式，对学生的职业技能水平进行客观评价；同时，通过综合素质测评、职业规划指导等方式，全面了解学生的职业素养和综合能力水平。

其次，过程评价应与结果评价并重。过程评价关注学生在学习过程中的表现和努力程度，包括学习态度、学习方法、团队协作能力等方面；结果评价则关注学生的学习成果和成就水平，包括考试成绩、实践作品、竞赛获奖等方面。通过过程与结果并重的评价方式，可以更加全面、客观地反映学生的学习情况和能力水平。

最后，多元化评价体系的构建需要学校、企业、社会等多方面的共同参与和支持。学校应制定科学合理的评价标准和指标体系，确保评价的公正性和有效性；企业应积极参与学生的实践评价和职业指导，提供真实的职场环境和反馈意见；社会则应关注职业教育的质量和成效，为职业教育的发展提供有力支持。

第二节　现代职业教育的理念与特征

现代职业教育秉持"以人为本、能力为重、全面发展"的教育理念。它强调以学生为中心，尊重学生的个性差异和兴趣特长，通过个性化教学激发学生的潜能；同时，将能力培养置于核心地位，特别是强调创新能力、批判性思维和实践操作能力的培养；最终目标是促进学生的全面发展，实现知识、技能、情感态度与价值观的全面提升。

现代职业教育具有以下几个显著特征。

一、职业导向性

现代职业教育紧密对接市场需求，培养适应产业发展需要的高素质技能型人才，其首要特征是鲜明的职业导向性，这一特性贯穿于教育体系的各个环节。在快速发展的经济环境中，市场需求不断变化，产业结构持续优化升级，对人才的需求也呈现出多元化、高端化的趋势。因此，现代职业教育必须紧密对接市场需求，深入分析行业发展趋势和人才供需状况，精准定位培养目标，确保所培养的人才能够迅速适应并满足产业发展的实际需求。

为了实现职业导向性，现代职业教育需要加强与行业企业的合作，建立紧密的产学研合作关系。通过校企合作，学校可以及时了解企业的人才需求和技术标准，调整和优化专业设置和课程体系，确保教学内容与行业标准相衔接。同时，学校还可以邀请企业专家参与教学过程，共同制订人才培养方案，提高教育的针对性和实效性。此外，学校还可以通过开展市场调研、职业分析等活动，准确把握行业发展趋势和人才流动规律，为人才培养提供科学依据。

在职业导向性的指导下，现代职业教育致力于培养适应产业发展需要的高素质技能型人才。这类人才不仅具备扎实的专业知识和技能，还具备良好的职业道德、职业素养和创新能力。他们能够快速适应工作环境，解决实际问题，并在工作中不断学习和成长，成为推动企业发展和产业升级的重要力量。

二、实践性

现代职业教育强调理论知识与实践操作的有机结合，实践性是其另一大特征。与传统教育注重理论知识的传授不同，现代职业教育更加强调理论知识与实践操作的有机结合。这一特征体现在教育教学的各个环节中，包括课程设置、教学方法、教学评价等方面。

在课程设置上，现代职业教育注重实践课程的比重和质量。通过开设大量的实训、实验、实习等课程，让学生在实践中掌握知识和技能，提高解决实际问题的能力。这些实践课程不仅涵盖了专业技能的训练，还包括职业素养、团队协作能力、创新思维等综合素质的培养。

在教学方法上，现代职业教育采用多种教学手段和方式，以增强教学的实践性和互动性。例如，采用项目驱动教学法，让学生在完成具体项目的过程中学习和掌握知识和技能；采用案例教学法，通过真实或模拟的案例情境，引导学生分析问题、解决问题；采用情境教学法，模拟真实的工作环境和工作场景，让学生在模拟环境中进行实践操作和角色扮演。

在教学评价上，现代职业教育也注重实践能力的评价。通过设立技能鉴定、职业资格证书考试等方式，对学生的实践能力和职业素养进行全面、客观的评价。同时，学校还鼓励学生参与各类技能竞赛和实践活动，以展示自己的才华和能力，获得社会的认可和赞誉。

三、开放性

开放性是现代职业教育适应时代发展要求的必然选择。传统教育往往存在着封闭性、单一性等弊端，难以满足社会对多样化、高质量人才的需求。因此，现代职业教育必须打破传统教育的封闭体系，构建校企合作、产教融合、工学结合的开放办学模式。

在校企合作方面，现代职业教育通过与企业建立紧密的合作关系，实现资源共享、优势互补。学校可以为企业提供人才支持和技术服务，企业则可以为学校提供实践基地和就业机会。这种合作模式有助于学校及时了解企业的需求和技术标准，调整和优化教学内容和课程设置；同时也有助于学生更好地了解职场环境和企业文化，提高职业素养和适应能力。

在产教融合方面，现代职业教育注重将产业发展和教育教学紧密结合在一起。通过引入行业企业资源和技术标准，学校可以及时调整和优化专业设置和课程体系；同时也可以通过与企业共同开展技术研发和成果转化等活动，推动产业升级和技术进步。这种融合模式有助于学校更好地服务于产业发展和社会需求。

在工学结合方面，现代职业教育强调将学习与工作紧密结合在一起。通过设立工学交替、顶岗实习等制度，让学生在学习期间就能接触到真实的工作环境和工作任务。这种教学模式有助于学生更好地了解职场环境和工作流程，同时也有助于他们在实践中掌握知识和技能，提高实践能力和职业素养。

四、创新性

创新性是现代职业教育不断适应新技术、新业态发展需求的重要动力。随着科技的飞速发展和产业的不断升级换代，传统的人才培养模式已经难以满足现代企业的需求。因此，现代职业教育必须鼓励教育教学改革，探索新型人才培养模式。

在教育教学改革方面，现代职业教育注重更新教育理念和教学方法。通过引入现代教育理念和技术手段（如信息化教学、智能化教学等），提高教学的针对性和实效性；同时也注重培养学生的创新思维和批判性思维等能力。此外，学校还积极探索学分制、选课制等灵活多样的教学管理制度，为学生提供更多自主选择和发展空间。

在新型人才培养模式方面，现代职业教育注重多元化和个性化发展。通过设立多种类型的人才培养方案（如订单班、现代学徒制等），满足不同层次、不同类型学生的需求；同时也注重根据学生的兴趣特长和职业规划进行个性化培养。此外，学校还积极探索跨界融合的人才培养模式（如"互联网＋教育"、"人工智能＋教育"等），将新技术、新业态融入人才培养过程中，提高人才培养的质量和效益。

现代职业教育的职业导向性、实践性、开放性和创新性是其适应时代发展要求和满足社会需求的重要特征。这些特征不仅体现了现代职业教育与传统教育的区别和优势，也为现代职业教育未来的发展指明了方向和目标。

第三节　现代职业教育的地位与功能

现代职业教育作为国家发展战略的核心环节，其重要性日益凸显，不仅关乎国家人力资源的培育与优化，更是推动经济社会高质量发展的强大引擎。

在当前全球经济一体化和快速变化的背景下，就业市场面临着前所未有的挑战与机遇。现代职业教育通过紧密对接市场需求，培养具备高度专业技能和良好职业素养的高素质技能型人才，为社会提供了源源不断的就业动力。一方面，职业教育注重实践教学，使学生在校期间就能掌握实用的工作技能，提高就业竞争力；另一方面，通过与企业合作开展实习实训、定向培养等项目，为学生搭建起从校园到职场的桥梁，实现学习与就业的无缝对接。此外，现代职业教育还积极鼓励学生创新创业，通过开设创业课程、举办创业大赛、提供创业指导等方式，激发学生的创业热情，培养创业能力，为社会创造更多的就业机会和经济增长点。

随着科技的飞速发展和产业结构的不断优化升级，传统行业正经历着深刻的变革，新兴产业如雨后春笋般涌现。现代职业教育紧跟时代步伐，紧密关注产业发展趋势，不断调整和优化专业设置和课程体系，确保所培养的人才能够适应并引领产业发展。一方面，职业教育加强与行业企业的合作，共同研发新课程、新教材，引入新技术、新工艺、新规范，实现教学内容与行业标准的深度融合；另一方面，通过校企合作、产教融合等模式，推动学校与企业资源共享、优势互补，共同开展技术研发、产品升级等活动，促进产业创新发展。此外，现代职业教育还注重培养学生的创新思维和跨界融合能力，鼓励他们在新兴领域和交叉学科中探索未知、创造未来，为产业升级注入新的活力。

国民素质是一个国家综合实力的重要体现，也是推动经济社会持续健康发展的基础。现代职业教育在提升国民素质方面发挥着不可替代的作用。首先，职业教育注重培养学生的职业道德和职业素养，引导他们树立正确的世界观、人生观和价值观，增强社会责任感和使命感；其次，通过系统的专业知识和技能传授，提高学生的综合素质和竞争力，使他们能够更好地适应社会发展需求；再次，职业教育还注重培养学生的创新意识和实践能力，鼓励他们勇于探索、敢于创新，为国家的科技进步和经济发展贡献智慧和力量；最后，职业教育还承担着普及科学文化知识、提高全民科学素质的重要任务，通过开设公共课程、举办科普活动等方式，提高广大民众的科学素养和创新能力。

现代职业教育已成为国家发展战略的重要组成部分，是构建人力资源强国、推动经济社会高质量发展的关键力量。在促进就业创业、服务产业升级、提升国民素质等方面，现代职业教育也发挥着不可替代的作用。因此，我们应该高度重视现代职业教育的发展，加大投入力度，优化资源配置，推动职业教育高质量发展，为实现中华民族伟大复兴的中国梦贡献更大的力量。

现代职业教育具有如下多重功能。

一、人才培养功能

现代职业教育的核心功能在于人才培养，其目标是培养出适应经济社会发展需求的高素质技能型人才。这些人才不仅具备扎实的专业知识和技能，还具备良好的职业素养、创新思维和实践能力。现代职业教育通过不断优化专业设置、更新课程内容、改进教学方法等手段，确保所培养的人才能够紧密对接市场需求，满足产业升级和技术进步对人才的新要求。

在人才培养过程中，现代职业教育注重理论与实践的有机结合，通过大量的实训、实验、实习等环节，让学生在实践中掌握技能、积累经验、提升能力。同时，学校还积极与企业合作，建立校企合作机制，通过工学交替、顶岗实习等方式，让学生在真实的工作环境中锻炼自己，增强就业竞争力。这种紧密对接市场需求的人才培养模式，不仅提高了学生的就业率，也为社会输送了大量高素质技能型人才，为经济社会发展提供了有力的人才支撑。

二、社会服务功能

现代职业教育不仅承担着人才培养的重任，还通过技能培训、技术咨询、社区教育等形式，积极履行社会服务功能。随着社会的不断发展，人们对技能培训和继续教育的需求日益增加。现代职业教育充分利用自身的资源和优势，面向社会开展各类技能培训项目，帮助广大劳动者提升技能水平，增强就业能力。同时，学校还积极与企业合作，开展技术咨询和技术服务活动，为企业提供技术支持和解决方案，推动企业的技术创新和产业升级。

此外，现代职业教育还积极参与社区教育，为社区居民提供丰富多彩的教育资源和学习机会。通过开设公益课程、举办文化讲座、开展科普活动等方式，学校不仅丰富了社区居民的精神文化生活，还提高了他们的科学文化素质和综合素养。这种面向社会的服务活动，不仅增强了职业教育的社会影响力，也为构建学习型社会、促进终身教育体系的建立做出了积极贡献。

三、文化传承与创新功能

现代职业教育在传授职业技能的同时，也承载着传承和创新优秀文化的使命。职业教育作为教育体系的重要组成部分，不仅关注技能的培养和知识的传授，还注重对学生人文素养和综合素质的培养。在课程设置和教学内容上，现代职业教育积极融入中华优秀传统文化和社会主义核心价值观等内容，引导学生树立正确的世界观、人生观和价值观。通过文化课程、艺术活动、社会实践等形式，学校不仅让学生了解和掌握中华优秀传统文化的精髓和内涵，还培养他们的文化自信心和民族自豪感。

同时，现代职业教育还注重创新文化的培育和创新精神的培养。在教育教学过程中，学校鼓励学生勇于探索、敢于创新，为他们提供展示才华和创意的平台和机会。通过参与科研项目、创业实践、技能竞赛等活动，学生不仅能够锻炼自己的创新思维和实践能力，还能够为社会的文化创新和技术创新贡献自己的力量。这种传承与创新并重的教育模式，不仅有助于培养具有全球视野和创新能力的高素质人才，也为推动社会文化的繁荣和发展注入了新的活力。

四、国际交流与合作功能

随着全球化的不断深入和发展，国际交流与合作已成为现代职业教育不可或缺的一部分。通过参与国际职业教育交流与合作项目，我国职业教育不仅能够借鉴和学习国际先进的教育理念和教学经验，还能够提升自身的国际影响力和竞争力。

在国际交流与合作中，我国职业教育积极与世界各国和地区开展合作与交流活动。通过举办国际职业教育论坛、参与国际职业教育展览、与国外院校建立合作关系等方式，我国职业教育不仅展示了自身的特色和优势，还吸引了众多国际合作伙伴的关注和支持。这些合作与交流活动不仅促进了我国职业教育与国际接轨的步伐，还为我国职业教育的发展提供了更多的机遇和资源。

同时，我国职业教育还积极参与国际职业教育标准和认证体系的制定和推广工作。通过与国际组织和其他国家合作制定职业教育标准和认证体系，我国职业教育不仅能够提升自身的标准化和规范化水平，还能够增强在国际职业教育领域的话语权和影响力。这种积极参与国际交流与合作的态度和行动，不仅有助于推动我国职业教育的国际化进程，也为提升我国在国际舞台上的地位和形象做出了积极贡献。

第四节　现代职业教育的培养目标

现代职业教育的培养目标可以概括为"一专多能、全面发展"的复合型技术技能人才。具体而言，包括以下几个方面。

一、专业技能：扎实基础，解决实践难题

在现代职业体系中，专业技能是职场人士的核心竞争力。它不仅仅指对书本知识的熟练掌握，更包括对实际操作技能的精通与灵活运用。一名具备扎实专业技能的从业者，必须能够迅速理解岗位需求，精准把握工作要点，高效解决技术难题。这要求从业者不仅要深入学习专业理论知识，还要通过大量的实践训练，将理论转化为实践能力。例如，在工程技术领域，掌握CAD绘图、PLC编程、机械设计等专业技能，能够确保工程师在设计、制造、维护等环节中游刃有余；而在信息技术行业，精通编程语言、数据库管理、网络安全等技能，则是程序员、数据分析师等职位的基本要求。

二、职业素养：品德为先，团队协作共赢

职业素养是衡量一个人职业成熟度的重要标志，它涵盖了职业道德、团队协作精神和社会责任感等多个方面。良好的职业道德是职场人士的基本底线，包括诚实守信、敬业爱岗、尊重他人等品质。这些品质不仅有助于建立个人信誉，还能促进团队和谐与企业文化的健康发展。团队协作精神是现代企业不可或缺的软实力，它要求员工能够积极融入团队，与同事有效沟通，共同面对挑战，实现团队目标。同时，社会责任感也是职业素养的重要组成部分，它要求员工在追求个人职业发展的同时，关注社会福祉，积极参与公益活动，

为社会贡献自己的力量。

三、创新能力：创新驱动，引领未来

在快速变化的今天，创新能力已成为衡量一个人职业竞争力的重要指标。具备创新意识的从业者，能够敏锐地捕捉市场变化和技术趋势，勇于尝试新方法、新技术，不断突破自我限制，推动技术进步和产业升级。创新思维是创新能力的核心，它要求从业者具备开放的心态、批判的思维和勇于探索的精神。通过运用所学知识解决实际问题，从业者不仅能够提升工作效率和质量，还能为企业创造更大的价值。例如，在产品设计领域，创新思维能够激发设计师的灵感，创造出更加符合市场需求和用户体验的产品；在企业管理方面，创新方法能够优化流程、降低成本、提高效益。

四、可持续发展能力：终身学习，适应未来

随着科技的不断进步和产业的快速升级，职场环境也在不断变化。为了保持竞争力并实现职业生涯的可持续发展，从业者必须具备终身学习的意识和能力。这要求从业者能够持续跟踪行业动态和技术前沿，关注新兴领域和跨界融合趋势，不断拓宽知识面和视野。同时，从业者还需要积极参与各种培训和学习活动，提升自身的专业技能和综合素质。通过不断学习和实践，从业者能够更好地适应未来职场的变化和挑战，保持个人职业发展的活力和动力。

五、身心健康：健康为本，支撑长远

身心健康是职业发展的基石。只有具备良好的身体素质和心理品质，从业者才能在紧张的工作和生活中保持充沛的精力和积极的心态。因此，现代职业教育越来越注重身心健康教育。在身体素质方面，学校和企业应鼓励员工参与体育锻炼和户外活动，提高身体素质和免疫力；在心理品质方面，则应加强心理健康教育，帮助员工建立正确的价值观和人生观，培养乐观向上、勇于面对困难的心态。通过加强身心健康教育，学校和企业能够为员工创造一

个更加健康、和谐的工作环境,为职业生涯的长远发展奠定坚实基础。

综上所述,现代职业教育在促进社会进步、经济发展和个人成长方面扮演着举足轻重的角色。通过不断深化改革和创新发展,现代职业教育将为实现中华民族伟大复兴的中国梦贡献更大力量。

第二章
职业教育培训的教学理论

职业教育培训理论主要包含职业教育培训教学的理论基础、发展历程以及职业院校在培训教学中的具体实践。职业院校作为职业教育的重要载体，职业教育的目标设定、内容构建、教学方法选择以及未来的发展趋势建立，同时培训教学具有市场需求导向、实践能力培养、校企合作、师资队伍建设以及终身教育理念等特点。

第一节　职业教育和培训理论

一、职业教育和培训的定义

职业教育和培训（Vocational Education and Training，VET）旨在通过系统的教育和培训，使学习者获得从事特定职业所需的知识、技能和素养，从而能够胜任该职业的要求并实现个人职业发展。它不仅关注专业技能的培养，还注重学生的综合素质、创新能力和终身学习能力的培养。职业教育和培训作为教育体系中的重要组成部分，承载着为社会培养高素质技能型人才的使命。其核心理念在于通过一系列精心设计的教育和培训活动，全面提升学习者的职业竞争力，助力他们成功步入职业生涯并实现个人价值。

（一）系统教育与培训的结合

职业教育和培训强调"系统性"，这意味着教育过程不是零散的、碎片化的，而是有组织、有计划、有目的地进行。它涵盖了从基础知识的学习到专业技能的掌握，再到职业素养的提升，形成了一个完整的教育链条。通过系统的教育和培训，学习者能够逐步构建起扎实的专业基础，掌握核心技能，并形成良好的职业素养，为未来的职业生涯奠定坚实基础。

（二）职业导向的明确性

VET的核心在于其强烈的职业导向性。它紧密围绕市场需求和行业发展趋势，设置专业和课程，确保学习者所学的知识与实际工作需求高度契合。通过职业教育和培训，学习者能够明确自己的职业定位和发展方向，了解行业规范、职业标准和工作流程，为未来的职场生涯做好充分准备。

（三）专业技能与综合素质并重

在职业教育和培训中，专业技能的培养无疑是核心任务之一。然而，这并不意味着忽视学习者的综合素质提升。相反，VET注重培养学习者的创新能力、团队协作能力、沟通能力等综合素质，以及自主学习和终身学习的能力。这些素质对于学习者在未来的职场中持续成长和进步至关重要。通过综合素质的培养，学习者能够更好地适应复杂多变的职场环境，实现个人职业发展的跨越。

（四）个人职业发展的推动

职业教育和培训的最终目标是促进学习者的个人职业发展。通过系统的教育和培训，学习者不仅能够获得从事特定职业所需的知识和技能，还能够形成正确的职业观念和职业道德，为未来的职业生涯奠定坚实的思想基础。同时，VET还注重为学习者提供职业规划、就业指导等服务，帮助他们更好地规划职业道路，实现个人职业发展的梦想。

职业教育和培训是一种旨在通过系统的教育和培训活动，提升学习者职业竞争力、促进个人职业发展的教育模式。它强调系统性与职业导向性的结合，注重专业技能与综合素质的并重培养，致力于为社会培养高素质技能型人才。

二、职业教育和培训的理论基础

（一）人本主义教育思想

人本主义教育思想是职业教育和培训的重要理论基础之一，它深刻影响了教育实践的各个方面。这一理论强调教育的核心在于"人"，即教育的目的、内容和方式都应围绕学生的全面发展、多元化发展和个性化发展展开。

在职业教育和培训领域，人本主义教育思想体现为对学生个体差异的充分尊重。每个学生都拥有独特的兴趣、特长和学习风格，职业教育和培训应提供多样化的教育路径，以满足不同学生的职业发展需求。这意味着课程设计、教学方法和评价方式都应具有灵活性和包容性，能够根据学生的特点和需求进行调整和优化。通过关注学生的全面发展，职业教育和培训不仅帮助学生掌握专业技能，还注重培养他们的创新能力、团队协作能力、沟通能力等综合素质，为他们未来的职业生涯奠定坚实的基础。

（二）市场需求导向

市场需求导向是职业教育和培训课程设计的核心原则之一。这一原则强调职业教育和培训应紧密对接行业发展和企业需求，确保学生所学技能与市场需求相匹配。

在实践中，市场需求导向要求职业教育和培训机构密切关注行业动态和技术发展趋势，通过调研和分析市场需求，不断调整和优化课程设置。这包括更新课程内容、引入新技术和新工艺、加强实践教学环节等。通过市场需求导向的课程设置，职业教育和培训能够确保学生掌握最前沿的技能和知识，提高他们在职场中的竞争力。同时，这也有助于促进产业升级和经济发展，为社会培养更多符合市场需求的高素质技能型人才。

（三）跨学科整合

跨学科整合是职业教育和培训课程设计的另一个重要趋势。这一趋势强调将相关领域的知识和技能融入课程中，拓宽学生的知识面和视野，帮助他们形成系统的知识结构。

在职业教育和培训领域，跨学科整合具有重要意义。首先，它有助于打破学科壁垒，促进不同领域之间的交流和融合。通过跨学科整合，学生可以接触到更广泛的知识和技能，从而拓宽他们的视野和思路。其次，跨学科整合有助于提高学生的综合素质和创新能力。在解决复杂问题时，往往需要综合运用多个领域的知识和技能。通过跨学科整合的课程设计，学生可以培养跨学科的思维方式和解决问题的能力，为未来的职业发展打下坚实的基础。最后，跨学科整合还有助于提高职业教育的适应性和灵活性。随着科技和社会的快速发展，新兴行业和职业不断涌现。通过跨学科整合的课程设计，职业教育和培训可以更加灵活地应对这些变化，为学生提供更多元化的职业发展路径。

（四）终身教育理念

终身教育理念是职业教育和培训的重要指导思想之一。它强调随着科技和社会的快速发展，知识和技能更新的速度不断加快，因此职业教育和培训应培养学生终身学习的意识,帮助他们掌握自主学习和持续学习的能力。

在职业教育和培训领域,终身教育理念体现为对学生学习能力的关注和培养。这包括培养学生的自主学习能力、批判性思维能力、信息获取和处理能力等。通过这些能力的培养,学生可以更好地适应不断变化的职场环境和社会需求。同时,职业教育和培训还应为学生提供多样化的学习资源和机会,如在线课程、工作坊、实习实训等,以满足他们终身学习的需求。此外,职业教育和培训还应加强与企业、社区等社会各界的合作与交流,共同构建终身学习的生态系统,为学习者提供全方位的支持和服务。

人本主义教育思想、市场需求导向、跨学科整合和终身教育理念共同构成了职业教育和培训的理论基础。这些理论不仅为职业教育和培训提供了指导思想和原则方向,还促进了教育实践的不断创新和发展。在未来的发展中,职业教育和培训将继续秉承这些理念,不断适应社会和市场的变化需求,为培养更多高素质技能型人才做出更大的贡献。

三、职业教育和培训的教学方法

在职业教育和培训领域,教学方法的选择与应用直接关系到学生技能掌握的程度与职业素养的培养。以下是对几种主流教学方法的详细阐述,它们共同构成了职业教育和培训教学体系的基石。

(一)理论与实践相结合

理论与实践相结合是职业教育和培训中最基本也是最核心的教学方法。这种方法强调理论知识与实践技能的紧密结合,旨在通过实践操作加深学生对理论知识的理解,并使其在实际应用中得以巩固和提升。

在实际教学中,教师可以通过设计一系列的实验操作、实训模拟等活动,让学生在模拟或真实的职业环境中进行技能训练。例如,在汽车维修专业中,学生可以通过拆解、组装汽车零部件,学习并掌握汽车维修的基本技能;在烹饪专业中,学生可以通过亲手制作菜肴,将烹饪理论转化为实践技能。这种教学方法不仅能够帮助学生快速掌握技能,还能培养他们的动手能力、观察能力和解决问题的能力。

（二）项目导向教学

项目导向教学是一种以实际项目为载体，将知识点融入项目中的教学方法。这种方法强调学生的主动性和创造性，鼓励他们在完成项目的过程中学习知识和技能，并培养实践能力和团队协作能力。

在项目导向教学中，教师会根据教学目标和行业需求，设计一系列具有挑战性的项目任务。学生需要组成团队，共同分析项目需求、制订计划、分配任务、实施项目并最终展示成果。在这个过程中，学生会遇到各种问题和挑战，需要运用所学知识进行思考和解决。这种教学方法不仅能够激发学生的学习兴趣和积极性，还能培养他们的创新思维、批判性思维和解决问题的能力。同时，通过团队协作，学生还能学会如何与他人沟通、协调和合作，为未来的职场生涯打下坚实的基础。

（三）案例教学法

案例教学法是一种通过分析真实案例来帮助学生理解抽象概念和理论的教学方法。这种方法注重将理论知识与实际应用相结合，通过案例分析来提高学生的分析和解决问题的能力。

在案例教学法中，教师会选择一些具有代表性的、贴近行业实际的案例进行分析和讨论。这些案例可能来自于企业的真实问题、行业的典型案例或者是学生自己遇到的实际问题。通过对案例的深入分析，学生可以更好地理解抽象的概念和理论，并将其应用于实际问题的解决中。同时，案例教学法还能培养学生的逻辑思维、批判性思维和解决问题的能力，使他们在面对复杂问题时能够做出准确的判断和决策。

（四）角色扮演教学

角色扮演教学是一种模拟真实场景，让学生扮演不同角色来培养沟通、协作和解决问题能力的教学方法。这种方法通过模拟职场环境或特定情境，让学生在扮演角色的过程中体验不同角色的职责、挑战和应对策略。

在角色扮演教学中，教师可以根据教学内容和目标设计不同的场景和角色。例如，在客户服务专业中，可以模拟客户服务热线场景，让学生分别扮演客服代表和客户进行对话；在销售专业中，可以模拟销售谈判场景，让学生扮演销售人员和客户进行沟通和协商。通过角色扮演，学生可以更加深入地理解职场规则和职业要求，并学会如何与他人进行有效沟通和协作。同时，这种方法还能增强学生的社会适应能力和职场竞争力，为他们未来的职业发展打下坚实的基础。

职业教育和培训的教学方法多种多样，每种方法都有其独特的优势和适用范围。在实际教学中，教师应根据教学目标、学生特点和行业需求等因素灵活选择和运用这些方法，以达到最佳的教学效果。同时，教师还应不断探索和创新教学方法，以适应时代的发展和社会的需求。

第二节 职业教育与职业培训发展

一、历史沿革

职业教育和培训作为教育体系中的重要组成部分,其历史沿革可以追溯到古代的学徒制,并随着工业革命的发展逐渐形成了学校形态的职业教育。

(一)起源——古代的学徒制

职业教育和培训的起源可以追溯到人类社会的早期阶段,那时人们通过言传身教的方式传授生产和生活技能。在古代中国,职业教育多以学徒制的形式存在,即师傅通过手把手教授徒弟技艺,使他们在实践中逐渐掌握各种技能。这种学徒制不仅传授了具体的技能,还培养了徒弟的职业素养和职业道德。

(二)发展——工业革命与学校职业教育的形成

随着工业革命的到来,机器生产逐渐取代了手工劳动,对劳动者的技能要求也发生了巨大变化。为了满足工业生产对技术人才的需求,学校形态的职业教育应运而生。19世纪中期以后,欧美国家开始建立系统的职业教育体系,通过学校教育的方式培养技术工人和工程师。这一时期的职业教育注重理论与实践相结合,强调对学生实践能力的培养。

(三)拓展与深化——社会经济发展与职业教育体系的完善

进入20世纪以后,随着社会经济的快速发展和产业结构的不断调整,职业教育和培训的需求也日益增长。为了满足这一需求,各国纷纷加强职业教育体系的建设和完善。在中国,职业教育经历了从起步阶段到确立阶段、再到发展阶段和迅速发展阶段的历程。每个阶段都伴随着职业教育政策的出台和实施、职业教育体系的不断完善以及职业教育质量的持续提升。

具体来说，中国职业教育的发展历程可以概括为以下几个阶段：

（1）起步阶段（中华人民共和国成立前）：职业教育最早确立于19世纪60年代，当时被称为"实业教育"，并作为教育的一个组成部分。1917年，黄炎培先生在上海成立了中华职业教育社，明确职业教育不再只是作为学校教育的一部分，而是与社会经济发展紧密相连。

（2）确立阶段（新中国成立后至改革开放前）：中华人民共和国成立后，为了培养国家经济建设需要的技术人才，职业教育得到了快速发展。这一时期重点发展中等专业教育和技工学校教育，建立起以中等专业教育和技工学校教育为主体、包括农业中学和职业中学在内的中等职业教育制度。

（3）发展阶段（改革开放以来至20世纪末）：改革开放以来，随着经济社会的发展对技术技能人才需求的不断提升，职业教育进入了一个快速发展的阶段。职业教育政策建设取得了前所未有的成就，制定了一系列保证职业教育发展的政策法规，完成了职业教育发展初期阶段的法制建设目标任务。

（4）迅速发展阶段（党的十八大以来）：党的十八大以来，职业教育进入了一个迅速发展的新阶段。国家高度重视职业教育的发展，出台了一系列政策措施推动职业教育改革创新。现代职业教育体系不断完善，职业教育质量持续提升，为社会经济发展提供了有力的人才支撑。

综上所述，职业教育和培训起源于古代的学徒制，随着工业革命的发展逐渐形成了学校形态的职业教育。随着社会经济的发展和产业结构的调整，职业教育和培训不断拓展和深化，逐渐形成了完善的职业教育体系。这一体系在培养技术技能人才、推动社会经济发展方面发挥着重要作用。

二、现代发展趋势

在当今全球化和技术快速迭代的背景下，职业教育与培训正经历着前所未有的变革与发展，其趋势呈现出与产业深度融合、教育形式多元化、国际化拓展以及个性化教学等显著特点。

(一)与产业融合:深化产教融合,精准对接市场需求

随着全球经济结构的不断调整和产业升级的加速推进,职业教育与培训正逐步摆脱传统的"教育孤岛"状态,更加紧密地与产业发展相结合。这种融合不仅体现在课程设置和教学内容上,更深入到教学模式、评价体系及校企合作等多个层面。职业教育机构积极与企业建立深度合作关系,共同制定人才培养方案,确保教学内容与岗位需求高度匹配。同时,通过设立实训基地、共建研发中心等方式,为学生提供更多实践机会,增强其解决实际问题的能力,从而培养出更多符合市场需求的高素质技能人才。

(二)多元化教育形式:创新教学模式,拓宽学习渠道

面对多样化的学习需求,职业教育与培训正不断探索和创新教育模式。线上线下相结合的混合式教学成为了主流趋势,它既保留了传统课堂教学的优势,又充分利用了互联网技术的便捷性,使学习更加灵活高效。此外,校企合作、产教融合等模式进一步拓展,通过工学交替、订单培养等方式,让学生在真实的工作环境中学习,提高学习的针对性和实效性。同时,职业教育机构还积极引入慕课(MOOCs)、微课等新型教学资源,为学生提供更加丰富多样的学习选择。

(三)国际化发展:加强国际合作,提升国际竞争力

在全球化的今天,职业教育与培训的国际化发展已成为不可逆转的趋势。我国职业教育机构积极与国际职业教育机构建立合作关系,通过互派教师、学生交流、联合办学等方式,引进国际先进的职业教育理念和教学资源,提高我国职业教育的国际化水平。同时,我国职业教育还注重参与国际职业教育标准制定和认证工作,提升我国职业教育在国际上的话语权和影响力。通过国际化发展,我国职业教育不仅能够更好地服务于国内产业升级和经济发展,还能够为世界职业教育的发展贡献中国智慧和力量。

(四)个性化教学:关注学生需求,促进全面发展

在职业教育与培训中,个性化教学越来越受到重视。职业教育机构开始关注学生的个性化需求和发展特点,通过提供个性化的教学方案、灵活的学习路径和多元化的评价体系等方式,满足不同学生的学习需求。个性化教学不

仅有助于激发学生的学习兴趣和动力，还能够促进学生的全面发展。通过关注学生的个性差异和潜能挖掘，职业教育机构能够为学生提供更加精准的培养方案和支持服务，帮助他们在未来的职业生涯中取得更大的成功。

综上所述，现代职业教育与培训的发展趋势呈现出与产业深度融合、教育形式多元化、国际化拓展以及个性化教学等显著特点。这些趋势不仅反映了职业教育与培训对时代变化的积极回应和主动适应，也为其未来的发展指明了方向。

第三节　职业院校的培训教学

一、课程设置与教学内容

在职业院校的培训教学中，课程设置与教学内容的设计是核心环节，它直接关系到学生能否获得符合市场需求、具备高度实用性的知识和技能。

（一）市场需求导向的课程设置

（1）行业动态分析：职业院校应建立常态化的行业调研机制，密切关注行业动态和发展趋势，了解新兴技术、新兴业态以及市场需求的变化。通过定期的行业报告、专家讲座、企业访谈等形式，确保课程设置能够紧跟时代步伐，满足行业发展的需求。

（2）企业需求对接：职业院校应加强与企业的合作与交流，通过校企合作、工学交替、订单培养等方式，深入了解企业对人才的需求和期望。根据企业的实际需求，调整和优化课程设置，确保课程内容与企业岗位需求高度匹配，提高学生的就业竞争力。

（3）前瞻性布局：在课程设置上，职业院校还应具备一定的前瞻性，预见未来行业的发展趋势和人才需求变化。通过引入新兴技术、新兴学科和跨学科课程，培养学生的创新思维和跨界能力，为他们未来的职业发展奠定坚实的基础。

（二）高度综合的课程内容

（1）知识整合：在课程内容设计上，职业院校应注重知识的整合与融合。将相关领域的知识和技能有机结合起来，形成系统完整的知识体系。通过跨学科、跨专业的课程组合，拓宽学生的知识面和视野，培养他们的综合素质和综合能力。

（2）案例教学：为了增强课程的实用性和针对性，职业院校可以采用案例教学法。通过引入真实的企业案例和项目，让学生在分析和解决问题的过程中学习知识和技能。这种方法不仅能够帮助学生更好地理解理论知识，还能够提高他们的实践能力和解决问题的能力。

（3）前沿知识融入：职业院校还应关注行业前沿动态和技术发展趋势，及时将新技术、新理论和新方法融入课程内容中。通过更新教材、引进先进教学设备和软件等方式，确保学生能够接触到最新的知识和技能，保持与行业发展的同步。

（三）实践教学环节的强化

（1）实验实训：职业院校应加大对实验实训环节的投入力度，建设高水平的实验实训基地和实训室。通过安排充足的实验实训课程和时间，让学生在实践中掌握技能、积累经验。同时，注重实验实训的针对性和实效性，确保学生能够真正学到有用的知识和技能。

（2）实习实训：除了校内实验实训外，职业院校还应积极与企业合作开展校外实习实训。通过组织学生到企业实习实训，让他们亲身体验企业工作环境和流程，了解企业文化和岗位要求。这种方式不仅能够提高学生的实践能力和职业素养，还能够增强他们的就业信心和竞争力。

（3）项目教学：职业院校还可以采用项目教学的方式强化实践教学环节。通过设计具有挑战性和实用性的项目任务，让学生在完成项目的过程中学习知识和技能。这种方式不仅能够激发学生的学习兴趣和动力，还能够培养他们的团队合作精神和创新能力。

综上所述，职业院校的培训教学应以市场需求为导向，根据行业发展和企业需求调整和优化课程设置；课程内容应高度综合且注重前沿知识的融入；同时加强实践教学环节的比重和力度，提高学生的实践能力和解决问题的能力。这些措施将有助于培养更多符合市场需求的高素质技能型人才。

二、教学方法与手段

在职业院校的培训教学中，教学方法与手段的选择对于激发学生的学习兴趣、提高学习效果及实践能力至关重要。通过采用多样化的教学方法与手段，不仅能够适应不同学生的学习风格和需求，还能有效提升教学质量和效率。

（一）理论与实践相结合

理论与实践相结合是职业院校教学的基本原则之一。理论教学为学生提供了扎实的知识基础，而实践教学则使学生能够将所学知识应用于实际情境中，增强他们的动手能力和问题解决能力。为了实现这一目标，职业院校应确保课程设置中理论与实践内容的平衡，并通过实验、实训、实习等多种方式加强实践教学环节。同时，鼓励教师在理论教学中融入实践案例，使学生在理解理论的同时，也能感受到其在实际工作中的应用价值。

（二）项目导向教学

项目导向教学是一种以项目为核心的教学方法，它强调学生在完成项目的过程中学习知识和技能。在职业院校中，项目导向教学可以帮助学生将所学知识整合起来，形成系统的解决方案。通过参与项目，学生可以体验到从需求分析、方案设计到实施落地的全过程，培养他们的团队合作精神、创新思维和问题解决能力。为了实施项目导向教学，职业院校需要与企业合作开发实际项目，或者设计模拟项目供学生练习。同时，教师需要具备项目管理的经验和能力，以引导学生顺利完成项目任务。

（三）案例教学法

案例教学法是一种以案例为基础的教学方法，它通过分析和讨论真实或模拟的案例来帮助学生理解和掌握相关知识。在职业院校中，案例教学法可以帮助学生更好地理解行业规范和标准、了解企业运营流程和管理模式等。通过案例分析，学生可以学会如何运用所学知识去分析和解决问题，提高他们的批判性思维和决策能力。为了实施案例教学法，职业院校需要建立丰富的案例库，包括行业内的经典案例、企业实际案例以及模拟案例等。同时，教师需要具备案例分析和讨论的技巧和方法，以引导学生深入思考和交流。

（四）角色扮演教学

角色扮演教学是一种模拟真实工作场景的教学方法，它通过让学生扮演不同的角色来体验和理解工作中的情境和问题。在职业院校中，角色扮演教学可以帮助学生了解企业文化、掌握工作流程、提高沟通能力和团队协作能力等。通过角色扮演，学生可以更加深入地了解职业特点和要求，为未来的职业发展做好准备。为了实施角色扮演教学，职业院校需要设计贴近实际的模拟场景和角色设定，并提供必要的道具和服装等支持。同时，教师需要提前进行角色分配和剧本编写等工作，以确保教学的顺利进行。

（五）现代信息技术手段的应用

随着信息技术的快速发展，职业院校应充分利用现代信息技术手段来丰富教学手段和提高教学效果。互联网教学、虚拟现实教学等新型教学手段的出现为职业教育带来了前所未有的机遇。通过互联网教学平台，学生可以随时随地访问教学资源和参与在线学习活动；通过虚拟现实技术，学生可以身临其境地体验真实的工作环境和操作流程。这些技术手段不仅能够激发学生的学习兴趣和主动性，还能够提高他们的学习效果和实践能力。为了充分利用现代信息技术手段，职业院校需要加强信息化基础设施建设、推广数字化教学资源、培训教师掌握现代教学技术等工作。

三、师资力量与教学资源

在职业院校的教育体系中，师资力量与教学资源的优化配置是确保教育质量、推动教育创新、培养符合市场需求的高素质技能人才的关键因素。

（一）师资力量：专业引领，教学卓越

（1）专业素质与技能：职业院校的教师团队应具备深厚的专业背景和广泛的知识储备，能够紧跟行业动态，掌握前沿技术。他们不仅要有扎实的理论基础，还需具备丰富的实践经验，能够将理论知识与实践操作紧密结合，为学生提供高质量的教学指导。

（2）持续专业发展：职业院校应重视教师的持续专业发展，通过定期组织培训、参加学术会议、企业实践等方式，不断提升教师的专业素养和教学能

力。同时，鼓励教师参与科研项目，促进教学科研相长，提升教学质量。

（3）双师型教师培养：鉴于职业教育的特点，职业院校应特别注重"双师型"教师的培养。这类教师既具备教师的职业素养和教学能力，又具备行业专家或技术人员的实践经验。通过校企合作、教师下企业锻炼等方式，增强教师的实践能力和行业洞察力。

（4）师德师风建设：良好的师德师风是教师队伍建设的灵魂。职业院校应加强对教师的师德师风教育，引导教师树立正确的教育观、人才观和质量观，以高尚的师德、严谨的治学态度和无私的奉献精神影响和教育学生。

（二）教学资源：全面优化，支撑教学

（1）教学设施建设：职业院校应投入足够的资源，建设现代化的教学设施，如智慧教室、多媒体教室、实训中心等。这些设施应满足不同课程的教学需求，为师生提供舒适、高效的教学环境。

（2）实验设备配置：实验设备是职业教育中不可或缺的教学资源。职业院校应根据专业设置和课程需求，合理配置实验设备，确保每位学生都能获得充分的实践机会。同时，加强设备的维护与更新，确保其性能稳定、安全可靠。

（3）教材资料开发：教材资料是学生学习的重要载体。职业院校应组织教师团队和企业专家共同开发符合市场需求、具有职业特色的教材资料。这些教材应注重理论与实践的结合，体现行业标准和最新技术成果，为学生提供丰富的学习资源。

（4）数字化教学资源：随着信息技术的快速发展，数字化教学资源在职业教育中的应用越来越广泛。职业院校应充分利用现代信息技术手段，建设数字化教学资源库，包括在线课程、教学视频、电子图书等。这些资源可以为学生提供更加便捷、灵活的学习方式，满足其个性化学习需求。

（三）校企合作：深度融合，共创未来

（1）共建实践基地：职业院校应与企业建立紧密的合作关系，共同建设校外实践基地。这些基地可以为学生提供真实的工作环境和实践机会，帮助他们将所学知识应用于实际工作中，提高实践能力和职业素养。

（2）联合人才培养：职业院校与企业可以共同制定人才培养方案，实现人才培养的精准对接。通过课程设置、教学内容、教学方法等方面的合作，确保学生所学知识与行业需求的紧密衔接。同时，企业可以参与学生的实习实训、毕业设计等环节，为学生提供更加贴近实际工作的指导和支持。

（3）资源共享与互补：职业院校与企业之间可以实现教学资源的共享与互补。企业可以为学校提供实习实训场地、设备和技术支持；学校则可以为企业提供人才培养、技术咨询和科研合作等方面的支持。这种资源共享与互补的模式有助于促进校企双方的共同发展。

职业院校在师资力量与教学资源的建设上应坚持高标准、严要求的原则，不断提升教师的专业素养和教学能力，优化教学资源的配置和管理，同时积极与企业开展深度合作，共同推动职业教育的高质量发展。

四、教学质量评估与反馈

在职业院校的教育体系中，教学质量评估与反馈是确保教育质量持续提升、促进学生全面发展的关键环节。一个科学、全面的教学质量评估体系不仅能够准确反映学生的学习成效，还能为教学改进提供有力依据，进而推动整个教育体系的不断优化。

（一）教学质量评估体系的构建

（1）多元化评估指标：教学质量评估应涵盖多个维度，包括学生的学习成果、学习态度、实践能力、创新能力等。通过设置多元化的评估指标，能够更全面地反映学生的综合素质和教学效果。

（2）过程与结果并重：评估不仅应关注学生的学习结果，如考试成绩、作品展示等，还应重视学习过程的评估，如课堂参与度、作业完成情况、实验操作技能等。这有助于教师及时了解学生的学习动态，调整教学策略。

（3）定性与定量相结合：评估方法应灵活多样，既包括量化的数据收集（如考试成绩、问卷调查统计等），也包括定性的分析（如观察记录、访谈反馈等）。这种结合能够更准确地反映教学质量的真实情况。

（4）多方参与：评估应鼓励学生、教师、企业等多方参与。学生的自我评价和同伴评价能够反映学习体验和学习效果；教师的自我反思和同行评价有助于提升教学能力和教学质量；企业的反馈则能体现学生职业能力和市场需求的契合度。

（二）反馈机制的建立与实施

（1）及时反馈：评估结果应及时、准确地反馈给学生和教师。对于学生而言，反馈可以帮助他们了解自己的学习状况，发现不足并调整学习策略；对于教师而言，反馈则是改进教学的重要依据。

（2）个性化指导：基于评估结果，教师应为学生提供个性化的学习指导。针对学生的不同特点和需求，教师应制订针对性的学习计划，帮助学生克服学习困难，提高学习效率。

（3）持续改进：评估结果不仅应作为当前教学质量的反映，更应成为教学改进的动力。职业院校应定期对评估结果进行分析和总结，找出教学中存在的问题和不足，制定改进措施并付诸实施。同时，建立教学质量的持续改进机制，确保教学质量的稳步提升。

（4）职业发展跟踪：职业院校还应加强对学生职业发展的跟踪和评估。通过建立毕业生跟踪调查系统、与用人单位建立联系等方式，了解学生在职场中的表现和发展情况。这些反馈信息不仅可以为教学改进提供有力支持，还可以为学校的专业设置和课程调整提供依据。

教学质量评估与反馈是职业院校教育体系中不可或缺的一环。通过构建科学的教学质量评估体系、建立有效的反馈机制、加强对学生职业发展的跟踪和评估，职业院校能够不断提升教学质量和学生的学习效果，为培养符合市场需求的高素质技能人才奠定坚实基础。同时，这种闭环优化的教学管理机制也有助于推动职业院校的可持续发展和不断创新。

第三章
职业教育中技术知识的教学方法

在职业教育领域，技术知识的有效传授不仅是学生掌握专业技能的基础，也是培养其成为行业所需人才的关键。本章将深入探讨职业教育中技术知识的教学方法，特别是针对默会知识、职业技能熟化过程以及明言知识教学的改革与创新路径进行详细阐述。

第一节 默会知识的传递与教学策略

一、默会知识的定义与特性

（一）默会知识的定义

默会知识（Tacit Knowledge），作为知识领域的一个重要组成部分，其名称本身就蕴含了"难以言说"或"缄默"的意味。它是指那些难以通过传统的文字、语言或符号系统明确表达、编码和传递的知识类型。这种知识通常深藏于个体的内心世界，是个人在长期实践、体验、反思中逐渐积累和形成的，具有高度的个人化、情境化和实践性等特征。

（二）默会知识的特性

1. 个人化

默会知识的个人化特性意味着它深深植根于每个人的独特个性之中。这种独特性源于个体的成长经历、文化背景、情感反应以及认知方式的差异。即使面对相同的情境或问题，由于每个人的经历和认知框架不同，他们所形成的默会知识也会有所不同。例如，在烹饪领域，两位厨师可能都掌握了基本的烹饪技巧，但他们在调味、火候控制等方面可能会因个人偏好和经验积累的不同而展现出独特的风格。这种个人化的默会知识使每个人的技能表现都带有鲜明的个性色彩。

2. 情境化

默会知识的情境化特性强调它与特定环境或情境的紧密联系。这种知识往往是在具体的实践活动中逐渐积累起来的，与特定的工作环境、工具使用、人际关系等因素密切相关。一旦离开了这些具体的情境，默会知识就可能变得难以识别或应用。例如，在汽车维修领域，一位经验丰富的技师能够迅速诊断出车辆故障的原因，并采取相应的修复措施。然而，这种能力在很大程度上依赖于他对汽车维修环境的熟悉程度、对车辆结构的了解以及长期积累的实践经验。如果将这些知识应用到其他不相关的领域或情境中，其效果可能会大打折扣。

3. 实践性

默会知识的实践性是其最显著的特点之一。它不仅仅是对理论知识的理解和认知，更是通过实际行动和亲身体验来获得的。在职业教育中，许多职业技能的掌握都需要通过反复的实践和试错来实现。这种实践过程不仅有助于个体积累丰富的经验，还能够促使他们形成独特的直觉和判断力。例如，在医护领域，护士需要通过不断地临床实践来掌握各种护理技能和应急处理能力。这些技能往往是在面对真实患者的过程中逐渐形成的，难以通过单纯的理论学习来掌握。

4. 难以言传性

默会知识的难以言传性是其最为神秘和复杂的特性之一。尽管它对个体来说可能具有极高的价值和意义，但却难以用语言、文字或符号系统来完整、准确地表达。这主要是因为默会知识中包含了大量难以言说的细节、微妙之处和直觉判断。这些元素往往需要通过个体的亲身体验和感悟来领悟，无法通过简单的传授或学习来获得。因此，在职业教育中，如何有效地传递和分享默会知识成为一个重要的挑战。教师需要采用多种教学策略和方法，如情境教学、师徒制、反思性实践等，来帮助学生更好地理解和掌握默会知识。

5. 整体性

默会知识的整体性特性表明它不是孤立存在的，而是与个体的其他知识、经验、技能和情感等紧密相连，构成了一个整体的知识系统。在职业教育中，这种整体性特征要求我们在教学过程中注重知识的整合和综合运用。教师需要帮助学生将所学的默会知识与理论知识、实践技能以及个人经验相结合，形成完整的知识结构和能力体系。同时，还需要引导学生关注不同知识领域之间的联系和互动，培养他们的跨学科思维和综合能力。只有这样，学生才能够在未来的职业生涯中灵活应对各种复杂多变的情境和挑战。在职业教育中，默会知识对于技能的形成、创新能力的培养以及个人职业发展具有至关重要的作用。首先，默会知识是技能形成的重要基础。许多职业技能都需要通过长期的实践和经验积累来掌握，而这些实践经验往往就是默会知识的重要组成部分。其次，默会知识对于创新能力的培养也具有重要意义。创新往往需要个体具备敏锐的直觉、独特的视角和灵活的思维方式，而这些都离不开默会知识的支撑。最后，默会知识还有助于个体在职业生涯中保持竞争力和适应性。随着技术的不断发展和职业环境的不断变化，个体需要不断学习和更新自己的知识和技能。而默会知识作为一种难以被替代的知识类型，能够为个体提供独特的竞争优势和适应能力。

因此，在职业教育中，我们应该高度重视默会知识的传递和培养。通过采用情境教学、师徒制、反思性实践等有效的教学策略和方法，帮助学生更好地理解和掌握默会知识，从而提升他们的职业技能和创新能力。

二、默会知识的传递方式

（一）师徒制

师徒制是一种历史悠久的技能传承方式，尤其在手工艺、艺术、医学等需要高度专业技能和经验的领域中尤为常见。在这种制度下，经验丰富的师傅会亲自指导年轻的徒弟，通过言传身教、示范操作等方式，将自身的默会知识传授给下一代。

1. 言传身教

在师徒制中，言传身教是传递默会知识不可或缺的方式。首先，"言传"指的是师傅通过口头讲解的方式，向徒弟传授理论知识、基本原理和一般规律。这种传授方式虽然传统，但仍然是构建知识框架、理解技能基础的重要步骤。然而，在师徒制中，"身教"更为关键。师傅通过自身的行为示范，直接展示技能的实际操作过程，包括手法、步骤、注意事项等。这种直观的展示方式具有极高的教学价值，因为它能够让学生直接观察到技能的关键细节和微妙之处，这些是文字和语言难以准确描述的。

例如，在烹饪领域，师傅不仅会讲解食材的选择、搭配和烹饪原理，更会通过亲自下厨，展示切菜、调味、火候控制等具体技巧。徒弟在观察师傅的操作过程中，能够直观地感受到技能的精髓，从而更快地掌握这些默会知识。

2. 亲密互动

师徒制中的亲密互动是确保教学效果的重要保障。师徒之间通常保持着紧密的互动关系，这种关系不仅是教学上的指导与被指导，更是情感上的交流与共鸣。师傅会密切关注徒弟的学习进度和表现，及时给予指导和反馈。这种个性化的指导方式能够针对徒弟的具体情况和问题，提供有针对性的解决方案。同时，徒弟也能够及时向师傅请教疑惑，获得及时的帮助和支持。

亲密互动还有助于建立师徒之间的信任关系。当徒弟感受到师傅的关心和支持时，他们会更加积极地投入学习，努力提升自己的技能水平。此外，师傅还可以通过互动了解徒弟的性格特点、学习习惯和兴趣爱好等信息，从而更加精准地制定教学计划和方法。

3. 情感纽带

情感纽带是师徒制中不可或缺的一部分。它不仅是一种情感上的联系和依赖，更是一种价值观和文化的传承。在师徒制中，师傅不仅传授技能，还传授职业道德、行业规范等价值观。这些价值观是师傅在长期实践中积累和总结出来的宝贵经验，对于徒弟的成长和发展具有重要的指导意义。

通过情感纽带的建立，徒弟能够感受到师傅的关爱和期望，从而增强学习动力和归属感。他们会更加珍惜学习机会，努力提升自己的技能水平，以回报师傅的辛勤付出。同时，师徒之间的情感联系还能够促进彼此之间的理解和包容，减少矛盾和冲突的发生。这种和谐的人际关系有助于营造一个良好的学习氛围和工作环境，为徒弟的成长和发展提供更加有力的支持。

师徒制的优势在于它能够有效地传递默会知识，帮助徒弟快速掌握专业技能。然而，这种方法也面临着一些挑战，如师傅的精力有限、传承效率受到个人因素影响等。

（二）情境学习

情境学习是一种将学习置于真实或模拟的工作情境中的教学方法。它强调学习应该与具体情境相结合,使学生在解决实际问题的过程中体验、感悟和内化默会知识。

1. 真实情境

在职业教育和技能培训中,将学生置于真实的工作环境中进行学习和实践,是一种极为有效的教学方法。这种方法的核心在于让学生直接面对实际问题和挑战,从而深刻体验到工作的复杂性和多样性。这种体验不仅是理论知识的简单应用,更是对默会知识深入理解和掌握的关键过程。

在真实的工作环境中,学生能够亲身体验到工作的各个环节和细节,这种直接经验是任何模拟或理论教学都无法替代的。通过实际操作,学生能够更加直观地理解技能的应用场景和限制条件。面对真实的问题和挑战,学生需要运用所学知识进行思考和解决。这个过程不仅能够锻炼学生解决问题的能力,还能帮助他们学会如何在不确定性和压力下做出决策。真实的工作环境往往涉及到与他人的协作和沟通。在这种环境中学习,学生能够提升自己的社会交往能力,学会如何与同事、客户或上级进行有效沟通。通过真实的工作体验,学生能够更好地理解职业素养的重要性,如责任感、时间管理、团队合作等。这些职业素养对于未来的职业发展至关重要。

然而,需要注意的是,真实的工作环境也可能带来一定的风险和不确定性。因此,在安排学生进入真实工作环境之前,需要进行充分的准备和规划,确保学生的安全和健康。

2. 模拟情境

在某些情况下,由于种种原因(如成本、安全、资源限制等),学生可能无法直接进入真实的工作环境。此时,模拟情境成为一种有效的替代方案。模拟情境利用虚拟现实、角色扮演等技术手段,创建出与真实工作环境相似的场景和情境,让学生在模拟环境中进行学习和实践。

模拟环境可以在很大程度上消除真实环境中的风险和不确定性,确保学生的安全和健康。模拟环境可以由教育者进行设计和控制,确保学生能够在预设的情境中进行学习和实践。这种可控性有助于教育者根据学生的实际情况和需要进行有针对性的指导和调整。模拟环境可以根据教学需要进行灵活调整和优化，以适应不同学科、不同技能领域的教学需求。相比真实环境，模拟环境的成本更低，可以节省大量的时间和资源。

然而，模拟情境也存在一定的局限性。由于它无法完全复制真实环境的复杂性和多样性，因此可能无法完全替代真实体验。此外，模拟环境中的反馈和结果可能与真实环境存在差异，这可能会影响学生对默会知识的理解和掌握程度。因此，在使用模拟情境进行教学时，需要结合其他教学方法和手段，以确保教学效果的全面性和有效性。情境学习能够激发学生的学习兴趣和动力，提高学习的针对性和实效性。同时，它还有助于培养学生的实践能力和创新能力，使他们更好地适应未来工作的需求。

（三）反思性实践

反思性实践是一种强调在实践过程中不断思考、总结、提炼经验的学习方法。它鼓励学生将感性的体验上升为理性的认识，从而深化对默会知识的理解。

1. 实践体验

实践体验是整个学习过程的起点，它要求学生亲自参与到具体的实践活动中去，以获得直接的经验和感受。这个步骤强调的是"做中学"，即通过实际操作来理解和掌握知识。

在开始实践之前，学生需要明确实践的目标和任务，了解实践活动的具体要求和期望成果。学校或教育机构需要提供必要的实践环境和资源，如实验室、工作室、实训基地等，以确保学生能够顺利进行实践活动。学生需要按照实践计划和要求，认真执行实践活动。在实践过程中，学生应积极参与，勇于尝试，不怕失败，努力克服困难和挑战。在实践过程中，学生应随时记录自己的经验和感受，包括遇到的问题、解决的方法、获得的成果等。这些记录将成为后续反思和总结的重要依据。

2. 反思总结

反思总结是在实践体验之后进行的重要环节，它要求学生对自己的行为和经验进行深入的思考和分析，找出其中的优点和不足。

学生需要回顾整个实践过程，重新梳理自己的经历和感受。通过回忆，学生可以更加清晰地认识到自己在实践中的表现和成长。在回顾的基础上，学生需要对自己的实践成果进行客观的分析和评价。他们应该识别出自己在实践中的成功之处和不足之处，并思考这些成功和失败的原因。通过分析，学生可以总结出一些具有普遍意义的经验教训。这些经验教训不仅可以帮助他们更好地理解和掌握所学知识，还可以为他们未来的学习和工作提供有益的参考。在总结的基础上，学生可以针对自己的不足之处提出具体的改进意见和措施。这些意见和措施将指导他们在未来的学习和实践中不断进步和完善。

3. 提炼升华

提炼升华是将感性的体验转化为理性的认识的过程。在这一步骤中，学生需要将自己在实践中的经验和感受进行提炼和升华，形成具有普遍意义的经验和规律。

学生需要将自己在实践中的经验和感受进行归纳整理，将它们分类、概括和提炼。通过这个过程，学生可以更加清晰地认识到自己在实践中的收获和成长。在归纳整理的基础上，学生可以尝试将这些经验和感受上升为理论层面的认识。他们可以通过分析、比较和推理等方法，提炼出具有普遍意义的经验和规律。通过提炼升华的过程，学生可以更加深入地理解所学知识和技能的内涵和外延。他们可以更加清晰地认识到这些知识和技能在实际应用中的价值和意义。在提炼升华的基础上，学生可以尝试将这些经验和规律纳入自己的知识体系中，形成更加完整和系统的知识结构。这将有助于他们更好地掌握和应用所学知识。

4. 应用创新

应用创新是将提炼出的经验和规律应用到新的实践活动中去的过程。在这一步骤中，学生需要运用所学知识和技能来解决新的问题和挑战，实现知识的迁移和创新。

在应用创新之前，学生需要设定新的实践目标。这些目标应该与所学知识和技能紧密相关，并具有一定的挑战性和创新性。为了实现新的实践目标，学生需要制订详细的实施计划。这个计划应该包括具体的操作步骤、时间安排、资源需求等方面的内容。按照实施计划的要求，学生需要积极执行实践活动。在实践过程中,他们应该灵活运用所学知识和技能来解决问题和挑战。在实践结束后,学生需要对自己的创新成果进行评估。他们可以通过比较、分析等方法来评估自己的创新成果是否达到了预期的目标和效果。同时,他们还应该反思自己在创新过程中的经验和教训,为未来的学习和工作提供有益的参考。

反思性实践有助于培养学生的批判性思维和创新能力,使他们能够更加深入地理解和掌握默会知识。同时,它还有助于学生形成自主学习的习惯和能力,为未来的终身学习奠定坚实的基础。

三、教学策略

在职业教育与技能培训中,为了更有效地促进学生掌握默会知识,即那些难以明确表述、主要通过实践和经验积累获得的知识,我们可以采取一系列有针对性的教学策略。以下是对设计情境化学习任务、强化实践环节以及建立学习共同体这三个策略的详细阐述。

(一)设计情境化学习任务

1. 贴近实际,增强真实感

情境化学习任务的设计首要原则是贴近实际工作场景。这意味着任务应尽可能模拟真实工作环境中的挑战和问题,使学生能够身临其境地感受到工作的复杂性和多样性。例如,在医学教育中,可以设计模拟病例分析任务,让学生在虚拟或真实的医院环境中处理患者信息,制订治疗方案;在酒店管理教学中,可以安排学生扮演不同角色,模拟酒店前台接待、客房服务、餐饮服务等场景,体验实际工作流程。

2. 任务导向,明确学习目标

每个情境化学习任务都应设定清晰、具体的学习目标,确保学生在完成任务的过程中能够有针对性地学习和掌握相关知识和技能。学习目标应明确指出学生需要掌握哪些默会知识,以及如何通过完成任务来达成这些目标。同时,任务设计还应考虑学生的现有知识水平和能力差异,确保任务既具有挑战性又具有可行性。

3. 融入情境，促进深度学习

情境化学习任务的关键在于将学习内容融入到具体的情境中，使学生在解决问题的过程中自然而然地接触和领悟默会知识。为了实现这一目标，任务设计应注重情境的完整性和连贯性，确保学生能够在真实的或模拟的情境中全面体验工作过程。此外，任务还应具有一定的开放性，鼓励学生发挥自己的创造力和想象力，探索多种解决方案，从而加深对默会知识的理解和掌握。

（二）强化实践环节

1. 增加实践教学比重

实践教学是掌握默会知识的重要途径。因此，在教学过程中应大幅增加实践教学的比重，确保学生有足够的时间和机会进行实践操作和体验。这可以通过增设实验课程、实训项目、实习机会等方式来实现。同时，实践教学应与理论教学紧密结合，确保学生在掌握理论知识的基础上能够及时进行实践应用。

2. 反复练习，形成技能

默会知识的获得往往需要大量的反复练习和积累。因此，在教学过程中应注重学生技能的反复训练和提升。通过模拟操作、案例分析、角色扮演等多种方式，让学生在不断的实践中体验和领悟默会知识。同时，教师应根据学生的实际情况和反馈及时调整教学策略和方法，确保学生能够有效地掌握技能并不断提升自己的能力水平。

3. 反思总结，提升认知

在实践过程中，反思和总结是提升学生认知水平的重要环节。教师应引导学生对自己的实践过程进行反思和总结，找出其中的优点和不足并提出改进措施。通过反思和总结，学生可以更加清晰地认识到自己在实践中的表现和成长，并加深对默会知识的理解和掌握。同时，教师还可以组织学生进行交流和分享活动，促进学生之间的互相学习和借鉴。

（三）建立学习共同体

1. 师生互动，共同学习

在建立学习共同体的过程中，师生互动是不可或缺的一环。教师应积极参与学生的学习过程并给予及时的指导和反馈。通过与学生建立良好的师生关系和互动机制，教师可以更好地了解学生的学习情况和需求并针对性地提供支持和帮助。同时，学生也可以通过与教师的交流和互动获得更加深入和全面的学习体验。

2. 生生合作，互相促进

生生合作是建立学习共同体的重要方式之一。通过小组合作、项目协作等方式，学生可以相互学习、互相帮助并共同进步。在合作过程中，学生可以分享自己的经验和知识并借鉴他人的优点和长处。这种互相促进的学习氛围有助于学生更好地掌握默会知识并提升自己的能力水平。

3. 资源共享，拓展视野

学习共同体还应注重资源的共享和拓展。教师可以引导学生利用互联网、图书馆等资源获取更多的学习材料和信息，并鼓励学生分享自己的学习成果和心得体会。同时，学校还可以邀请行业专家、企业代表等人士来校做讲座或指导实践教学活动，为学生提供更加广阔的学习视野和实践机会。通过这些方式，学生可以更加全面地了解和掌握所学专业的知识和技能并不断提升自己的综合素质和能力水平。

第二节 职业技能的熟化过程及其影响因素

一、职业技能的熟化过程

职业技能的熟化,作为个人职业发展轨迹中不可或缺的一环,是一个复杂而多维度的过程,它深刻地体现了从初步接触到精通掌握的全貌。这一过程不仅关乎技术层面的精进,更涵盖了认知、情感、行为等多方面的转变与提升。以下是对职业技能熟化四个主要阶段——认知阶段、模仿阶段、整合阶段、创新阶段的详细阐述。

(一)认知阶段:初探未知,奠定基础

1. 定义与特点

在职业技能熟化的广阔旅程中,认知阶段无疑是启程的第一站,它标志着个体对全新技能领域的初次邂逅。这一阶段,学生或初学者如同踏入一片未知的森林,眼前是茂密的树木、蜿蜒的小径,以及尚未被探索的秘密。他们对技能的概念、原理、操作规范等仅持有模糊的认知,心中既充满了对新知的渴望,也不免夹杂着对未知挑战的忐忑与迷茫。这种情绪是自然的,因为任何技能的掌握都需要从陌生到熟悉、从浅显到深入的过程。

在这个阶段,学生可能会遇到诸多障碍,如专业术语的生疏、理论知识的抽象难懂以及技能操作看似复杂的初步印象。这些都可能让他们感到挫败或畏惧,但正是这些挑战,构成了他们在技能熟化道路上不可或缺的磨砺石。

2. 学习要点

(1)知识获取:构建坚实的理论基石。在认知阶段,知识获取是首要任务。学生需要通过多种渠道,如课堂学习、教材研读、在线视频教程等,系

统地学习技能的基础知识。这些知识如同构建大厦的砖石，为后续的实践操作提供坚实的支撑。理论学习不仅帮助学生理解技能的基本概念、原理和操作规范，还为他们搭建起了一个初步的知识框架，使他们在面对复杂问题时能够有章可循、有据可依。

（2）兴趣激发：点燃内心的学习之火。兴趣是最好的老师。在认知阶段，激发学生对技能领域的兴趣和好奇心至关重要。教师可以通过生动的案例讲解、互动式的课堂讨论以及展示技能在实际工作中的应用等方式，让学生感受到技能的魅力和价值。当学生意识到所学技能不仅能够解决具体问题，还能够为他们未来的职业发展铺平道路时，他们自然会产生强烈和持续的学习动力。

（3）目标设定：明确方向，规划未来。明确的学习目标和方向是引导学生顺利度过认知阶段的重要指南。学生应根据自己的兴趣、能力和职业规划，设定具体、可衡量的学习目标。这些目标可以是短期的，如掌握某个技能的基本操作；也可以是长期的，如成为该领域的专家或领导者。同时，学生还需要制定合理的学习计划，将大目标分解为小目标，逐步实现。这样不仅能够帮助学生保持学习的连贯性和持续性，还能够让他们在学习过程中不断获得成就感和自信心。

（4）实践应用：初步体验，奠定基础。虽然认知阶段以理论学习为主，但适当的实践体验同样不可或缺。通过简单的模拟操作、案例分析等方式，学生可以初步感受技能的运用过程，加深对理论知识的理解。这些实践活动不仅能够帮助学生将所学知识与实践相结合，还能够激发他们的创造力和想象力，为后续的深入学习和实践操作打下基础。此外，实践体验还能够让学生提前感受到技能学习的乐趣和挑战性，进一步激发他们的学习热情和积极性。

认知阶段是职业技能熟化的重要起点。在这一阶段，学生需要通过知识获取、兴趣激发、目标设定和实践应用等方式，为后续的深入学习和实践操作奠定坚实的基础。只有这样，他们才能在技能熟化的道路上越走越远，最终实现从生疏到熟练、从量变到质变的飞跃。

（二）模仿阶段：跟随榜样，逐步掌握

1. 定义与特点

模仿阶段，作为职业技能熟化过程中的关键一环，标志着学生从理论知识的被动接受者转变为实践操作的积极探索者。在这一阶段，学生不再仅仅满足于对技能概念、原理的理解，而是开始渴望将所学知识转化为实际的操作能力。他们如同初学者的学徒，紧随导师或优秀同行的步伐，通过细致的观察、模仿与练习，逐步揭开技能操作的神秘面纱。

模仿阶段的学习曲线往往最为陡峭，因为它要求学生不仅要掌握技能的基本动作和流程，还要在短时间内形成正确的操作习惯。这一过程充满了挑战与反复，需要学生具备足够的耐心和毅力。他们可能会遇到动作不协调、流程不顺畅、效率低下等问题，但正是这些挫折与困难，促使他们不断反思、调整与改进，最终实现技能水平的显著提升。

2. 学习要点

（1）仔细观察：洞察细节，领悟精髓。在模仿阶段，仔细观察是首要的学习策略。学生需要全神贯注地观察导师或示范者的每一个细节动作，从手部的细微移动到身体的整体协调，力求捕捉每一个关键步骤。同时，他们还要努力理解这些动作背后的逻辑和意图，思考为何如此操作能达到最佳效果。通过深入的观察与分析，学生能够逐步领悟技能的精髓所在，为后续的模仿与练习奠定坚实的基础。

（2）积极模仿：勇于尝试，注重规范。在导师的指导下，学生需要积极尝试模仿示范者的操作。这一过程并非简单的复制粘贴，而是要求学生在理解的基础上，尽可能地还原示范者的动作和流程。在模仿过程中，学生需要特别注意动作的准确性和规范性，确保每一个步骤都符合技能操作的标准要求。通过反复的模仿与练习，学生能够逐渐掌握技能的基本操作和流程，形成初步的操作能力。

（3）反思调整：自我审视，不断进步。模仿阶段的学习并非一帆风顺，学生在模仿过程中难免会遇到各种问题和困难。因此，反思调整成为不可或缺的学习环节。学生需要不断审视自己的操作过程，找出存在的问题和不足，

并思考如何进行调整和改进。这种自我审视的过程不仅能够帮助学生及时纠正错误、弥补不足，还能够促进他们形成独立思考和解决问题的能力。通过不断地反思与调整，学生能够逐步提升自己的技能水平，向更高的层次迈进。

（4）实践应用：巩固基础，加深理解。模仿阶段的实践应用是巩固技能基本功、加深理解的重要环节。学生需要通过大量的实践练习来巩固所学技能的基本操作和流程。这些练习可以是简单的重复操作，也可以是结合具体情境的模拟训练。同时，学生还可以积极参与一些基础性的项目或任务，将所学技能应用到实际场景中。这种实践应用不仅能够帮助学生更好地理解和掌握技能知识，还能够提升他们的实际操作能力和解决问题的能力。

模仿阶段是职业技能熟化过程中至关重要的一个阶段。在这一阶段中，学生需要通过仔细观察、积极模仿、反思调整和实践应用等学习策略来逐步掌握技能的基本操作和流程。虽然这一过程充满了挑战与反复，但正是这些经历让学生逐渐成长为技能领域的熟练操作者和积极探索者。

（三）整合阶段：融会贯通，形成体系

1. 定义与特点

整合阶段，作为职业技能熟化过程中的一个重要里程碑，标志着学生已经超越了简单的模仿与重复，开始步入一个全新的境界——技能的融会贯通与体系的形成。在这一阶段，学生不再仅仅是技能的执行者，而是成为技能的创造者和优化者。他们能够将所学的各项技能进行深度整合与串联，构建起属于自己的、独具特色的技能体系。

整合阶段的特点在于其高度的综合性和创新性。学生不仅需要对所学技能有深入的理解和掌握，还需要具备跨领域、跨学科的视野和思维能力。他们能够将不同领域的技能进行有机融合，创造出全新的解决方案和方法。同时，他们还能够根据具体任务或项目的需求，灵活调整策略规划，确保技能的有效运用和价值的最大化。

2. 学习要点

（1）知识整合：构建系统化的知识框架。在整合阶段，知识整合是首要任务。学生需要将所学的各项技能进行归纳和整理，形成系统化的知识框架。这

个过程不仅是简单的堆砌和罗列,而是需要深入分析和理解各项技能之间的内在联系和逻辑关系。通过构建系统化的知识框架,学生能够更加清晰地把握技能的全貌和脉络,为后续的技能融合和策略规划提供坚实的理论基础。

(2)技能融合:探索新的解决方案和方法。技能融合是整合阶段的核心内容之一。学生需要尝试将不同的技能进行融合和交叉应用,探索出全新的解决方案和方法。这种融合既可以是技术层面的,也可以是思维层面的。例如,在软件开发领域,学生可以将编程技能与用户体验设计技能相结合,开发出既美观又实用的软件产品;在市场营销领域,学生可以将市场调研技能与品牌策划技能相结合,制定出更具针对性的营销策略。通过技能融合,学生能够打破传统思维束缚,创造出更具创新性和竞争力的解决方案。

(3)策略规划:制定合理的解决方案和策略规划。在整合阶段,学生还需要根据具体任务或项目的需求,制定合理的解决方案和策略规划。这个过程需要综合考虑多个因素,包括任务目标、资源条件、时间限制等。学生需要运用所学的知识和技能,对任务进行深入分析和评估,制定出切实可行的解决方案和策略规划。同时,他们还需要具备灵活应变的能力,根据任务进展和实际情况及时调整策略规划,确保任务的顺利完成。

(4)实践应用:检验和提升综合能力。实践应用是整合阶段不可或缺的重要环节。学生需要参与一些较为复杂的项目或任务,通过实际操作来检验和提升自己的综合能力。这些项目或任务通常涉及多个领域和多个环节,需要学生综合运用所学知识和技能进行解决。在实践过程中,学生不仅能够巩固和深化所学技能的理解和应用能力,还能够锻炼自己的团队协作、沟通协调和问题解决等综合能力。此外,他们还可以尝试承担一些领导或指导的角色,帮助他人解决问题和提升技能水平,进一步巩固自己在团队中的地位和影响力。

综上所述,整合阶段是职业技能熟化过程中一个至关重要的阶段。在这一阶段中,学生需要将所学的各项技能进行深度整合与串联,构建起属于自己的技能体系。通过对知识整合、技能融合、策略规划和实践应用等学习要点的学习和实践,学生能够不断提升自己的综合能力和创新能力,为未来的职业发展奠定坚实的基础。

（四）创新阶段：突破常规，引领潮流

1. 定义与特点

创新阶段，作为职业技能熟化的巅峰之旅，是每位追求卓越的职业人士梦寐以求的境地。在这一阶段，学生已完成了从模仿到整合的蜕变，不仅掌握了扎实的技能基础，更积累了丰富的实践经验与深刻的行业洞察。他们不再满足于现状的维持与优化，而是勇于挑战常规，以独特的视角和无限的创意探索未知，引领潮流。

创新阶段的学习者具备以下几个显著特点：首先，他们拥有深厚的技能功底，能够灵活运用所学知识解决复杂问题；其次，他们具备敏锐的洞察力，能够捕捉到行业发展的微妙变化与潜在趋势；再次，他们敢于突破传统框架，勇于尝试新方法、新思路，不畏失败，持续迭代；最后，他们具有强烈的社会责任感与使命感，致力于通过创新推动行业进步，为社会创造价值。

2. 学习要点

（1）持续学习：拥抱变化，不断更新。在创新阶段，持续学习是保持竞争力的关键。随着科技的飞速发展和行业的日新月异，新技术、新知识层出不穷。学生需要保持对新鲜事物的敏锐度和学习热情，紧跟时代步伐，不断更新自己的知识体系。他们应主动寻求学习机会，参加专业培训、研讨会、在线课程等，与业界精英交流切磋，汲取前沿思想与灵感。

（2）勇于探索：敢于挑战，不断试错。创新往往伴随着风险与不确定性。在创新阶段，学生需要具备勇于探索的精神，敢于走出舒适区，尝试新的方法和思路。他们应敢于面对失败，将失败视为成长的垫脚石，不断总结经验教训，调整策略方向。通过不断的试错与迭代，他们能够逐渐逼近问题的本质，找到创新的突破口。

（3）跨界融合：打破壁垒，创造新价值。跨界融合是创新阶段的重要策略之一。学生应具备宽广的视野和跨学科的思维能力，将不同领域的知识和技能进行有机融合与创新应用。通过跨界融合，他们能够打破传统行业的界限与壁垒，创造出全新的产品、服务或商业模式，为市场带来前所未有的价值体验。这种跨界创新不仅能够推动行业的转型升级，还能够为企业赢得竞争优势。

（4）实践应用：引领潮流，推动发展。在创新阶段，学生应成为行业内的引领者与推动者。他们可以通过技术创新、管理创新等方式，不断提升企业的核心竞争力与市场占有率。同时，他们还可以积极参与制定行业标准、撰写专业著作等活动，为行业的规范化、标准化发展贡献力量。此外，他们还应关注社会热点问题与可持续发展议题，通过创新实践为解决社会问题提供新的思路与方案。

在实践应用层面，创新阶段的学生能够展现出非凡的创造力与影响力。他们可能会创立自己的企业或品牌，通过独特的商业模式和创新的产品服务赢得市场的认可与尊重；他们也可能成为大型企业的核心领导者或技术专家，引领企业实现转型升级与可持续发展；此外，他们还可能成为行业协会、研究机构或政府部门的顾问与智囊团成员，为行业的政策制定与战略规划提供宝贵的建议与意见。总之，在创新阶段的学生将成为推动社会进步与行业发展的重要力量。

综上所述，职业技能的熟化是一个循序渐进、不断深化的过程。它要求学生在每个阶段都保持积极的学习态度和实践精神，通过不断地学习、实践、反思和调整来提升自己的技能水平。只有这样，才能最终达到技能熟化的最高境界——创新阶段，成为行业内的佼佼者。

二、职业技能熟化的影响因素

在职业技能熟化的复杂过程中，诸多因素交织作用，共同塑造着学习者的成长轨迹。这些因素大致可划分为个人因素、教学因素和环境因素三大类，它们各自独立而又相互关联，共同构成了技能熟化的多维驱动体系。以下是对这三类因素及其具体影响的详细阐述与拓展。

（一）个人因素

1. 学习兴趣与动机

学习兴趣是技能熟化的内在驱动力之一。当学习者对所学技能产生浓厚的兴趣时，他们会更加主动地投入时间和精力去探索和掌握这项技能。兴趣不仅能够激发学习者的好奇心和求知欲，还能使他们在面对困难和挑战时保持持久的热情和动力。此外，强烈的学习动机也是推动技能熟化的关键因素。动机源于个人的目标、价值观和期望，它驱使学习者不断追求进步和卓越，克服学习过程中的种种障碍。

2. 学习态度

学习态度是学习者对待学习的基本心理倾向和行为表现。积极的学习态度表现为学习者对学习任务的认真、负责和主动，他们愿意付出努力，克服困难，不断寻求提高。相反，消极的学习态度则会导致学习者对学习产生厌倦、抵触甚至逃避的情绪，从而阻碍技能的熟化。因此，培养积极的学习态度是加速技能熟化的重要途径。

3. 智力水平与认知能力

智力水平和认知能力是影响技能熟化的重要因素。智力水平高的学习者通常具有更强的记忆力、理解力和创新能力，能够更快地掌握新知识和技能。同时，他们也更善于运用所学知识解决实际问题，展现出更高的学习效率和质量。认知能力则包括注意力、观察力、思维力等方面，这些能力对技能熟化同样至关重要。良好的认知能力有助于学习者更好地理解和把握技能的本质和规律，从而实现技能的深度熟化。

4. 身体素质与健康状况

身体素质和健康状况是技能熟化的物质基础。许多职业技能需要学习者具备良好的身体素质和耐力，如体育运动、机械制造等领域。良好的身体素质不仅能够保证学习者在学习过程中的稳定性和持久性，还能提高他们的反应速度和协调能力，从而更好地掌握和运用技能。此外，健康状况也是影响技能熟化的重要因素。身体疾病或疲劳状态会削弱学习者的注意力和专注力，降低他们的学习效率和质量。

（二）教学因素

1. 教学方法

教学方法是影响技能熟化的关键因素之一。科学的教学方法能够激发学生的学习兴趣和动力，提高他们的学习效率和效果。例如，采用问题导向、案例分析、项目驱动等教学方法可以引导学生主动思考、积极探索和实践，从而加深对技能的理解和掌握。此外，教师还应根据学生的实际情况和学习需求灵活调整教学方法，确保教学的针对性和有效性。

2. 教学内容

教学内容是技能熟化的核心要素。实用的教学内容应紧密贴合行业需求和岗位要求，注重理论与实践的结合。通过系统、全面、深入地讲解和演示技能知识、操作方法和应用技巧，帮助学生构建起完整的知识体系和技能框架。同时，教学内容还应及时更新和调整，以反映行业发展的最新动态和趋势，确保学生所学知识的时效性和前瞻性。

3. 教学设施与资源

教学设施与资源是技能熟化的重要保障。先进的教学设施如实验室、实训基地、模拟仿真系统等可以为学生提供良好的实践环境和条件，帮助他们更好地掌握和运用技能。此外，丰富的教学资源如教材、课件、案例库、在线课程等也可以为学生提供多样化的学习途径和选择，满足他们个性化学习的需求。因此，学校应加大对教学设施与资源的投入力度，确保教学条件的现代化和优质化。

（三）环境因素

1. 校园文化

校园文化是影响技能熟化的重要环境因素之一。积极向上的校园文化能够激发学生的归属感和荣誉感，增强他们的学习动力和责任感。通过举办技能竞赛、学术讲座、创新实践等活动，可以营造浓厚的学术氛围和创新精神，促进学生之间的交流与合作，从而加速技能的熟化。同时，校园文化还应注重培养学生的职业道德和社会责任感，引导他们树立正确的价值观和人生观。

2. 学习氛围

学习氛围是影响技能熟化的直接环境因素。良好的学习氛围表现为班级内部的团结协作、互帮互助和积极向上的氛围。在这种氛围中，学生可以相互学习、相互激励、共同进步。教师可以通过组织小组讨论、合作学习等活动来营造这种氛围，并鼓励学生积极参与其中。同时，教师还应关注学生的学习状态和心理变化，及时给予指导和帮助，确保他们保持积极的学习态度和良好的学习状态。

3. 校企合作

校企合作是加速技能熟化的有效途径之一。通过与企业建立紧密的合作关系，学校可以为学生提供更多的实践机会和就业渠道。企业可以为学生提供真实的工作环境和任务要求，帮助他们更好地了解行业需求和岗位要求；同时，企业还可以为学校提供技术支持和资源共享，促进教学质量的提升和科研成果的转化。因此，学校应积极寻求与企业的合作机会，建立长效合作机制，共同推动技能熟化工作的深入开展。

综上所述，个人因素、教学因素和环境因素共同构成了技能熟化的多维驱动体系。它们各自独立而又相互关联，共同作用于学习者。

第三节 明言知识的教学改革与创新路径

一、明言知识的定义与重要性

(一)明言知识的定义

明言知识(Explicit Knowledge),作为知识领域中的一个核心概念,其核心在于其可表达性与明确性。这类知识不同于那些深藏于个人经验、直觉或潜意识中的隐性知识,而是能够被清晰地定义、系统地描述,并通过文字、语言、图表、公式、编码等多种方式进行传播和共享。在职业教育乃至更广泛的教育体系中,明言知识构成了学生知识体系的重要基石,是知识传承与创新不可或缺的一部分。

(二)明言知识在职业教育中的重要性

1. 构建专业知识体系的基础

职业教育旨在培养具备特定职业技能和素养的人才,而明言知识则是这一过程中不可或缺的基石。通过系统的课程学习,学生能够掌握一系列专业术语、理论框架、技术原理等明言知识,这些知识如同建筑的砖石,为学生构建起坚实的专业知识体系。这一体系不仅为学生提供了必要的理论支撑,还为他们后续的技能训练和实践应用奠定了坚实的基础。

2. 培养分析问题和解决问题的能力

明言知识不仅关乎知识的积累,更在于其应用与实践。在职业教育中,学生不仅需要掌握理论知识,更需要学会如何运用这些知识去分析和解决实际问题。明言知识为学生提供了分析问题所需的逻辑框架、思维工具和方法论,使他们能够系统地审视问题、拆解问题、提出假设并验证假设。这一过程不仅锻炼了学生的逻辑思维能力，还培养了他们的创新思维和批判性思维，为他们未来职业生涯中解决问题的能力打下了坚实的基础。

3. 促进知识的传播与共享

明言知识的可表达性使其易于传播和共享。在职业教育中，教师可以通过课堂教学、教材编写、在线课程等多种形式将明言知识传授给学生；而学生之间也可以通过讨论、合作、竞赛等方式进行知识的交流与分享。这种知识的流动不仅促进了学生之间的共同进步，还推动了整个职业教育领域的知识更新与技术创新。

4. 支撑职业发展与终身学习

随着社会的快速发展和技术的不断进步，职业领域对人才的需求也在不断变化。明言知识作为职业教育中的核心内容，为学生提供了适应职业变化所需的基础知识和能力。同时，明言知识也为学生提供了持续学习和自我提升的路径。通过不断学习新的明言知识，学生可以拓宽自己的知识视野、提升自己的职业素养和竞争力，为未来的职业发展奠定更加坚实的基础。

综上所述，明言知识在职业教育中具有举足轻重的地位。它不仅是构建学生专业知识体系的基础，更是培养其分析问题和解决问题能力的重要依托。因此，在职业教育过程中，我们应高度重视明言知识的传授与应用，努力提高学生的明言知识水平和实践能力，为他们未来的职业生涯和终身学习奠定坚实的基础。

二、明言知识的教学改革与创新路径

在快速变化的现代社会中，职业教育面临着前所未有的挑战与机遇。为了适应行业发展的需求，提升人才培养质量，教学改革与创新成为必由之路。以下将从课程内容更新、教学方法创新、信息技术融合以及评价体系改革四个方面进行详细阐述，探讨职业教育改革的具体路径与策略。

（一）课程内容更新：与行业同频共振，构建动态知识体系

1. 紧跟行业发展动态

职业教育的核心在于其职业导向性，因此课程内容必须紧密跟随行业发

展的步伐。这要求教育者密切关注行业动态，包括新技术、新工艺、新标准的出现与应用，以及行业对人才需求的变化趋势。通过定期调研、专家咨询、企业合作等方式，确保课程内容的前沿性和实用性。

2. 及时更新课程内容

在获取行业最新信息的基础上，课程内容需进行及时更新。这包括淘汰过时、冗余的知识点，增加反映行业最新进展的内容，如新兴技术、政策法规、市场趋势等。同时，注重课程内容的时效性和针对性，确保学生所学知识与市场需求紧密衔接，提高其就业竞争力和职业发展潜力。

3. 构建完整的专业知识体系

在更新课程内容的同时，还需注重知识的系统性和逻辑性。通过合理设计课程结构，将零散的知识点串联成完整的知识体系，帮助学生建立清晰的学科框架和认知结构。这有助于学生在掌握基础知识的同时，深入理解专业领域的内在联系和规律，为未来的学习和工作打下坚实的基础。

（二）教学方法创新：激活学习动力，培养综合能力

1. 引入现代教学方法

传统的教学方法往往以讲授为主，难以激发学生的学习兴趣和主动性。因此，需引入案例教学法、项目式学习、翻转课堂等现代教学方法。案例教学法通过具体案例的分析与讨论，引导学生将理论知识与实际问题相结合；项目式学习则通过模拟真实项目场景，让学生在实践中学习和掌握知识；翻转课堂则通过课前自主学习、课堂深度讨论的方式，提高教学效率和互动性。

2. 强化小组合作与讨论交流

现代教学方法强调学生的主体性和参与性。通过小组合作、讨论交流等方式，可以激发学生的学习兴趣和创造力，培养其批判性思维和团队合作能力。在小组合作中，学生可以相互学习、相互启发，共同解决问题；在讨论交流中，学生可以表达观点、质疑他人、寻求共识，从而深化对知识的理解和应用。

3. 注重实践与反思

职业教育强调实践性，因此在教学过程中需注重实践与反思的结合。通过实验操作、企业实习、社会调研等方式，让学生亲身体验行业实践，加深对

专业知识的理解和认识。同时，引导学生对实践过程进行反思和总结，提炼经验和教训，促进其专业成长和职业发展。

（三）信息技术融合：拓展学习空间，提升教学效率

1. 利用现代信息技术手段

随着信息技术的飞速发展，多媒体教学、网络教学平台等现代信息技术手段为职业教育提供了更加便捷、高效的教学工具。通过多媒体教学，可以将抽象的概念和复杂的过程以直观、生动的形式呈现给学生；通过网络教学平台，可以实现线上线下的混合式教学，拓展学习时间和空间。

2. 开发在线课程和虚拟仿真实验

在线课程和虚拟仿真实验是现代信息技术在职业教育中的重要应用。在线课程打破了时间和空间的限制，使学生可以随时随地进行学习；虚拟仿真实验则通过模拟真实实验场景和过程，让学生在虚拟环境中进行实验操作和技能训练，既降低了实验成本又提高了实验效果。

3. 促进教学资源的共享与整合

现代信息技术为教学资源的共享与整合提供了便利条件。通过建立教学资源库、教学案例库等平台，可以集中展示和分享优质的教学资源；通过跨校合作、校企合作等方式，可以整合各方资源共同开发具有行业特色的课程和项目。这有助于提升教学质量和效率，满足学生多样化的学习需求。

（四）评价体系改革：全面反映学习成效，激发发展潜力

1. 建立多元化评价体系

传统的评价体系往往以考试成绩为唯一标准，难以全面反映学生的学习成效和发展潜力。因此需建立多元化评价体系，包括考试成绩、学习态度、实践能力、创新精神等多个方面。通过多元化评价，可以更加全面、客观地反映学生的综合素质和能力水平，为其未来的职业发展提供有力支持。

2. 强调过程性评价

过程性评价是指对学生在学习过程中表现出的学习态度、努力程度、参与情况等方面的评价。与结果性评价相比，过程性评价更加注重学生的学习过程和成长轨迹。通过实施过程性评价可以激发学生的学习兴趣和动力，促进其全面发展；同时也可以通过及时反馈和调整教学策略提高教学效果。

3. 鼓励学生自我评价与同伴评价

自我评价和同伴评价是促进学生自我认知和自我提升的重要手段。通过自我评价可以让学生更加清晰地认识自己的优点和不足；通过同伴评价可以让学生从他人的角度审视自己的表现并接受他人的建议和意见。这两种评价方式有助于培养学生的自我反思能力和团队协作能力。

教学改革与创新是职业教育发展的必然趋势和内在要求。通过课程内容更新、教学方法创新、信息技术融合以及评价体系改革等多方面的努力和实践，可以推动职业教育向更高水平发展，培养更多符合行业需求的高素质技能型人才。

综上所述，职业教育中技术知识的教学方法需要不断创新和完善。通过加强默会知识的传递、优化职业技能的熟化过程以及改革明言知识的教学方式和评价体系，可以进一步提升职业教育的教学质量和学生的综合素质。

第四章
职业教育综合素养教学改革的实施

在职业教育的广阔舞台上,综合素养的培养是提升学生综合竞争力、促进其全面发展的关键所在。本章将从思想素养、职业素养、创新素养、身心素养以及人文素养五个维度出发,详细阐述和拓展职业教育综合素养教学改革的实施策略与实践路径。

第一节　思想素养的培育与实践

一、理论引领，树立正确的价值观

在职业教育的广阔天地里，思想素养的培育不仅是学生个人成长的基石，更是国家和社会发展的动力源泉。它深刻影响着学生的世界观、人生观和价值观，是塑造未来社会公民的重要一环。因此，职业教育必须将思想素养的培育置于首要位置，通过理论引领，帮助学生树立正确的价值观，为其职业生涯和人生道路奠定坚实的思想基础。

（一）思想政治教育的核心地位

思想政治教育是职业教育中不可或缺的重要组成部分，它承担着引导学生树立正确的政治方向、培养高尚的道德品质、激发强烈的爱国情怀和社会责任感的重要使命。在快速发展的现代社会中，各种思潮纷繁复杂，学生面临着前所未有的思想挑战和价值选择。因此，加强思想政治教育，用科学的理论武装学生的头脑，对于抵御不良思想的侵蚀、促进学生健康成长具有十分重要的意义。

（二）马克思主义基本原理的深入阐释

马克思主义是我们立党立国的根本指导思想，也是职业教育中思想政治教育的重要内容。通过开设马克思主义基本原理课程，系统地向学生传授马克思主义的基本立场、观点和方法，引导学生深入理解人类社会发展的一般规律、社会主义必然代替资本主义的历史趋势以及中国特色社会主义的必然性和优越性。这不仅能够帮助学生树立正确的世界观和历史观，还能够激发他们的爱国热情和奋斗精神，为实现中华民族伟大复兴的中国梦贡献自己的力量。

在讲授马克思主义基本原理时，应注重理论联系实际，将抽象的理论知识与生动的社会实践相结合。通过案例分析、小组讨论、社会实践等方式，让学生在参与和体验中加深对理论知识的理解和认同。同时，还应关注学生的思想动态和实际需求，及时解答他们的疑惑和困惑，引导他们用马克思主义的观点和方法去分析和解决问题。

（三）中国特色社会主义理论体系的全面解读

中国特色社会主义理论体系是马克思主义中国化的最新成果，是指导我们党和国家事业不断前进的强大思想武器。在职业教育中，应全面解读中国特色社会主义理论体系，包括邓小平理论、"三个代表"重要思想、科学发展观以及习近平新时代中国特色社会主义思想等。通过深入讲解这些理论的形成背景、主要内容和实践意义，引导学生深刻认识中国特色社会主义道路的历史必然性、科学真理性、实践有效性和制度优越性。

在讲解中国特色社会主义理论体系时，应注重历史的连贯性和逻辑的严密性。从改革开放的伟大实践出发，讲述中国特色社会主义理论体系的形成和发展过程；从中国特色社会主义事业取得的辉煌成就出发，阐述这些理论对于指导实践的重要意义。同时，还应引导学生关注国内外形势的变化和发展趋势，用中国特色社会主义理论体系去分析和判断各种复杂现象和问题。

（四）家国情怀和社会责任感的培养

家国情怀和社会责任感是思想素养的重要体现。在职业教育中，应注重培养学生的家国情怀和社会责任感，引导他们将个人的成长与国家的命运紧密联系在一起。通过讲述中华民族的历史文化、传统美德和民族精神等内容，激发学生的爱国热情和民族自豪感；通过介绍国家的发展成就和未来规划等内容，引导学生树立远大理想和崇高信念；通过组织社会实践活动和志愿服务活动等方式，让学生在实践中感受社会责任和使命担当。

为了培养学生的家国情怀和社会责任感，职业教育还应加强校园文化建设和社会实践活动。通过举办主题班会、演讲比赛、文艺汇演等活动形式，营造浓厚的爱国氛围和积极向上的校园文化；通过组织学生参与社区服务、环保行动、扶贫帮困等志愿服务活动，让学生在实践中锻炼能力、增长才干、服务社会。同时，还应加强与社会各界的联系和合作，为学生提供更多的实践机会和平台。

（五）思想政治教育方式方法的创新

随着时代的发展和社会的进步，传统的思想政治教育方式方法已经难以满足学生的需求和期望。因此，职业教育应不断创新思想政治教育的方式方法，提高教育的针对性和实效性。具体来说可以采取以下几种方式。

1. 运用新媒体技术

充分利用互联网、手机等新媒体技术平台，开展线上思想政治教育活动。通过建立微信公众号、微博账号等新媒体渠道，及时发布思想政治教育信息、分享优秀教育资源；通过组织线上讨论、直播授课等形式，增强教育的互动性和趣味性。

2. 实施案例教学

选取具有代表性和启发性的案例作为教学素材，通过案例分析、角色扮演等方式引导学生深入思考和理解相关理论知识。案例教学能够使学生更加直观地感受理论的实践意义和价值所在，提高他们的学习兴趣和积极性。

3. 开展情境教学

根据教学内容和目标要求设计相应的情境模拟活动或实践活动，让学生在模拟或真实的情境中体验和感受相关理论知识的应用和实践过程。情境教学能够使学生更加深入地理解理论知识的内涵和外延，提高他们的实践能力和创新能力。

4. 强化实践教学环节

加强实践教学环节的建设和管理，确保实践教学的质量和效果。通过组织社会实践、志愿服务、实习实训等活动形式，让学生在实践中锻炼能力、增长才干、服务社会。同时还应加强对实践教学的监督和评估工作，确保实践教学的规范性和有效性。

5. 构建多元化评价体系

改变传统的单一评价方式方法，构建多元化评价体系。将学生的思想政治表现、学习态度、实践能力、创新能力等方面纳入评价体系之中，采用定量与定性相结合的方式进行评价。多元化评价体系能够更加全面客观地反映学生的综合素质和能力水平，促进学生的全面发展。

总之，思想素养的培育是职业教育中不可或缺的重要组成部分。通过理论引领、实践锻炼、校园文化建设等多种方式方法的综合运用，可以帮助学生树立正确的价值观、培养高尚的道德品质、激发强烈的爱国情怀和社会责任感。

二、文化浸润，提升人文素养

在职业教育的全面发展中，文化教育不仅是知识传授的载体，更是塑造学生思想深度、拓宽视野、提升人文素养的关键环节。通过文化教育的浸润，学生能够跨越时空的界限，与先贤智者对话，感受人类文明的璀璨与深邃，进而形成独立的人格、高尚的情操和丰富的人文底蕴。

（一）人文课程的深度挖掘与广泛开设

人文课程作为文化教育的核心，其内容丰富多样，涵盖了文学、历史、哲学、艺术等多个领域。这些课程不仅是知识的宝库，更是智慧的源泉，它们能够引导学生深入思考人生的意义、价值及社会的运作规律。

1. 文学课程

文学作品是情感的载体，思想的火花。在文学课程中，学生将接触到古今中外的经典文学作品，从《诗经》的淳朴到《红楼梦》的繁复，从莎士比亚的悲剧到托尔斯泰的史诗，每部作品都是一次心灵的洗礼，一次思想的碰撞。通过阅读和分析这些作品，学生可以学会用文学的语言表达情感，用批判的眼光审视社会，培养敏锐的感知力和深刻的洞察力。

2. 历史课程

历史是文化的传承，是经验的积累。历史课程不仅讲述过去的事件和人物，更揭示历史发展的规律和趋势。通过学习历史，学生可以了解中华民族悠久的历史和灿烂的文化，感受先辈们的智慧和勇气，增强民族自豪感和文化自信。同时，历史也是一面镜子，让学生从中汲取教训，避免重蹈覆辙，为未来的发展提供借鉴。

3. 哲学课程

哲学是智慧的结晶，是思想的灯塔。哲学课程引导学生探索世界的本质、人生的意义和价值等根本问题。通过学习哲学，学生可以培养独立思考和批判性思维的能力，学会用哲学的眼光审视世界和人生，形成自己独特的世界观、人生观和价值观。

4. 艺术课程

艺术是情感的表达，是美的创造。艺术课程包括音乐、绘画、舞蹈、戏剧等多种形式，它们能够激发学生的创造力和想象力，培养他们的审美情趣和艺术鉴赏能力。在艺术的世界里，学生可以尽情地挥洒自己的才华和激情，感受美的力量和魅力。

为了确保人文课程的有效实施，职业教育机构应加大对人文课程的投入力度，优化课程设置和教学内容，提高教师的教学水平和专业素养。同时，还应加强与其他学科之间的交叉融合，促进知识的综合应用和创新能力的培养。

（二）中华优秀传统文化的传承与弘扬

中华优秀传统文化是中华民族的精神命脉和文化根基。它蕴含着丰富的思想资源、道德观念和人文精神，对于培养学生的爱国情怀、民族精神和社会责任感具有重要意义。

1. 经典诵读与解析

职业教育应鼓励学生诵读《论语》《大学》《中庸》等经典著作，通过诵读感受传统文化的智慧和力量。同时，还应组织专家学者对经典著作进行解析和讲解，帮助学生理解其中的思想内涵和道德价值。

2. 传统节日与习俗的庆祝

学校应利用春节、清明节、端午节、中秋节等传统节日，举办庆祝活动和仪式，让学生亲身体验传统节日的魅力和文化内涵。通过参与节日活动和仪式，学生可以加深对传统文化的理解和认同，增强民族自豪感和文化自信。

3. 传统文化课程的开发与推广

职业教育机构可以根据自身特点和优势，开发具有地方特色的传统文化课程，如书法、国画、剪纸、茶艺等。这些课程不仅能够让学生学习传统技艺和文化知识，还能够培养他们的审美情趣和人文素养。

为了有效传承和弘扬中华优秀传统文化，职业教育机构应加强与政府、社会组织和企事业单位的合作与交流，共同推动传统文化的传承与发展。同时，还应注重培养学生的创新意识和实践能力，鼓励他们将传统文化与现代科技相结合，创造出更多具有时代特色的文化产品。

（三）多元文化的理解与尊重

在全球化的今天，多元文化已成为不可逆转的趋势。职业教育应培养学生具备跨文化交流的能力和素养，使他们能够理解和尊重不同文化的差异性和多样性。

1. 跨文化交流课程的开设

职业教育机构应开设跨文化交流课程，介绍不同国家和地区的文化特色、社会制度、宗教信仰等。通过课程学习，学生可以了解不同文化的形成和发展过程，理解其独特性和价值所在。同时，还应培养学生的跨文化交际能力，使他们能够在不同文化背景下进行有效的沟通和交流。

2. 国际交流活动的组织

职业教育机构应积极组织国际交流活动，如国际学术会议、文化交流节、海外留学等。这些活动能够让学生亲身体验不同文化的魅力和差异，增进相互了解和友谊。通过与国际友人的交流和互动，学生可以拓宽国际视野，增强跨文化交流的能力。

3. 多元文化教育环境的营造

职业教育机构应努力营造一个包容、开放、多元的校园文化环境。在这个环境中，不同文化背景的学生可以相互尊重、相互学习、相互融合。学校可以通过举办文化节、文化节目演出、文化展览等活动形式，展示不同文化的魅力和特色，增强学生的文化认同感和归属感。

为了有效推动多元文化的理解和尊重，职业教育机构应加强对学生的教育和引导，帮助他们树立正确的文化观念和价值观。同时，还应注重培养学生的跨文化敏感性和适应性，使他们能够在多元文化环境中自如地生活和工作。

三、社会实践，强化社会认知

社会实践，作为连接理论知识与社会现实的桥梁，它在思想素养培育过程中扮演着至关重要的角色。通过参与社会实践，学生不仅能够走出象牙塔，亲身体验社会的多元与复杂，还能在实践中深化对理论知识的理解，形成更加全面和深刻的社会认知。

（一）社会实践的多样性与广泛性

1. 社会调查

社会调查是社会实践的一种重要形式，它要求学生深入社会，针对某一特定问题或现象进行实地考察和数据收集。通过社会调查，学生可以近距离观察社会现象，了解社会问题的真实面貌和背后的原因。例如，学生可以就农村教育现状、城市垃圾分类情况、老年人养老问题等社会热点问题进行调查，通过问卷调查、访谈、观察等方式收集第一手资料，并运用所学理论知识进行分析和解读。这一过程不仅锻炼了学生的调查研究能力和数据分析能力，还加深了他们对社会问题的理解和思考。

2. 志愿服务

志愿服务是另一种重要的社会实践形式，它倡导"奉献、友爱、互助、进步"的志愿精神，鼓励学生利用自己的时间和技能为社会和他人提供帮助。通过参与志愿服务活动，学生可以亲身体验到帮助他人的快乐和成就感，同时也能更加深刻地认识到社会中的弱势群体和需要帮助的人。无论是参与社区服务、支教活动还是环保行动，志愿服务都能让学生感受到自己作为社会一员的责任和使命，增强他们的社会责任感和公民意识。

3. 公益活动

公益活动是面向社会大众、旨在提升公众福祉和社会进步的活动。职业教育可以组织学生参与各类公益活动，如公益讲座、义演、募捐等。这些活动不仅能够提升学生的组织协调能力和团队合作精神，还能让他们感受到公益事业的魅力和价值。通过参与公益活动，学生可以更加关注社会公益事业的发展状况，了解社会需求和公益组织的运作模式，从而培养他们的公益意识和奉献精神。

（二）社会实践对理论知识的深化与拓展

1. 理论与实践相结合

社会实践是理论知识与实践相结合的重要平台。通过参与社会实践，学生可以将所学理论知识应用于实际情境中，检验其正确性和适用性。例如，在市场营销课程中学习的市场调研方法、消费者行为分析等理论知识，可以在社会调查中得到实际运用；在管理学课程中学习的组织行为学、人力资源管理等理论知识，可以在志愿服务活动中得到验证和拓展。这种理论与实践相结合的方式不仅加深了学生对理论知识的理解和掌握程度，还提高了他们解决实际问题的能力。

2. 拓宽知识视野

社会实践为学生提供了一个接触社会、了解社会的广阔舞台。通过参与不同领域的社会实践活动，学生可以接触到各种新的知识和信息，拓宽自己的知识视野和思维方式。例如，在参与农村支教活动时，学生可以了解到农村教育的现状和挑战；在参与环保行动时，他们可以认识到环境保护的重要性和紧迫性。这些新的知识和信息不仅能够激发学生的求知欲和探索精神，还能为他们未来的职业发展和人生规划提供有益的参考和借鉴。

（三）社会实践对学生社会认知的强化与提升

1. 增强社会责任感和使命感

社会实践让学生亲身体验到社会的多元与复杂以及其中存在的各种问题和挑战。通过参与社会实践活动，学生可以更加深刻地认识到自己作为社会一员的责任和使命。他们开始关注社会问题、关心他人福祉、积极参与社会公益事业，努力为社会进步和发展贡献自己的力量。这种社会责任感和使命感的增强不仅有助于提升学生的个人品质和道德修养水平，还有助于培养他们的家国情怀和民族自豪感。

2. 促进个人理想与国家发展大局的融合

通过参与社会实践活动，学生可以更加清晰地认识到个人理想与国家发展大局之间的紧密联系和相互作用关系。他们开始思考如何将个人理想融入国家发展大局之中，为实现中华民族伟大复兴的中国梦贡献自己的力量。这种个人理想与国家发展大局的融合不仅有助于学生树立正确的价值观和人生观，还有助于培养他们的创新精神和实践能力以及为实现国家富强、民族振兴而努力奋斗的坚定信念和决心。

总之，社会实践在思想素养培育过程中发挥着至关重要的作用。通过参与社会实践活动，学生可以更加深刻地理解理论知识、拓宽知识视野、增强社会责任感和使命感以及促进个人理想与国家发展大局的融合。因此，职业教育应高度重视社会实践活动的开展和推广工作，为学生提供更多参与社会实践的机会和平台，让他们在实践中成长成才、贡献社会。

第二节 职业素养的培育与实践

一、专业技能训练，夯实职业基础

在快速变迁的现代社会中，职业素养已成为衡量个人职业竞争力的重要标尺，而专业技能作为职业素养的核心组成部分，更是直接关乎个体在职场中的立足与发展。职业教育，作为培养技能型人才的主阵地，其首要任务便是通过系统、科学的专业技能训练，为学生夯实坚实的职业基础，使他们能够在未来的职业生涯中游刃有余地应对各种挑战。以下将从课程体系构建、实践教学强化、模拟实训与企业实习以及技能大赛的促进作用等四个方面进行详细阐述。

（一）课程体系构建：紧贴行业需求，科学规划

职业教育课程体系的设计是专业技能训练的前提与基础。一个科学合理的课程体系，应当紧密贴合行业发展的实际需求，既要涵盖基础理论知识的传授，又要注重实践技能的培养。具体来说，课程体系构建应遵循以下几个原则。

1. 行业导向性原则

行业导向性原则是职业教育课程体系构建的首要原则。随着经济的快速发展和产业结构的不断调整，行业对人才的需求也在不断变化。因此，职业教育必须紧跟行业发展的步伐，深入分析行业发展趋势，准确把握行业对人才技能的需求变化。

（1）深入行业调研：学校应定期组织教师和行业专家进行深入的行业调研，了解行业的最新动态、技术革新、岗位需求以及未来发展趋势。通过调

研，收集第一手资料，为课程体系的优化提供数据支持。

（2）融入行业标准与规范：将行业标准、职业规范以及企业用人标准融入课程内容之中，确保学生所学知识与市场需求无缝对接。这不仅可以提升学生的就业竞争力，还能缩短学生进入职场后的适应期。

（3）动态调整课程内容：根据行业调研结果，动态调整课程内容，及时淘汰过时、落后的知识点，引入新技术、新工艺和新方法。同时，注重培养学生的创新思维和解决问题的能力，以适应行业发展的不确定性。

2. 层次递进性原则

层次递进性原则是确保学生有效学习的重要原则。它要求课程体系遵循学生的认知规律和学习特点，合理安排课程顺序和难度梯度。

（1）基础与进阶相结合：课程体系应从基础知识入手，逐步过渡到进阶知识。基础课程为学生打下坚实的理论基础，为后续学习提供必要的支撑；进阶课程则进一步深化和拓展学生的专业知识，提升学生的专业素养。

（2）理论与实践交替进行：在课程体系中，应合理安排理论教学与实践教学的比例和顺序。理论教学为学生构建知识体系提供理论支撑；实践教学则通过实践操作和案例分析等方式，帮助学生将理论知识转化为实际技能。两者交替进行，相互促进，共同提升学生的综合能力。

（3）形成完整的知识体系：通过层次递进的课程体系设计，帮助学生逐步构建起完整的专业知识体系。这个知识体系不仅包含专业知识本身，还涵盖相关的交叉学科知识和人文素养，以培养学生的综合素质和跨学科能力。

3. 理论与实践并重原则

理论与实践并重原则是职业教育课程体系构建的核心原则之一。它强调在传授理论知识的同时，必须注重实践教学环节的设计与实施。

（1）强化实践教学环节：在课程体系中，应加大实践教学的比重，设置充足的实训课程和项目课程。通过实践操作和项目驱动等方式，让学生在实际操作中掌握技能、积累经验并提升能力。

（2）案例分析与问题导向：在理论教学中引入案例分析和问题导向的教学方法。通过真实或模拟的案例，引导学生运用所学知识分析问题和解决问题；

通过问题导向的方式，激发学生的求知欲和探索精神，培养他们的创新思维和批判性思维。

（3）校企合作与产教融合：加强与企业的合作与交流，实现校企共建实训基地、共同开发课程、联合培养人才等目标。通过产教融合的方式，让学生深入了解行业需求和企业文化，增强他们的职业认同感和责任感。

4. 灵活性与前瞻性原则

灵活性与前瞻性原则是确保职业教育课程体系适应时代发展的关键原则。它要求课程体系保持一定的灵活性和前瞻性，以应对行业变化和技术进步带来的挑战。

（1）灵活调整课程内容与结构：根据行业变化和技术进步的情况，灵活调整课程内容与结构。及时引入新技术、新工艺和新方法，淘汰过时、落后的知识点和教学内容。同时，注重培养学生的适应能力和创新能力，以应对未来职场的不确定性。

（2）注重课程的前瞻性：在课程体系设计中注重前瞻性，关注行业发展的未来趋势和潜在需求。通过预测和预判行业发展趋势，提前布局相关课程和专业方向，为学生的未来发展提供有力支持。

（3）持续改进与优化：建立课程体系的持续改进与优化机制。定期对课程体系进行评估和反馈收集工作，了解学生的学习效果和社会对人才的需求情况。根据评估结果和反馈意见对课程体系进行持续改进和优化工作，以确保其始终与时代发展同步并满足社会需求。

（二）实践教学强化：提升动手操作能力

在职业教育的广阔天地中，实践教学不仅是理论知识的延伸与应用，更是学生实现从"学"到"做"跨越的桥梁。它不仅能够锻炼学生的实际操作能力，还能在解决问题的过程中培养其创新思维、团队协作及职业素养。为了进一步强化实践教学，职业教育机构需从多个维度入手，构建高效、全面的实践教学体系。

1. 加大实训设备投入，打造先进实训平台

实训设备的完善程度直接影响到实践教学的效果。因此，职业教育机构应持续加大在实训设备上的投入，确保实训基地或实验室的功能完备、设备先进。这不仅包括基础的实验工具与设备，还应紧跟行业发展步伐，引入企业当前使用或即将普及的先进技术设备。同时，合理规划实训空间布局，模拟真实工作环境，让学生在近乎真实的工作场景中进行技能训练，提前适应职场要求。

此外，加强与企业的深度合作也是提升实训设备水平的重要途径。通过校企合作，学校可以共享企业的先进设备资源，甚至在企业内部建立实训基地，使学生直接参与到企业的生产流程中，感受真实的工作氛围和技术标准。这种合作模式不仅丰富了学校的实训资源，还为学生提供了宝贵的实习机会，促进了理论与实践的深度融合。

2. 优化实训教学模式，实现"教、学、做"一体化

传统教学模式往往侧重于理论知识的传授，而忽视了实践操作的重要性。为了打破这一局限，职业教育机构应积极探索并实践"教、学、做"一体化的教学模式。这种模式强调理论教学与实践教学的有机结合，让学生在学中做、在做中学，实现知识的内化与技能的提升。

在具体实施过程中，教师可以先通过理论讲解为学生奠定知识基础，然后结合实物演示或多媒体教学手段进行直观展示。随后，组织学生进行动手操作，教师在旁指导，及时解决学生在操作过程中遇到的问题。在此过程中，鼓励学生之间相互交流、协作，共同完成任务。最后，通过成果展示与评价环节，对学生的实践成果进行反馈与总结，帮助学生明确改进方向。

3. 实施项目导向教学，培养综合应用能力

项目导向教学是一种以项目为载体、以任务为驱动的教学方法。它通过模拟真实或接近真实的项目情境，引导学生综合运用所学知识解决实际问题。这种教学方法不仅能够锻炼学生的专业技能，还能在解决问题的过程中培养其创新思维、团队协作及项目管理能力。

在项目导向教学中，教师应根据行业需求和学生实际情况设计具有挑战性的项目任务。项目内容应涵盖多个知识点和技能领域，以促进学生知识的整合与迁移。同时，明确项目目标、任务分工及时间节点等要求，确保项目顺利进行。在项目实施过程中,教师应密切关注学生进展,提供必要的支持与指导。项目完成后,组织学生进行成果展示与交流分享活动,让学生在相互学习中不断成长。

4. 加强实践教学考核,建立科学评价体系

实践教学考核是检验学生实践能力和教学效果的重要手段。为了确保实践教学的有效性和针对性,职业教育机构应建立科学合理的实践教学考核体系。该体系应涵盖多个维度和层次的评价指标,包括学生的实训表现、操作技能、项目成果及职业素养等方面。

在考核过程中,应注重过程评价与结果评价相结合的原则。除了对学生的最终成果进行评分外,还应关注学生在实训过程中的表现和努力程度。通过观察记录、自我评价、同伴评价及教师评价等多种方式收集评价信息,确保评价的全面性和客观性。同时,建立反馈机制将评价结果及时反馈给学生和教师,帮助他们明确改进方向并调整教学策略。

综上所述,实践教学强化是职业教育提升学生动手操作能力和职业素养的关键途径。通过加大实训设备投入、优化实训教学模式、实施项目导向教学以及加强实践教学考核等措施的实施,可以构建一个高效、全面的实践教学体系,为学生的职业发展奠定坚实基础。

(三)模拟实训与企业实习:搭建技能提升平台

在职业教育的广阔舞台上,模拟实训与企业实习作为专业技能训练不可或缺的两翼,共同为学生搭建了从理论到实践、从校园到职场的坚实桥梁。这两种实践模式不仅丰富了学生的学习体验,更在无形中塑造了他们的职业素养,为未来的职业生涯奠定了坚实的基础。

1. 模拟实训:现代科技赋能的虚拟职场体验

模拟实训,作为传统实践教学的创新升级,充分利用了虚拟现实(VR)、增强现实(AR)、仿真模拟等现代技术手段,为学生打造了一个高度仿真的工作场景和任务环境。这种沉浸式的学习方式,让学生在没有直接风险的环境中,能够"身临其境"地面对各种工作挑战,从而有效缩短从校园到职场的适应期。

（1）技术赋能的逼真体验：通过高精度的 3D 建模、物理引擎模拟等技术，模拟实训系统能够还原真实工作环境中的设备操作、流程管理、问题处理等各个环节。学生佩戴 VR 头盔或利用其他交互设备，即可在虚拟世界中自由探索、实践操作，仿佛置身于真实的职场之中。

（2）灵活多样的实训内容：模拟实训内容涵盖了从基础技能训练到复杂问题解决的全过程。学生可以根据自身学习进度和兴趣点，选择适合的实训模块进行练习。同时，系统还能根据学生的学习表现自动调整难度，确保每位学生都能在适合自己的节奏下成长。

（3）全面的职业素养培养：除了专业技能的训练外，模拟实训还注重培养学生的职业道德、团队协作精神、安全意识等职业素养。通过模拟职场中的各种情境，学生可以在实践中学习如何与同事沟通、如何遵守行业规范、如何在压力下保持冷静等关键能力。

2. 企业实习：真实职场中的宝贵经历

企业实习是学生将所学知识直接应用于实际工作、积累职业经验的最佳途径。通过深入企业一线，学生不仅能够亲眼目睹企业的运作流程、感受职场文化，还能在真实的工作环境中锻炼自己的专业技能和综合素质。

（1）亲身体验职场文化：企业实习让学生有机会近距离接触职场文化，包括企业的管理理念、工作氛围、员工间的相处之道等。这种亲身体验有助于学生更好地理解职场规则、适应职场环境，并为未来的职业生涯做好心理准备。

（2）参与实际工作项目：在企业实习期间，学生通常会被分配到具体的部门或项目组中，参与实际的工作项目。这不仅能够让学生将所学知识应用于实践，还能在解决问题的过程中锻炼自己的创新思维、团队协作能力和问题解决能力。同时，通过与企业员工的交流与合作，学生还能学习到许多书本上学不到的知识和技能。

（3）建立职业网络和人脉资源：企业实习为学生提供了一个拓展职业网络和人脉资源的宝贵机会。通过与企业员工建立联系、参与行业活动等方式，学生可以结识更多志同道合的朋友和前辈，为未来的职业发展积累宝贵的人脉资源。

综上所述，模拟实训与企业实习作为专业技能训练的重要补充形式，在提升学生的实践能力、职业素养和职业经验方面发挥着不可替代的作用。通过双轨并行的实践教学模式，职业教育机构可以为学生搭建起一个技能与经验双重提升的平台，助力他们在未来的职业生涯中展翅高飞。

（四）技能大赛的促进作用：激发潜能，展示风采

技能大赛作为职业教育领域中的一颗璀璨明珠，不仅是学生专业技能的一次大阅兵，更是激发潜能、展示风采、促进个人成长与职业教育发展的重要驱动力。其深远的意义，远远超出了简单的胜负之争，而是学生职业生涯中不可多得的宝贵经历。

1. 检验技能水平，精准定位自我

技能大赛的举办，为学生提供了一个全面、客观评估自身技能水平的舞台。比赛项目往往紧密贴合行业实际需求，涵盖了从基础知识到高级技能、从理论应用到实践创新的多个维度。通过参与比赛，学生能够在紧张激烈的氛围中，将平日所学转化为实际行动，直观感受到自己在行业中的位置。这种真实的反馈，让学生能够清晰地认识到自己的优势与不足，为后续的学习和职业规划提供有力依据。

2. 激发学习动力，塑造卓越自我

技能大赛的竞技性，极大地激发了学生的斗志和求知欲。面对来自四面八方的优秀选手，学生们深知只有不断提升自我，才能在激烈的竞争中脱颖而出。这种压力转化为动力，促使学生们更加专注于技能的磨练和知识的积累。他们会在课余时间主动寻求学习资源，积极参与训练，甚至形成"比学赶超"的良好风气。这种积极向上的学习氛围，不仅提升了学生的个人技能水平，也带动了整个班级乃至学校学习氛围的改善。

3. 拓展视野，拥抱广阔世界

技能大赛是一个汇聚全国各地乃至全球优秀学生的交流平台。在这里，学生们可以接触到来自不同地域、不同背景的优秀选手，了解他们的学习方法和成长经历。通过交流互动，学生们能够拓宽视野，认识到自己的局限性和

无限可能。同时,技能大赛也是行业新技术、新趋势的展示窗口。学生们可以借此机会了解行业的最新动态和技术前沿,为未来的学习和职业发展奠定坚实的基础。

4. 提升综合素质,铸就职业精神

技能大赛不仅仅是对学生专业技能的考验,更是对其综合素质的全面检阅。在比赛中,学生们需要面对各种突发情况和复杂问题,这要求他们具备良好的团队协作能力、沟通能力和应变能力。通过团队协作完成任务,学生们学会了如何与他人有效沟通、协调资源、共同解决问题;面对挑战和困难时,他们学会了如何保持冷静、迅速应变、勇于担当。这些经历不仅锻炼了学生的专业技能,更提升了他们的职业素养和综合能力,为他们未来的职业生涯奠定了坚实的基础。

综上所述,技能大赛在职业教育中发挥着不可替代的作用。它不仅为学生提供了一个展示自我、检验技能的平台,更是一个激发潜能、拓展视野、提升素质的熔炉。通过参与技能大赛,学生们能够更加清晰地认识自我、定位自我,为未来的学习和职业发展打下坚实的基础。同时,技能大赛也推动了职业教育的改革与发展,促进了教育教学质量的提升和人才培养模式的创新。

二、职业道德教育,塑造职业精神

在职业教育的广阔天地里,职业道德教育如同一股清泉,滋养着每一位学子的心田,为他们的职业生涯铺设了一条充满正能量的道路。职业道德不仅是职业素养的核心要素,更是个人品质与职业行为规范的融合体现,它关乎着个人在职场中的信誉、成就乃至整个社会的和谐与进步。因此,加强职业道德教育,对于塑造学生的职业精神、培养其成为德才兼备的优秀人才具有不可估量的价值。

(一)开设职业道德课程,奠定理论基础

在职业教育的广阔舞台上,职业道德课程不仅是学生职业素养构建的基石,更是其未来职业生涯中不可或缺的指南针。将职业道德课程纳入必修体系，不仅是对学生全面发展的负责，更是对社会和谐与进步的贡献。以下是对该课程内容、教学方法及目标实现的详细阐述。

1. 课程内容：系统全面，贴近实际

（1）职业道德的基本概念与原则。职业道德课程的起点，是让学生明确职业道德的基本定义、内涵及其在个人职业发展中的重要作用。通过讲解职业道德的起源、发展及演变过程，使学生认识到职业道德是伴随职业活动而产生并发展的社会规范。同时，深入解析职业道德的基本原则，如诚信、责任、公正、尊重等，为学生树立正确的职业观念奠定理论基础。

（2）行业内的道德要求与规范。不同行业有其独特的职业道德要求和规范。课程应紧密结合学生所学专业的行业背景，详细介绍该行业内的职业道德标准、职业行为规范及行业自律机制。通过列举行业内的正反案例，让学生直观感受到职业道德在实际工作中的应用与影响，从而增强其对职业道德重要性的认识。

（3）道德判断能力的培养。面对复杂多变的职场环境，学生需要具备正确的道德判断能力。课程应设置专门的章节或环节，通过案例分析、角色扮演、小组讨论等方式，引导学生学会识别和分析职业道德问题，掌握道德判断的基本方法和技巧。同时，鼓励学生积极参与讨论和反思，培养其独立思考和批判性思维能力。

2. 教学方法：灵活多样，注重实践

（1）案例教学法。选取具有代表性和启发性的职业道德案例进行分析讨论，让学生在具体情境中感受职业道德的力量和价值。通过案例分析，学生可以更加深入地理解职业道德的原则和规范，并学会将其应用于实际工作中。

（2）互动式教学。采用小组讨论、角色扮演、辩论赛等互动式教学方法，激发学生的学习兴趣和积极性。通过学生之间的交流和互动，促进其思想碰撞和观点交锋，从而加深对职业道德的理解和认识。

（3）实践教学。组织学生参观企业、参与社会实践或进行职业体验活动，让学生亲身体验职业道德在实际工作中的应用。通过实践教学，学生可以更加直观地感受到职业道德对于企业和社会的重要性，从而增强其遵守职业道德的自觉性和主动性。

3. 目标实现：奠定坚实基础，助力职业发展

（1）树立正确的职业观念。通过系统学习职业道德课程，学生将树立正确的职业观念和价值观，明确职业发展的方向和目标。他们将认识到职业道德不仅是个人品质的体现，更是职业生涯成功的关键因素之一。

（2）提升职业素养和道德水平。职业道德课程的学习将提升学生的职业素养和道德水平。他们将学会如何在职场中保持诚信、承担责任、尊重他人并维护公正。这些优秀的职业品质将为学生未来的职业生涯奠定坚实的基础。

（3）增强职业竞争力和社会适应能力。具备良好职业道德素养的学生将更受企业和社会的欢迎。他们不仅具备扎实的专业知识和技能，还具备高尚的职业品质和道德风范。这将使他们在求职过程中更具竞争力，并在未来的职业生涯中更好地适应社会发展的需求和挑战。

总之，开设职业道德课程并将其纳入职业教育必修体系是十分必要的。通过系统讲授职业道德的基本概念、原则、规范以及行业内的道德要求等内容，并注重培养学生的道德判断能力和实践能力，我们可以为学生未来的职业生涯奠定坚实的理论基础和道德基础。

（二）举办职业道德讲座，拓宽视野

在职业教育的全面培养体系中，举办职业道德讲座是一项至关重要的活动，它不仅是课堂教学的延伸与补充，更是学生职业素养提升的重要途径。通过定期邀请行业内的权威人士、资深专家、企业领袖以及优秀校友作为主讲嘉宾，职业教育机构为学生搭建了一个与业界精英面对面交流的平台，让学生在聆听与互动中拓宽视野，深化对职业道德的理解与认同。

1. 讲座嘉宾的多元化与权威性

讲座嘉宾的选择直接决定了讲座的质量与影响力。职业教育机构应精心筛选，确保每位嘉宾都在其领域内拥有深厚的专业功底、丰富的职场经验以及独到的道德见解。行业专家能够从专业角度剖析职业道德的内涵与外延，揭示其在职场实践中的重要作用；企业领袖则能分享他们在管理企业、领导团队过程中遇到的道德挑战与应对策略，为学生提供鲜活的实战案例；而优秀校友则以自身成长经历为蓝本，讲述职业道德如何助力他们在职业生涯中取得成就，为学生树立可学可鉴的榜样。

2. 讲座内容的丰富性与针对性

讲座内容应覆盖职业道德的多个维度，包括但不限于诚信经营、责任担当、团队合作、客户至上等核心要素。诚信经营是商业活动的基石，讲座将深入探讨如何在市场竞争中坚守诚信原则，维护企业与个人的良好信誉；责任担当则强调在职业生涯中勇于承担责任，面对困难与挑战时不退缩、不推诿；团队合作则强调在集体中相互支持、共同进步的重要性；客户至上则引导学生树立以客户为中心的服务理念，不断提升服务质量与客户满意度。此外，讲座还应根据行业特点和学生需求进行定制化设计，确保内容既具有普遍性又具有针对性。

3. 讲座形式的互动性与参与性

为了确保讲座效果的最大化，职业教育机构应注重讲座形式的创新与互动。除了传统的讲授式讲座外，还可以采用问答环节、小组讨论、案例分析等多种形式，鼓励学生积极参与讨论与分享。通过互动环节的设置，学生不仅能够及时向嘉宾提问解惑，还能在与其他同学的交流中碰撞思想、激发灵感。此外，职业教育机构还可以利用现代信息技术手段，如在线直播、视频回放等，扩大讲座的受众范围与影响力。

4. 讲座效果的深远性与持久性

举办职业道德讲座的最终目的是帮助学生拓宽视野、启迪心灵、坚定道德信念。通过聆听讲座，学生能够更加直观地感受到职业道德的力量与价值，从而增强对职业道德的认同感与践行意愿。同时，讲座中的宝贵经验与深刻见解也将成为学生职业生涯中的宝贵财富，指导他们在未来的工作中做出正确的道德选择与判断。此外，讲座的举办还能够促进职业教育机构与行业企业的紧密联系与合作交流，为学生提供更多实践机会与就业渠道。

综上所述，举办职业道德讲座是职业教育中不可或缺的一环。通过邀请行业权威人士作为主讲嘉宾、设计丰富且针对性的讲座内容、采用互动且参与性强的讲座形式以及追求深远且持久的讲座效果，职业教育机构能够为学生搭建一个学习职业道德、提升职业素养的优质平台。

（三）开展职业道德讨论，深化理解

在职业教育的广阔天地里，职业道德的讨论活动犹如一股清泉，滋养着学生心灵的土壤，促使他们对职业道德的理解从表面走向深入，从模糊变得清晰。这样的活动不仅是对课堂教学内容的深化与拓展，更是学生自我探索、自我成长的重要过程。以下是对开展职业道德讨论活动的详细阐述。

1. 讨论主题的多样性与时代性

讨论主题的选择是活动成功的关键。职业教育机构应紧密关注社会热点、行业趋势以及学生实际，精心策划既具有普遍性又具有针对性的讨论议题。这些议题可以围绕诚信经营、责任担当、公平竞争、环境保护、消费者权益保护等职业道德的核心领域展开，也可以结合当前社会上的道德争议事件或行业内的典型案例进行深入剖析。通过多样化的主题设置，引导学生从不同角度、不同层面审视职业道德，增强其时代感和现实感。

2. 讨论形式的灵活性与创新性

为了激发学生的参与热情，提高讨论效果，职业教育机构应采用灵活多样的讨论形式。小组讨论是基本形式之一，它鼓励学生围绕特定议题进行自由交流，分享彼此的观点和见解。通过小组讨论，学生可以学会倾听、尊重和包容不同的声音，培养团队协作精神和批判性思维能力。此外，角色扮演和辩论赛也是值得尝试的讨论形式。角色扮演能够让学生身临其境地感受职业道德的冲突与抉择，加深对职业道德的理解与体验；而辩论赛则能锻炼学生的逻辑思维、口头表达和应变能力，使他们在激烈的思维碰撞中深化对职业道德的认识。

3. 教师角色的引导性与启发性

在讨论活动中，教师不仅是组织者和管理者，更是引导者和启发者。教师应始终以学生为中心，尊重学生的主体地位和个性差异，鼓励学生积极参与讨论并勇于表达自己的观点。同时，教师还应具备敏锐的洞察力和深厚的专业素养，能够及时发现并纠正学生讨论中的偏差和误解，引导学生深入思考职业道德的本质和内涵。在指导过程中，教师应注重启发式教学，通过提问、引导、反馈等方式激发学生的思考兴趣和探索欲望，帮助他们形成独立思考和自主判断的能力。

4. 讨论成果的总结与分享

讨论活动结束后，职业教育机构应组织学生进行成果总结与分享。这既是对讨论活动的回顾与反思，也是对学生学习成果的展示与肯定。在总结阶段，学生可以整理自己的讨论笔记、心得体会或研究报告等成果材料，通过口头汇报、海报展示或网络平台分享等方式进行展示交流。通过分享活动，学生可以相互学习、相互启发，进一步拓宽视野、深化理解。同时，教师也应对学生的讨论成果进行点评和反馈，指出其优点和不足之处，并提出改进建议和方向。

5. 讨论活动的深远影响与持续效应

开展职业道德讨论活动不仅能够增强学生的职业道德意识和素养，还能够对他们的职业生涯产生深远影响。通过讨论活动，学生可以更加清晰地认识到职业道德在职场中的重要性和价值所在，从而在未来的工作中自觉遵守职业道德规范、维护职业形象和声誉。此外，讨论活动还能够锻炼学生的表达能力、思维能力和团队协作能力等综合素质，为他们未来的职业发展奠定坚实基础。同时，这种活动还能够促进职业教育机构与行业企业的紧密联系与合作交流，为学生提供更多实践机会和就业渠道。因此可以说开展职业道德讨论活动是一项具有深远意义和持续效应的重要工作。

（四）培养诚信意识、责任意识和服务意识

在职业教育的广阔舞台上，诚信、责任与服务不仅是职业道德的三大支柱，更是学生未来职业生涯中不可或缺的宝贵品质。职业教育机构应将这三者作为教育的核心任务，通过全方位、多层次的教育实践，深植于学生的心灵深处，成为他们职业生涯中的指路明灯。

1. 诚信意识的培养：奠定人际交往与职业发展的基石

诚信作为人际交往中最基本的道德准则，是构建信任、促进合作、实现共赢的基石。在职场中，诚信更是个人品牌的重要组成部分，直接关系到个人的职业声誉和长远发展。因此，职业教育应将诚信意识的培养放在首位。

（1）理论教育与案例分析相结合：通过课堂教学，系统讲授诚信的内涵、价值及其在职场中的应用，同时结合真实案例进行分析讨论，让学生深刻认识到诚信缺失的严重后果，从而增强诚信自律的自觉性。

（2）实践锻炼与自我反思并重：鼓励学生参与诚信实践活动，如诚信考试、诚信作业等，让学生在实践中体验诚信的价值与意义。同时，引导学生定期进行自我反思，审视自己在日常行为中是否做到了诚实守信，及时纠正不良行为。

（3）营造诚信校园文化：通过举办诚信主题班会、演讲比赛、征文比赛等活动，营造浓厚的诚信氛围，让学生在潜移默化中接受诚信文化的熏陶，形成诚信为荣、失信为耻的校园风尚。

2. 责任意识的培养：明确职场角色与责任担当

责任是职业人必备的品质之一。一个具有强烈责任感的人，能够清晰地认识到自己在职场中的角色定位和责任担当，勇于面对挑战和困难，积极寻求解决方案。职业教育应引导学生树立正确的责任观念，培养其责任意识。

（1）角色认知与职业规划：通过职业规划教育，帮助学生了解不同职业岗位的角色定位、职责范围及发展前景，引导学生根据自身兴趣和能力选择合适的职业方向，并明确自己在该职业领域的责任与使命。

（2）任务分配与责任落实：在日常教学中，通过小组合作、项目实践等方式，让学生承担一定的任务和责任，学会合理安排时间、分配资源、协调沟通，确保任务顺利完成。同时，对任务完成情况进行及时评价和反馈，让学生认识到自己的责任所在及其重要性。

（3）社会责任与公民意识：引导学生关注社会热点问题，参与志愿服务等公益活动，培养学生的社会责任感和公民意识。让学生明白，作为社会的一员，不仅要对自己的职业发展负责，还要对社会进步和谐贡献自己的力量。

3. 服务意识的培养：践行以客户为中心的服务理念

服务是职业精神的重要体现。在市场竞争日益激烈的今天，优质的服务已成为企业赢得客户、占领市场的重要法宝。职业教育应教育学生树立以客户为中心、以质量为生命的服务理念，培养其为客户提供优质服务的意识和能力。

（1）服务理念的灌输：通过课堂教学和专题讲座等形式，向学生灌输服务理念的重要性及其内涵。让学生明白，优质的服务不仅是企业的生命线，更是个人职业发展的重要保障。

（2）服务技能的训练：通过模拟实训、校企合作等方式，为学生提供真实的服务场景和机会，让学生在实践中掌握服务技能和方法。如沟通技巧、情绪管理、问题解决等能力都是服务工作中不可或缺的技能。

（3）服务文化的营造：通过企业文化建设、服务标准制定等方式，营造以客户为中心的服务文化。让学生感受到企业对于服务质量的重视和追求，从而自觉地将服务理念内化于心、外化于行。

综上所述，诚信意识、责任意识和服务意识的培养是职业教育中不可或缺的重要任务。通过全方位、多层次的教育实践，职业教育机构可以帮助学生树立正确的职业道德观念，为他们的职业生涯奠定坚实的基础。通过加强职业道德教育，职业教育可以为学生塑造出高尚的职业精神、坚定的道德信念和优秀的职业素养，为其未来的职业生涯奠定坚实的道德基础。同时，这也是推动社会和谐进步、促进经济繁荣发展的重要保障。

三、职业规划指导，明确职业方向

在职业教育的宏伟蓝图中，职业规划指导如同一盏明灯，照亮学生前行的道路，帮助他们在纷繁复杂的职业世界中找到属于自己的方向。职业规划不仅是个人成长的必要过程，也是职业教育服务学生全面发展的重要体现。通过系统的职业规划指导，学生能够更加清晰地认识自我、了解行业、明确目标，从而在未来的职业生涯中少走弯路，实现个人价值与社会贡献的双赢。

（一）了解行业趋势，把握时代脉搏

在日新月异的时代背景下，职业规划指导不再是对学生未来职业道路的简单规划，而是一项高度前瞻性和战略性的工作。它要求教育者不仅要关注学生的个人兴趣与潜能，更要引导他们深入了解并紧跟行业发展的脉搏，以便在未来职业生涯中能够顺势而为，实现个人价值与社会贡献的双重飞跃。以下是对"了解行业趋势，把握时代脉搏"这一关键环节的详细阐述。

1. 科技驱动下的行业变革

随着人工智能、大数据、云计算、物联网等前沿科技的飞速发展，各行各业正经历着前所未有的深刻变革。传统行业的边界被不断打破，新兴业态如雨后春笋般涌现，为职场新人提供了前所未有的广阔舞台。职业教育应敏锐洞察这些科技趋势，及时调整教学内容与方式，确保学生掌握最前沿的知识与技能。同时，通过组织专题讲座、研讨会等形式，邀请行业专家、企业领袖来校分享行业最新动态，让学生近距离感受科技对行业发展的巨大推动力，激发他们的探索欲和创新精神。

2. 全球化视野下的市场机遇

全球化不仅促进了商品、资本、信息的自由流动，也加速了人才、技术、文化的跨国界交流与合作。在这一背景下，职业教育应培养学生的全球视野和跨文化交流能力，使他们能够在全球化的市场中寻找并抓住机遇。通过组织国际交流项目、海外实习实训等方式，让学生亲身体验不同国家和地区的经济、文化环境，了解不同市场的需求和规则，为未来的跨国职业发展奠定基础。同时，引导学生关注国际贸易、投资、金融等领域的最新动态，帮助他们把握全球经济走势，为职业生涯的长远规划提供有力支持。

3. 政策导向下的行业机遇

政府政策是推动行业发展的重要力量。职业教育应密切关注国家及地方政府的产业政策、就业政策、创业政策等，及时将这些政策信息传递给学生，帮助他们了解政策导向下的行业发展趋势和就业市场变化。通过政策解读、案例分析等方式，引导学生深入理解政策背后的逻辑与意图，学会从政策中捕捉机遇、规避风险。同时，鼓励学生积极参与政府主导的各类项目、计划，如创新创业大赛、技能人才培养工程等，借助政策东风实现个人职业梦想的加速实现。

4. 实践体验中的行业认知

理论知识的学习固然重要，但实践体验才是学生真正了解行业、把握时代脉搏的关键途径。职业教育应充分利用校企合作、产学研融合等机制，为学生搭建起通往行业的桥梁。通过组织行业参观、企业实习、项目实训等活动，让学生亲身感受行业的工作氛围、技术要求、职业规范等，从而更加直观地了解行业的现状与未来发展趋势。在实践过程中，学生不仅能够将所学知识应用于实际工作中，还能在实践中发现问题、解决问题，提升自己的综合素质和职业能力。

综上所述，通过科技驱动下的行业变革、全球化视野下的市场机遇、政策导向下的行业机遇以及实践体验中的行业认知等多方面的努力，职业教育可以帮助学生建立起对行业的深刻认知与敏锐洞察力，为他们的未来职业规划提供坚实的支撑和有力的引导。

（二）分析职业前景，明确发展方向

在职业规划的宏伟蓝图中，分析职业前景并明确个人发展方向是至关重要的。这一过程不仅要求学生具备对行业趋势的敏锐洞察力，还需结合自我认知，进行深思熟虑的决策。职业教育在这一阶段扮演着引导者和支持者的角色，通过科学的方法和个性化的指导，帮助学生绘制出既符合时代潮流又贴近个人实际的职业发展蓝图。

1. 全面评估职业前景

（1）数据驱动的理性分析。职业教育应充分利用各类公开数据资源，如就业市场报告、行业研究报告、薪酬调查等，对目标职业进行全方位、多角度的分析。这些数据不仅揭示了职业岗位的需求规模、增长趋势，还涵盖了薪酬水平、工作性质、工作环境等关键信息，为学生提供了客观、准确的职业前景画像。

（2）案例分享与经验借鉴。除了数据分析，职业教育还应注重案例分享。通过邀请行业内的成功人士或校友分享他们的职业发展经历，学生可以更直观地感受到不同职业路径的挑战与机遇，从中汲取经验和教训。这些生动的案例不仅能够激发学生的职业热情，还能帮助他们更加理性地评估自己的职业选择。

2. 个性化指导，精准定位

（1）自我认知的深度挖掘。在明确职业方向之前，学生首先需要对自己有深入的了解。职业教育应引导学生通过心理测评、性格分析、兴趣测试等工具，全面评估自己的兴趣、性格、能力、价值观等因素。这些自我认知的结果将作为职业选择的重要依据，帮助学生筛选出与自己最为契合的职业领域。

（2）职业匹配与定位。在掌握行业趋势和自我认知的基础上，职业教育应指导学生进行职业匹配与定位。这包括将学生的个人特质与职业需求进行比对，寻找最佳契合点；同时，结合学生的职业目标和生活规划，制定切实可行的职业发展路径。通过这一过程，学生可以更加清晰地认识到自己的职业定位和发展方向，避免在职业生涯中迷失方向。

3. 关注动态，灵活调整

（1）保持对职业市场的敏感度。职业规划并非一蹴而就的过程，它需要学生保持对职业市场的敏感度，随时关注行业动态和市场需求的变化。职业教育应鼓励学生定期参加行业研讨会、招聘会等活动，与业内人士保持密切联系，以便及时获取最新的职业信息和发展趋势。

（2）灵活应对，适时调整。面对不断变化的职业市场和个人发展情况，学生需要学会灵活应对和适时调整职业规划。职业教育应引导学生建立动态的职业规划观念，认识到职业规划是一个持续的过程，需要根据实际情况进行不断的修订和完善。同时，通过提供职业规划咨询、职业辅导等服务，帮助学生解决在职业规划过程中遇到的各种问题和困惑。

综上所述，分析职业前景并明确发展方向是职业规划指导中的关键步骤。职业教育应通过全面评估职业前景、个性化指导与定位以及关注动态灵活调整等方式，帮助学生绘制出既符合时代潮流又贴近个人实际的职业发展蓝图。这样不仅能提升学生的职业竞争力，还能为他们的职业生涯奠定坚实的基础。

（三）掌握就业政策，把握求职机遇

在职业规划的征途中，掌握就业政策并精准把握求职机遇是每位学生迈向职场的重要一步。随着国家对职业教育和就业问题的持续关注与投入，一系列旨在促进就业、优化人才配置的政策措施如雨后春笋般涌现。职业教育作为连接教育与就业的桥梁，应积极承担起宣传解读就业政策、指导学生求职的重任，助力学生在激烈的就业市场中脱颖而出。

1. 深入解读就业政策，把握政策红利

（1）及时关注政策动态。职业教育机构应建立常态化的政策关注机制，及时收集、整理并解读国家及地方层面的就业政策。这包括但不限于就业促进政策、创业扶持政策、人才引进政策、职业技能提升政策等。通过官方网站、政策文件、新闻报道等多种渠道，确保信息的准确性和时效性。

（2）精准宣传政策内容。在掌握政策动态的基础上，职业教育机构应通过多种方式精准宣传政策内容。可以组织专题讲座、政策解读会等活动，邀请政策制定者、行业专家或企业代表为学生深入浅出地讲解政策背景、目标、内容及实施路径。同时，利用校园广播、宣传栏、社交媒体等渠道广泛传播政策信息，提高学生的政策知晓率和利用率。

（3）指导学生享受政策红利。职业教育机构还应积极指导学生如何享受政策红利。例如，对于符合条件的学生，可以协助他们申请就业补贴、创业资金、技能提升培训等政策支持。同时，提供政策咨询和辅导服务，帮助学生解决在享受政策过程中遇到的各种问题和困难。

2. 掌握求职技巧和方法，提升求职竞争力

（1）简历制作与求职信撰写。简历是求职过程中的第一块敲门砖。职业教育机构应指导学生如何制作一份专业、简洁、有针对性的简历。这包括选择合适的简历模板、突出个人优势和成就、准确描述工作经历和项目经验等。同时，还应教授学生如何撰写求职信，通过简洁明了的语言表达求职意愿和个人优势，吸引招聘者的注意。

（2）面试技巧与职场礼仪。面试是求职过程中的关键环节。职业教育机构应组织模拟面试、面试技巧培训等活动，帮助学生掌握面试的基本流程和注意事项。这包括了解面试流程、准备面试问题、掌握回答技巧、展现自信与从容等。同时，还应强调职场礼仪的重要性，指导学生如何在着装、言谈举止等方面展现出良好的职业素养和形象。

（3）求职策略与心态调整。除了具体的求职技巧和方法外，职业教育机构还应关注学生的求职策略和心态调整。指导学生如何制订合理的求职计划、选择合适的求职渠道和时机、保持积极的心态和耐心等。同时，还应提供心理疏导和咨询服务，帮助学生缓解求职过程中的压力和焦虑情绪，保持自信和乐观的心态。

3. 结合政策与技能，精准把握求职机遇

（1）把握政策导向下的就业市场。在求职过程中，学生应密切关注政策导向下的就业市场变化。了解哪些行业、岗位受到政策的重点扶持和关注，哪些领域具有较大的发展潜力和就业机会。通过结合政策导向和个人兴趣、能力等因素，精准定位自己的求职方向和目标岗位。

（2）提升自身综合素质和职业技能。在求职市场中，学生的综合素质和职业技能是用人单位最为看重的因素之一。因此，学生应不断提升自己的综合素质和职业技能水平。这包括加强专业知识学习、拓展兴趣爱好、提高团队协作能力、增强沟通能力和表达能力等。同时，还应积极参加各类技能培训、实习实训等活动，积累实践经验和提升职业素养。

（3）灵活应对求职挑战与机遇。在求职过程中，学生可能会遇到各种挑战和机遇。职业教育机构应指导学生如何灵活应对这些挑战和机遇。例如，在面对竞争激烈的岗位时，可以调整求职策略和目标岗位；在遇到心仪的岗位时，要积极主动争取机会并充分展示自己的优势和特点。同时，学生应保持开放的心态和积极的学习态度，不断适应和应对求职市场的变化和挑战。

综上所述，掌握就业政策并精准把握求职机遇是职业规划指导中的重要环节。职业教育机构应积极宣传解读就业政策、指导学生掌握求职技巧和方法、关注学生求职策略和心态调整等，助力学生在激烈的就业市场中脱颖而出并实现自己的职业梦想。

（四）实施职业测评，挖掘内在潜能

在职业规划的广阔天地中，职业测评如同一盏明灯，照亮了学生自我探索的道路，为他们提供了科学、全面的自我认知工具。这一环节不仅是对传统职业规划方法的补充与升华，更是实现个性化、精准化指导的关键所在。以下，我们将对职业测评的重要性、实施过程及其对学生职业发展的深远影响进行详细阐述。

1. 职业测评的重要性

（1）科学评估，全面认知。职业测评基于心理学、教育学、管理学等多学科理论，通过设计严谨的量表、问卷或情境模拟等方式，对个体的兴趣、性格、价值观、能力倾向等内在特质进行量化评估。这种科学的测量手段能够帮助学生突破自我认知的局限，获得更加全面、客观的自我画像。

（2）个性化指导，精准匹配。每个学生都是独一无二的个体，他们的兴趣、能力和职业倾向各不相同。职业测评能够根据学生的个性化特征，提供针对性的职业推荐和发展建议。这种精准匹配不仅提高了职业规划的针对性和有效性，还避免了学生因盲目选择而可能导致的职业迷茫和挫败感。

（3）挖掘潜能，激发动力。职业测评不仅能够揭示学生的现有优势，还能发现他们潜在的、尚未被充分发掘的能力。这种对内在潜能的挖掘和认可，能够极大地激发学生的自信心和动力，促使他们更加积极地面对职业挑战，追求个人价值的最大化。

2. 职业测评的实施过程

（1）选择合适的测评工具。市场上存在多种职业测评工具，如MBTI性格测试、霍兰德职业兴趣测试、DISC行为风格测试等。职业教育机构应根据学生的年龄、专业背景、职业规划需求等因素，选择合适的测评工具。同时，确保所选工具具有较高的信度和效度，以保证测评结果的准确性和可靠性。

（2）组织实施测评活动。在测评前，职业教育机构应向学生详细介绍测评的目的、意义、流程及注意事项，确保他们能够以正确的心态参与测评。测评过程中，应严格控制测试环境，避免外界因素的干扰。同时，对测评数据进行严格保密处理，保护学生的个人隐私。

（3）解读测评结果，提供个性化建议。测评结束后，职业教育机构应组织专业人员对测评结果进行解读和分析。通过对比不同维度的得分情况，揭示学生的内在特质和职业倾向。同时，结合学生的个人兴趣、能力优势及职业规划目标，提供个性化的职业推荐和发展建议。这些建议应具体、可行，能够帮助学生明确职业方向、制定职业规划。

3.职业测评对学生职业发展的深远影响

（1）增强自我认知，明确职业定位。通过职业测评，学生能够更加清晰地认识自己的兴趣、性格和能力特点，从而更加准确地定位自己的职业方向。这种明确的职业定位有助于学生在求职过程中更加有针对性地选择岗位和企业，提高求职成功率。

（2）激发内在潜能，提升综合素质。职业测评不仅能够揭示学生的现有优势，还能发现他们潜在的、尚未被充分发掘的能力。这种对内在潜能的挖掘和认可能够激发学生的自信心和动力，促使他们更加积极地面对职业挑战和学习任务。同时，通过针对性的培训和锻炼，学生的综合素质也将得到全面提升。

（3）促进职业规划的可持续发展。职业测评不仅是一次性的评估活动，更是学生职业规划过程中的重要参考依据。随着学生个人成长和职业环境的变化，他们的兴趣、能力和职业倾向也可能发生变化。因此，职业教育机构应定期组织学生进行职业测评，并根据测评结果及时调整职业规划方案，确保学生的职业规划能够与时俱进、持续发展。

综上所述，职业测评在职业规划指导中发挥着不可替代的作用。通过精准实施职业测评、深度挖掘学生内在潜能，我们能够为学生提供更加个性化、精准化的职业规划建议，助力他们在职业道路上实现自我价值和社会价值的最大化。

（五）提供个性化咨询，解决职业困惑

在职业规划的漫长旅途中，学生往往会面临诸多挑战与困惑，这些困惑往往因个体差异而异，难以通过统一的标准答案来解答。因此，提供个性化的咨询服务成为职业规划指导中不可或缺的一环。这一环节不仅体现了对学生个体差异的尊重与理解，更是对学生职业发展深度关怀的具体体现。以下将从多个维度对个性化咨询服务的重要性、实施策略及其对学生职业发展的深远影响进行详细阐述。

1.个性化咨询服务的重要性

（1）尊重个体差异，满足多元化需求。每个学生都是独一无二的个体，

他们的成长背景、性格特质、兴趣爱好、能力水平等各不相同。这种多样性决定了他们在职业规划过程中遇到的问题和困惑也千差万别。因此，提供个性化的咨询服务能够精准对接学生的实际需求，满足他们多元化的职业探索需求。

（2）深度剖析问题，提供精准指导。个性化咨询服务强调咨询师与学生之间的一对一交流，通过深入对话和细致观察，咨询师能够全面了解学生的职业困惑和内心需求。在此基础上，咨询师能够运用专业知识和技能，对问题进行深度剖析，并提出针对性的解决方案和建议。这种精准指导能够帮助学生有效克服职业障碍，顺利推进职业规划进程。

（3）增强职业信心，明确职业方向。面对职业选择的迷茫和不确定性，学生往往容易产生焦虑、自卑等负面情绪。个性化咨询服务通过提供专业的指导和支持，帮助学生认识到自己的优势和潜力，增强他们的职业自信心。同时，咨询师还能够根据学生的实际情况和市场需求，帮助他们明确职业方向和目标，为他们的职业发展奠定坚实的基础。

2. 个性化咨询服务的实施策略

（1）建立专业咨询团队。职业教育机构应重视职业规划咨询团队的建设，选拔具有丰富经验和专业知识的咨询师加入团队。这些咨询师应具备良好的沟通技巧、敏锐的洞察力和解决问题的能力，能够为学生提供高质量的咨询服务。同时，机构还应定期对咨询师进行培训和考核，确保他们的专业素养和服务质量始终保持在较高水平。

（2）制定个性化咨询方案。在咨询过程中，咨询师应根据学生的实际情况和需求，制定个性化的咨询方案。这包括了解学生的职业兴趣、能力特点、职业目标等信息，分析学生面临的职业困惑和挑战，提出针对性的解决方案和建议等。个性化咨询方案应具有较强的针对性和可操作性，能够帮助学生解决实际问题并推动职业规划进程。

（3）强化跟踪与反馈机制。职业规划是一个动态发展的过程，学生的职业困惑和需求也会随着时间和环境的变化而发生变化。因此，个性化咨询服务应建立跟踪与反馈机制，定期跟踪学生的职业发展情况并收集他们的反馈意见。通过不断调整和完善咨询方案和服务内容，确保咨询服务的持续性和有效性。

3. 个性化咨询服务对学生职业发展的深远影响

（1）缓解职业焦虑，提升心理健康。面对职业选择的迷茫和不确定性，学生往往容易产生焦虑、紧张等负面情绪。个性化咨询服务通过提供专业的指导和支持，帮助学生缓解职业焦虑情绪并提升心理健康水平。这种心理支持能够让学生更加从容地面对职业挑战和困难，保持积极向上的心态。

（2）明确职业方向，提升职业竞争力。个性化咨询服务通过深入分析学生的职业兴趣和能力特点等因素，为他们明确职业方向和目标。这种明确的职业定位能够让学生更加有针对性地学习和提升自己的职业能力水平；同时也有助于他们在求职过程中更加精准地匹配岗位和企业需求，从而提升自己的职业竞争力。

（3）促进个人成长与发展。个性化咨询服务不仅关注学生的职业规划问题，还注重培养他们的自我认知能力和决策能力。通过咨询师的引导和帮助，学生能够更加清晰地认识自己的优势和不足，学会如何制定职业规划并做出合理的职业决策。这种个人成长与发展不仅能够为学生的职业发展奠定坚实的基础，还能够为他们未来的人生道路提供有益的借鉴和启示。

个性化咨询服务在职业规划指导中发挥着至关重要的作用。通过尊重个体差异、提供精准指导、强化跟踪与反馈机制等措施的实施，我们能够为学生打造一个全方位、个性化的职业规划支持体系，助力他们在职业道路上实现自我价值和社会价值的最大化。

职业规划指导是职业教育的重要环节。通过系统的职业规划指导，学生能够更加清晰地认识自我、了解行业、明确方向，为未来的职业生涯奠定坚实的基础。同时，这也需要职业教育机构、教师、学生以及社会各界的共同努力和支持。

第三节 创新素养的培育与实践

一、激发创新思维，培养创新意识

在快速变化的21世纪，创新已成为推动社会进步和经济发展的核心动力。职业教育作为培养未来职业人才的重要阵地，其责任不仅在于传授专业技能，更在于激发学生的创新思维，培养其创新意识，以适应并引领未来社会的发展趋势。以下是对如何有效激发创新思维、培养创新意识的详细阐述。

（一）构建创新教育体系，融入创新思维训练

在快速变化的现代社会中，创新能力已成为衡量个人与组织竞争力的重要标尺。职业教育作为培养技能型、应用型人才的主阵地，构建一套完善的创新教育体系，并将创新思维训练深度融入其中，显得尤为迫切和重要。

1. 开设系统化创新思维训练课程

（1）分层次、系统性的课程设计。创新思维训练不应是零散的、碎片化的，而应是一个循序渐进、由浅入深的过程。职业教育机构应根据学生的认知发展规律和创新能力培养需求，设计分层次、系统性的创新思维训练课程。这些课程可以从基础思维方法入手，如批判性思维、逆向思维、发散思维等，帮助学生建立起坚实的思维基础；随后逐步引入高级创新策略和创新技法，如六顶思考帽、SCAMPER等，让学生在掌握基本工具和方法的基础上，能够灵活运用并创造出新的价值。

（2）多样化的教学手段与方法。为了使学生更好地理解和掌握创新思维工具和方法，职业教育机构应采用多样化的教学手段与方法。理论讲解是基础，但更重要的是通过案例分析、小组讨论、角色扮演等实践性强的教学活动，

让学生在模拟或真实的情境中运用所学知识解决问题。这种"做中学"的方式能够极大地提高学生的参与度和学习兴趣，同时也有助于他们在实践中不断试错、反思和改进，从而真正掌握创新思维的精髓。

（3）强调实践与反思的结合。创新思维训练不仅仅是知识的传授和技能的训练，更是一个引导学生自我探索、自我发现的过程。因此，在课程设计中应特别强调实践与反思的结合。一方面，要为学生提供足够的实践机会和平台，让他们在实践中体验创新的乐趣和挑战；另一方面，要引导学生及时对实践过程进行反思和总结，提炼出成功的经验和失败的教训，为未来的创新活动提供有益的借鉴。

2. 跨学科融合教学

（1）打破学科壁垒，促进知识融合。传统教育模式往往过于注重学科的专业性和独立性，而忽视了学科之间的内在联系和交叉融合。然而，在复杂多变的现实世界中，许多问题往往需要综合运用多学科的知识才能得到有效解决。因此，职业教育机构应鼓励跨学科知识的融合与交叉，打破传统学科壁垒，让学生在解决复杂问题的过程中，能够灵活运用多学科的知识和技能，实现知识的迁移与创新思维的碰撞。

（2）项目式学习与问题导向学习的应用。项目式学习和问题导向学习是两种非常适合跨学科融合的教学模式。在项目式学习中，学生围绕一个具有挑战性的项目展开学习，通过团队合作、资料搜集、方案设计、实施与评估等环节，综合运用多学科知识解决实际问题。而问题导向学习则更侧重于从实际问题出发，引导学生主动探索、发现并提出解决方案。这两种教学模式都能够有效地激发学生的创新思维和团队协作精神，促进知识的深度整合和应用。

（3）培养综合素质与创新能力。跨学科融合教学不仅有助于提升学生的专业知识和技能水平，更重要的是能够培养他们的综合素质和创新能力。在解决复杂问题的过程中，学生需要具备良好的沟通能力、团队协作能力、批判性思维能力以及创新思维能力等多方面的素质。这些素质的培养对于他们未来的职业发展和人生规划都具有重要的意义。因此，职业教育机构应高度重视跨学科融合教学的实施效果,不断优化和完善相关的教学机制和评价体系。

(二)搭建创新实践平台,激发创新活力

在职业教育中,搭建创新实践平台是促进学生创新思维转化为实际行动、激发其创新活力的关键环节。通过组织创新创意大赛、建立创新实验室和工作坊、鼓励参与科研项目和技术创新等多种方式,可以为学生提供一个全方位、多层次的创新实践环境,助力其成长为具有创新精神和实践能力的高素质人才。

1.组织创新创意大赛

(1)多元化赛事体系构建。定期举办各类创新创意大赛,如产品设计大赛、创业计划大赛、科技发明竞赛等,旨在覆盖不同领域、不同兴趣的学生群体。这些赛事不仅能够激发学生的创新思维和创造力,还能让他们在实践中学会如何将自己的想法转化为具体的项目或产品。通过多元化的赛事体系,学生可以找到与自己兴趣和专长相匹配的舞台,从而更加积极地参与其中。

(2)竞争与合作的双重机制。创新创意大赛不仅仅是一场简单的比赛,更是一个集竞争与合作于一体的综合平台。在比赛中,学生需要面对来自同龄人的挑战和竞争,这种压力会促使他们不断突破自我、提升创新能力。同时,为了共同的目标和愿景,学生之间也会形成紧密的合作关系,通过团队协作来共同解决问题、优化方案。这种竞争与合作的双重机制有助于学生全面发展和成长。

(3)搭建资源对接桥梁。创新创意大赛不仅是学生展示自我、交流思想的舞台,更是企业、投资机构寻找优质项目和人才的重要途径。通过举办大赛,学校可以吸引众多企业和投资机构的关注,为优秀项目提供资金支持和市场对接机会。这种资源对接的桥梁作用有助于推动产学研用的深度融合,促进科技成果的转化和应用。

2.建立创新实验室和工作坊

(1)教学、科研、实践一体化。创新实验室和工作坊是集教学、科研、实践于一体的综合性平台。在这里,学生可以接触到先进的实验设备和工具材料,进行项目研究、实验验证、原型制作等实践活动。这种一体化的教学模

式有助于打破传统课堂教学的局限性,让学生在实践中深化对理论知识的理解和掌握。同时,实验室和工作坊的开放性也为学生提供了自由探索的空间和机会。

（2）实践能力与团队协作的锤炼。在创新实验室和工作坊中,学生需要亲自动手进行实验操作、项目设计等工作,这种实践经历能够极大地提升他们的实践能力和动手能力。同时,在团队合作中,学生还需要学会如何与他人沟通协调、分工合作,以共同完成一个项目或任务。这种团队协作的经历有助于培养学生的团队协作精神和沟通能力,为未来的职业发展打下坚实的基础。

（3）灵活性与创新性的融合。创新实验室和工作坊的灵活性和创新性也是其独特之处。在这里,学生可以自由地选择自己感兴趣的研究方向或项目主题,并根据自己的兴趣和特长进行探索和尝试。同时,实验室和工作坊也鼓励学生进行跨界合作和跨学科交流,以促进不同领域之间的思想碰撞和融合。这种灵活性和创新性的融合有助于激发学生的创新思维和创造力,推动他们不断追求创新和卓越。

3. 鼓励参与科研项目和技术创新

（1）产学研用紧密结合。引导学生积极参与教师科研项目、企业技术难题攻关等实践活动,是深化产学研合作、提升创新能力的重要途径。通过与企业和科研机构的紧密合作,学生可以接触到最新的科研动态和技术前沿,了解市场需求和产业发展趋势。这种紧密的合作关系有助于学生在实践中学习和掌握新知识、新技术和新方法,并将其应用于实际问题的解决中。

（2）真实问题解决中的能力锻炼。参与科研项目和技术创新活动,学生需要面对真实的问题和挑战,这种经历能够极大地锻炼他们的创新思维和问题解决能力。在解决问题的过程中,学生需要综合运用多学科知识、掌握多种技能和方法,并学会如何与他人合作、沟通协调。这种全面的能力锻炼有助于提升学生的综合素质和职业素养,为他们未来的职业发展奠定坚实的基础。

（3）职业素养与创新精神的双重提升。通过参与科研项目和技术创新活动,学生不仅能够提升自己的专业技能和创新能力,还能够培养良好的职业素养和创新精神。在科研项目中,学生需要遵守科研规范和道德准则,保持严谨的科学态度和实事求是的精神。同时，在技术创新中，学生需要敢于尝试、敢于创新、敢于突破传统束缚，这种创新精神是他们未来职业生涯中不可或缺的重要品质。

（三）营造创新文化氛围，强化创新意识

在构建创新教育体系的过程中，营造一种浓厚的创新文化氛围至关重要。这种文化不仅能够潜移默化地影响学生的思维方式，还能激发他们的创新潜能，促进创新行为的持续发生。

1. 树立创新榜样

（1）邀请行业领军人物。邀请来自各行各业的创新领军人物作为客座讲师或导师，是树立创新榜样的有效途径。这些人物以其卓越的创新成就和独特的创新理念，能够为学生提供鲜活的、可触摸的榜样力量。他们的分享不仅能让学生了解到创新的艰辛与喜悦，更能激发他们内心的创新热情，树立敢于挑战、勇于创新的价值观。

（2）杰出校友的示范效应。除了行业领军人物外，杰出校友也是重要的创新榜样资源。他们与学生有着更为接近的背景和经历，其创新故事和成功经验更易于引起学生的共鸣和向往。邀请杰出校友回校分享，不仅能够增强学生的归属感和自豪感，还能激励他们向榜样看齐，努力追求自己的创新梦想。

（3）榜样力量的持续传递。树立创新榜样并非一蹴而就的事情，需要持续不断地进行推广和宣传。学校可以通过校园网、校报、社交媒体等多种渠道，广泛传播创新榜样的先进事迹和成功经验，让榜样力量深入人心，成为推动学生创新的重要动力。

2. 举办创新论坛和讲座

（1）多元化议题设置。定期举办创新论坛和讲座，需要设置多元化的议题，以满足不同学生的兴趣和需求。这些议题可以涵盖科技创新、商业模式创新、文化艺术创新等多个领域，邀请相关领域的专家学者、企业家等进行深入探讨和交流。通过多元化的议题设置，学生可以接触到不同领域的创新思想和前沿动态，拓宽自己的视野和思路。

（2）深入交流与互动。创新论坛和讲座不仅是单向的知识传授过程，更是

双向的交流与互动过程。学校应鼓励学生在论坛上积极提问、发表观点，与嘉宾进行深入的交流和探讨。这种互动不仅能够加深学生对创新话题的理解和认识，还能激发他们的创新思维和灵感，促进创新思想的碰撞和融合。

（3）后续跟踪与反馈。为了确保创新论坛和讲座的效果最大化，学校还需要做好后续跟踪与反馈工作。可以通过问卷调查、小组讨论等方式收集学生的意见和建议，了解他们对论坛和讲座的满意度以及收获情况。同时，也可以根据学生的反馈情况对后续的论坛和讲座进行改进和优化，以更好地满足学生的需求。

3. 建立容错机制

（1）鼓励大胆尝试。在创新实践中，学生需要敢于尝试、敢于突破传统束缚。学校应明确传达这一信息，鼓励学生大胆提出自己的想法和创意，即使这些想法在初期可能看起来不切实际或存在风险。通过鼓励大胆尝试，学校可以为学生提供一个宽松的创新环境，让他们敢于挑战未知领域、探索新的可能性。

（2）宽容失败与错误。创新过程中难免会遇到失败和错误。学校应建立相应的容错机制，对学生在创新过程中出现的错误和失败给予理解和支持。但这并不意味着放任自流或忽视问题，而是要在学生遇到挫折时及时给予指导和帮助，帮助他们分析原因、总结经验教训并重新调整方向。通过宽容失败与错误，学校可以让学生明白失败并不可怕，重要的是从失败中汲取教训并继续前行。

（3）树立积极心态。建立容错机制的目的之一是帮助学生树立积极向上的心态。学校应通过各种方式引导学生正确看待创新过程中的失败和挫折，让他们明白这些经历是成长道路上不可或缺的一部分。同时，学校还应鼓励学生保持持续创新的动力和热情，即使面临困难和挑战也要坚持不懈地追求自己的创新梦想。

综上所述，激发创新思维、培养创新意识是职业教育的重要任务。通过构建创新教育体系、搭建创新实践平台、营造创新文化氛围等多方面的努力，可以有效提升学生的创新素养和综合能力，为培养适应未来社会需求的创新型人才奠定坚实基础。

二、加强实践锻炼，提升创新能力

在职业教育领域，实践不仅是理论知识的验证与应用场所，更是创新思维的孵化器与创新能力提升的加速器。为了有效提升学生的创新能力，职业教育必须高度重视并切实加强实践锻炼，通过构建多元化的实践平台、设计挑战性的实践项目以及优化实践指导与评估机制，让学生在实践中学习、在创新中成长。

（一）构建多元化的实践平台

在高等教育与职业教育体系中，构建多元化的实践平台是提升学生创新能力、促进理论与实践深度融合的关键举措。这些平台不仅为学生提供了丰富的实践机会，还为他们搭建了从学习到就业、从创意到创业的桥梁。

1. 创新实验室与研发中心

（1）专业性与先进性并重。创新实验室与研发中心是高等教育机构中不可或缺的组成部分，它们以高度的专业性和先进性为特点。这些平台聚焦于特定学科或交叉领域，配备了世界一流的科研设备和软件资源，确保学生能够接触到最前沿的科技动态和研究成果。同时，实验室和研发中心还注重跨学科合作，鼓励学生打破专业壁垒，进行跨界创新。

（2）实践与学术的深度融合。在创新实验室与研发中心中，学生不仅能够进行科学实验和技术研发，还能参与到学术交流与知识共享的过程中。实验室和研发中心定期举办技术讲座、工作坊和学术交流活动，邀请行业专家、学者和企业代表分享最新研究成果和行业动态。这些活动不仅拓宽了学生的视野，还激发了他们的创新思维和灵感。通过参与这些活动，学生能够更深入地理解学科前沿问题，提升解决实际问题的能力。

（3）跨学科合作的典范。创新实验室与研发中心还注重跨学科合作与协同创新。在这里，不同专业的学生可以共同组建项目团队，利用各自的专业优势进行互补和协作。这种跨学科的合作模式有助于打破学科壁垒，促进知识、技术和方法的交叉融合。通过跨学科合作，学生能够接触到更广泛的知识领域和思维方式，从而激发他们的创新潜能和创造力。

2. 创业孵化器与加速器

（1）一站式创业服务。创业孵化器与加速器是专为有创业意愿和创新能力的学生设计的服务平台。这些平台不仅提供办公场地、资金支持和导师指导等基础服务，还通过举办创业培训、项目路演、投资对接等活动，帮助学生将创新想法转化为实际项目并推向市场。这种一站式创业服务模式极大地降低了学生的创业门槛和风险，为他们提供了更加便捷的创业途径。

（2）实战演练与经验积累。在创业孵化器与加速器中，学生将经历从创意构思到市场调研、产品设计、商业模式构建、融资策划等全过程的实战演练。这种实战经验不仅有助于他们更好地理解创业过程中的各个环节和挑战，还能让他们在实践中积累宝贵的经验和教训。同时，孵化器与加速器还为学生提供了与投资人、企业家和行业专家面对面交流的机会，帮助他们建立广泛的人脉资源和社会网络。

（3）激发创业热情与创新能力。创业孵化器与加速器还通过举办各类创业竞赛和评选活动来激发学生的创业热情和创新能力。这些活动不仅为学生提供了展示自己才华和项目的舞台，还为他们赢得了更多的关注和支持。通过参与这些活动，学生能够更加自信地面对创业挑战并不断提升自己的综合素质和能力水平。

3. 校企合作实训基地

（1）深化校企合作。校企合作实训基地是高等教育机构与企业合作共建的重要平台之一。这些基地以企业的真实工作环境为背景，为学生提供了进行实践锻炼的宝贵机会。通过深化校企合作，学校能够及时了解企业的需求和行业动态，调整教学内容和方式以更好地适应市场需求。同时，企业也能通过参与实训基地的建设和管理来培养和选拔符合自己需求的高素质人才。

（2）真实场景下的实践体验。在校企合作实训基地中，学生能够亲身参与到企业的生产流程、技术改进和产品研发等过程中去。这种真实场景下的实践体验不仅让他们更加直观地了解行业需求和技术动态，还能帮助他们将所学知识应用到实际工作中去。通过实践锻炼，学生能够提升自己的专业技能和综合素质,为未来的职业发展打下坚实的基础。

(3)激发创新灵感与提升创新能力。校企合作实训基地还是激发学生创新灵感和提升创新能力的重要场所之一。在实训基地中,学生将面对各种实际问题和挑战,需要运用自己的智慧和创造力来寻找解决方案。这种实践过程不仅能够锻炼学生的创新思维和问题解决能力,还能激发他们的创新灵感和创造力。同时,实训基地还为学生提供了与企业员工和专家交流的机会,让他们能够学习到更多的创新思路和方法并应用到自己的实践中去。

(二)设计挑战性的实践项目

在教育体系中,设计挑战性的实践项目不仅是提升学生实践能力的有效途径,更是培养其创新思维、解决问题能力和综合素质的关键手段。这些项目应当紧密结合真实世界的需求,鼓励跨学科合作,并采用递进式的设计方法,以最大限度地激发学生的潜能和创造力。

1. 真实世界问题导向

(1)贴近实际的挑战。设计基于真实世界问题的实践项目,意味着学生将不再面对虚构或简化的情境,而是直接面对现实中存在的复杂问题和困境。这些问题可能涉及环境保护、社会公益、企业运营、技术革新等多个领域,要求学生运用所学知识,结合实际情况,提出切实可行的解决方案。这种贴近实际的挑战能够极大地激发学生的创新思维和解决问题的动力。

(2)复杂性与不确定性。真实世界的问题往往具有高度的复杂性和不确定性。这意味着学生在解决这些问题的过程中,需要综合考虑多种因素,包括技术可行性、经济效益、社会影响等。同时,他们还需要面对不断变化的环境和未知的风险。这种复杂性和不确定性不仅能够锻炼学生的应变能力和决策能力,还能够培养他们的风险意识和责任意识。

(3)社会责任感与使命感。将实践项目与企业、社区或社会热点紧密关联,有助于增强学生的责任感和使命感。当学生意识到自己的努力和成果能够为社会带来积极的影响时,他们会更加积极地投入到项目中去,努力寻找最佳的解决方案。这种社会责任感和使命感不仅能够促进学生的个人成长和发展,还能够为社会培养更多有担当、有作为的人才。

2. 跨学科综合实践

（1）打破学科壁垒。跨学科的综合实践项目旨在打破传统学科之间的壁垒，促进不同领域知识的融合与创新。这种实践方式鼓励学生跨越自己的专业领域，与其他学科的学生合作，共同解决复杂问题。通过跨学科的合作与交流，学生能够接触到更广泛的知识体系和思维方式，从而拓宽自己的视野和思路。

（2）相互学习与启发。在跨学科团队中，每个学生都拥有自己独特的知识和技能。通过相互学习和启发，他们能够共同发现新的视角和解决方案。这种合作不仅有助于提升学生的综合素质和创新能力，还能够培养他们的团队合作精神和沟通能力。同时，跨学科的合作还能够激发学生的创造力和想象力，让他们敢于尝试新的方法和思路。

（3）解决复杂问题的能力。跨学科的综合实践项目往往涉及多个领域的知识和技能。这种综合性的项目要求学生具备全面的素质和能力，包括专业知识、创新思维、实践能力等。通过解决这些复杂问题，学生能够不断提升自己的综合素质和创新能力，为未来的职业发展打下坚实的基础。

3. 递进式项目设计

（1）从简单到复杂。递进式项目设计方法强调从简单到复杂、从基础到高级逐步提升的过程。在项目初期，学生可以从一些基础性的任务入手，逐渐积累经验和技能。随着项目的深入和推进，他们可以逐渐承担更加复杂和具有挑战性的任务。这种逐步提升的过程有助于学生建立自信心和成就感，并激发他们的创新潜能。

（2）相互关联与层层递进。递进式项目设计还强调各个项目之间的相互关联和层层递进关系。这些项目应该围绕一个中心主题或目标展开，并通过一系列相互关联、层层递进的实践任务来逐步推进。这种设计方式有助于学生深入理解问题的本质和内在联系，并培养他们的系统思维和综合能力。

（3）激发创新潜能。通过递进式项目设计，学生能够在不断挑战中积累经验、提升技能并激发创新潜能。每个项目的完成都是对学生能力的一次考验和提升，而新的挑战和困境则能够激发他们的创新思维和解决问题的能力。这种持续不断的挑战和激励有助于学生形成积极向上的心态和持续创新的动力。

（三）优化实践指导与评估机制

在高等教育与职业教育中，优化实践指导与评估机制是确保实践教育质量、提升学生实践能力和创新能力的关键环节。通过构建专业导师团队、建立多元化评估体系以及实施激励机制与成果展示，可以促进学生的全面发展，激发他们的创新潜能。

1. 专业导师团队

（1）跨界融合的专业力量。组建由企业专家、行业领军人物和资深教师组成的专业导师团队，是优化实践指导的首要任务。这些导师不仅具备深厚的学术造诣，还拥有丰富的行业经验和实战能力。他们能够从不同角度为学生提供全面的指导，帮助学生更好地理解行业趋势、技术前沿和市场需求。同时，这种跨界融合的导师团队还能够促进产学研用的紧密结合，为学生的创新实践提供有力的支持。

（2）个性化指导与职业规划。专业导师团队应关注每位学生的个性化需求和发展方向，为他们提供量身定制的实践指导和职业规划建议。通过与学生的定期交流与反馈，导师可以及时了解学生在实践过程中遇到的问题和困惑，并给予及时的指导和帮助。此外，导师还可以根据学生的兴趣和能力特点，引导他们进行更深入的创新探索，激发他们的创新潜能和创造力。这种个性化的指导与职业规划不仅能够提升学生的实践能力，还能够为他们未来的职业发展打下坚实的基础。

2. 多元化评估体系

（1）多元化的评价维度。建立多元化的评估体系是确保实践教育质量的重要保障。这个体系不仅关注学生的实践成果和创新能力表现，还注重其过程参与、团队协作和问题解决能力等方面的评价。通过多元化的评价维度，可以全面客观地评估学生的实践表现，发现他们的优点和不足，并为他们提供有针对性的改进建议。这种全面客观的评价方式有助于激发学生的积极性、主动性和创造性，促进他们的全面发展。

（2）多样化的评价方式。在多元化评估体系中，应采用多种评价方式相结合的方法来全面评估学生的实践表现。除了传统的导师评价外，还可以引入自评、互评等评价方式。自评可以让学生对自己的实践表现进行反思和总结，发现自己的优点和不足；互评则可以促进学生之间的交流与互动，让他们相互学习和借鉴。此外，还可以采用项目报告、实践日志、口头汇报等多种形式来展示学生的实践成果和创新能力。这些多样化的评价方式不仅可以丰富学生的实践经验，还可以提高他们的表达能力和沟通能力。

3. 激励机制与成果展示

（1）激励机制的设立。设立创新实践奖项和奖学金等激励机制是激发学生创新热情的重要手段。这些奖项和奖学金可以表彰在创新实践中表现突出的学生，肯定他们的努力和成果。通过公开表彰和奖励，可以树立典型和榜样，激励更多的学生参与到创新实践中来。同时，这些奖项和奖学金还可以为获奖学生提供更多的机会和资源支持，如参加学术会议、访学交流等，进一步拓宽他们的视野和思路。

（2）成果展示与交流。通过举办创新成果展示会、技术交流会等活动，可以为学生提供展示自己创新成果的机会和平台。这些活动不仅可以让学生展示自己的实践成果和创新能力，还可以让他们与其他同学、导师和业界专家进行交流和互动。这种交流和互动不仅可以促进学生之间的学习与合作，还可以让他们了解行业最新动态和前沿技术，为他们的创新实践提供更多的灵感和思路。同时，这些活动还可以增强学生的自信心和成就感，激发他们的创新热情和动力。

综上所述，加强实践锻炼是提升职业教育学生创新能力的重要途径。通过构建多元化的实践平台、设计挑战性的实践项目以及优化实践指导与评估机制等措施的实施，可以为学生提供更加丰富、深入和有效的实践机会和平台，从而培养他们的创新思维和实践能力，为未来的职业发展奠定坚实的基础。

三、营造创新氛围，激发创新活力

在职业教育领域，营造一种开放、包容、鼓励创新的校园文化氛围，是培育学生创新素养、激发其创新活力的关键所在。这种氛围不仅能够激发学生的内在潜能，促进他们勇于探索、敢于尝试，还能为他们提供更多的创新资源和机会，助力其成长为具有创新精神和实践能力的高素质人才。

（一）构建开放包容的校园文化

在职业教育领域，构建一个开放包容的校园文化是培育创新型人才、促进学生全面发展的关键所在。这样的校园文化不仅能够激发学生的创新思维，还能为他们的个性发展提供肥沃的土壤。

1. 倡导开放思维

（1）打破传统束缚，拥抱新知。开放思维是创新活动的起点，它要求学生敢于质疑既有观念，勇于探索未知领域。职业教育应作为这一理念的先行者，通过课程体系、教学方法的革新，引导学生跳出传统框架的束缚，以更加开放和包容的心态面对世界。例如，学校可以定期举办跨学科的学术讲座和研讨会，邀请来自不同领域的专家学者分享他们的研究成果和独到见解，从而拓宽学生的知识视野，激发他们的好奇心和求知欲。

（2）促进思想碰撞，激发创新火花。开放思维还意味着要鼓励学生之间的思想交流与碰撞。学校可以组织各种形式的思想论坛和辩论赛，让学生在争鸣中深化对问题的理解，产生新的观点和想法。此外，还可以利用互联网和社交媒体等现代技术手段，搭建线上交流平台，让学生跨越地域限制，与全球范围内的同龄人共同探讨感兴趣的话题，进一步拓宽他们的思维边界。

2. 包容失败文化

在创新过程中，失败是不可避免的。然而，如何面对失败，却直接关系到一个人能否持续创新、最终取得成功。职业教育应致力于培养学生正确的失败观，让他们明白失败并非终点，而是通向成功的必经之路。通过设立"失败奖"、举办"失败分享会"等活动，学校可以向学生传递一种积极的信息：勇于尝试、敢于失败是一种值得赞赏的品质。

更重要的是，职业教育应教会学生如何从失败中汲取教训、积累经验。学校可以组织专门的失败案例分析课程或工作坊，引导学生深入分析失败的原因和过程，找出改进的方法和策略。同时，还可以邀请成功的企业家或科研工作者来校分享他们的失败经历和成功经验，让学生从中获得启发和鼓舞。

3. 鼓励个性发展

（1）提供多样化的课程选择。每个学生都有自己独特的兴趣、特长和潜能。职业教育应尊重学生的个性差异，为他们提供多样化的课程选择和发展路径。学校可以根据市场需求和学生兴趣设置多个专业方向或选修课程模块，让学生根据自己的兴趣和优势进行选择。此外，还可以引入项目制教学、工作坊等灵活多样的教学模式，让学生在实践中发现自己的潜能和兴趣所在。

（2）开展个性化的职业规划指导。除了课程设置外，个性化的职业规划指导也是促进学生个性发展的重要环节。学校可以设立职业规划中心或聘请专业的职业规划师为学生提供一对一的咨询服务。通过深入了解学生的性格、兴趣、能力和价值观等方面的信息，职业规划师可以为学生量身定制职业发展规划建议和指导方案。这些个性化的指导不仅有助于学生明确自己的职业目标和发展方向，还能激发他们的创新活力和自信心。

（二）加强校企合作与产学研合作

在快速变化的全球经济环境中，职业教育作为连接教育与产业的桥梁，其重要性日益凸显。加强校企合作与产学研合作，不仅是提升职业教育质量、增强学生就业竞争力的关键举措，也是推动科技创新、产业升级和社会经济发展的重要动力。

1. 深化校企合作

（1）精准对接市场需求，优化教学内容。校企合作的核心在于精准对接市场需求。通过与企业建立紧密的合作关系，学校能够及时了解行业动态、技术发展趋势以及企业对人才的需求变化。基于此，学校可以调整和优化教学内容，确保所教授的知识和技能与产业实际需求相契合。这种以市场为导向的教学模式，不仅能够提升学生的就业竞争力，还能为企业的可持续发展提供有力的人才支撑。

（2）搭建实践平台，强化学生实践能力。校企合作还为学生提供了宝贵的实践机会。学校可以与企业合作建立实训基地、研发中心或联合实验室等实践平台，让学生在实际工作环境中学习、实践和成长。通过参与企业的实际项目和技术研发工作，学生不仅能够将所学知识应用于实践，还能够在实践中发现问题、解决问题，从而提升其创新能力和职业素养。这种"学中做、做中学"的教学模式，有助于培养学生的实践能力和团队协作精神。

（3）促进资源共享，实现互利共赢。校企合作还促进了资源的共享与互补。学校拥有丰富的教学资源和科研力量，而企业则拥有先进的生产设备、技术经验和市场资源。通过合作，双方可以共享这些资源，实现优势互补和互利共赢。例如，学校可以为企业提供技术咨询、员工培训等服务，而企业则可以为学校提供实习岗位、科研项目合作等支持。这种合作模式不仅有助于提升双方的竞争力和创新能力，还能为地方经济的发展注入新的活力。

2. 推动产学研合作

（1）构建产学研合作平台，促进协同创新。产学研合作是推动科技创新和产业升级的重要途径。职业教育应加强与科研机构、高校和企业的合作与交流，共同构建产学研合作平台。这些平台可以聚集各方优势资源，形成协同创新机制，共同开展科研项目和技术研发工作。通过合作研究和技术攻关，可以加速科技成果的产出和转化，推动产业升级和经济发展。

（2）完善运行机制，保障合作顺利进行。为了确保产学研合作的顺利进行，需要建立完善的运行机制。这包括明确合作各方的职责和权益、制订详细的合作计划和实施方案、建立有效的沟通协调机制等。同时，还需要建立健全的激励机制和约束机制，以激发合作各方的积极性和创造性，确保合作项目的顺利实施和科技成果的有效转化。

（3）拓宽合作领域，深化合作层次。随着科技的不断进步和产业的不断升级，产学研合作的领域也在不断拓宽。职业教育应紧跟时代步伐，积极拓宽合作领域，深化合作层次。例如，可以加强与新兴产业、高新技术产业的合作与交流，可以探索开展国际合作项目和技术交流活动，还可以推动产学研合作向更深层次的产业链延伸和拓展。通过这些举措，可以进一步提升职业教育的创新能力和服务水平，为地方经济的发展做出更大的贡献。

（三）优化创新生态体系

在职业教育领域，构建一个高效、开放且充满活力的创新生态体系，对于激发学生的创新潜能、培养具有创新精神和实践能力的人才至关重要。

1. 搭建创新服务平台

（1）一站式服务，覆盖创新全周期。创新服务平台或创新创业中心是学校为学生提供的集创意激发、项目孵化、资源对接、市场推广于一体的综合性服务平台。这些平台不仅提供物理空间上的支持，如配备先进的实验设备、舒适的办公区域，更重要的是提供一系列的软件服务，包括专业的导师团队、法律咨询、财务指导、市场推广策略等。通过一站式服务，平台能够帮助学生跨越从创意萌芽到市场成功的每一个阶段，减少他们在创新过程中的迷茫和障碍。

（2）导师引领，专业指导。平台的核心竞争力在于其强大的导师团队。这些导师来自不同领域，拥有丰富的行业经验和专业知识，能够为学生提供个性化的指导和建议。他们不仅关注学生的创意本身，更重视培养学生的创新思维、问题解决能力和团队协作能力。通过定期的交流会、工作坊和一对一辅导，导师们能够引导学生逐步明确创新方向，优化项目方案，直至最终实现商业落地。

（3）资源对接，拓宽视野。创新服务平台还扮演着资源对接者的角色。它通过与政府、企业、投资机构等建立广泛的合作关系，为学生搭建起与外界沟通的桥梁。通过平台，学生可以接触到最新的行业动态、技术趋势和市场需求信息；同时，他们也有机会获得资金支持、技术合作和市场推广等关键资源。这种资源的有效对接，为学生的创新之路提供了更多的可能性和选择。

2. 完善创新激励机制

（1）设立创新奖学金，树立榜样。创新奖学金是学校为了表彰在创新方面表现突出的学生而设立的专项奖励。通过设立不同层次的奖学金，学校可以鼓励更多的学生参与到创新活动中来。同时，获得奖学金的学生也会成为其他学生的榜样和激励源，进一步激发整个校园的创新氛围。

（2）创新成果奖励制度，强化成果导向。除了奖学金外，学校还可以建立创新成果奖励制度。这包括对学生的创新项目、专利申请、学术论文等成果进行评审和奖励。通过这一制度，学校可以引导学生关注创新成果的产出和转化，提高他们的创新质量和效率。同时，这也为学生提供了更多展示自己才华和能力的机会。

（3）创新项目资助计划，提供资金支持。为了支持学生的创新项目，学校还可以设立创新项目资助计划。该计划旨在为具有潜力和市场前景的创新项目提供资金支持，帮助他们克服资金短缺的难题，顺利推进项目研发和市场推广。通过这一计划，学校可以进一步激发学生的创新热情和动力，促进创新成果的涌现和转化。

3. 举办创新竞赛和活动

（1）打造品牌赛事，提升影响力。学校可以定期举办各类创新竞赛和活动，如创新大赛、创业计划大赛、科技节等。这些赛事和活动不仅为学生提供了展示自己创新成果的平台和机会，还可以吸引社会各界的关注和参与。通过打造品牌赛事，学校可以提升自己的影响力和知名度，为学生争取到更多的资源和机会。

（2）激发创新灵感，促进团队协作。创新竞赛和活动不仅是展示成果的平台，更是激发创新灵感和团队协作精神的催化剂。在竞赛和活动的准备过程中，学生们需要不断思考、探索和实践，这有助于培养他们的创新思维和问题解决能力。同时，他们还需要与团队成员紧密合作、相互支持，这有助于培养他们的团队协作精神和沟通能力。

（3）选拔优秀创新人才，储备未来力量。创新竞赛和活动还是选拔优秀创新人才的重要途径之一。通过参与这些活动，学校可以发现并挖掘出具有创新潜力和领导才能的学生。这些学生将成为学校未来发展的重要力量和支撑点。学校可以通过为他们提供更多的发展机会和资源支持，帮助他们成长为具有创新精神和实践能力的优秀人才。

综上所述，营造创新氛围，激发创新活力是职业教育培育学生创新素养的重要任务之一。通过构建开放包容的校园文化、加强校企合作与产学研合作以及优化创新生态体系等措施的实施，可以为学生营造一个充满活力和创新精神的校园环境，并助力他们成长为具有创新精神和实践能力的高素质人才。

第四节　身心素养的培育与实践

一、加强体育锻炼，增强体质健康

在职业教育领域，身心素养的培育不仅是学生个人全面发展的基石，也是其未来职业生涯成功的关键要素。一个拥有强健体魄和坚韧心灵的职业人才，能够更好地应对工作挑战，保持高效的工作状态，实现个人与社会的和谐共生。

（一）加强体育锻炼，提升学生体质

在职业教育体系中，加强体育锻炼不仅是提升学生体质健康的直接手段，更是培养其坚韧意志、团队合作精神及自我挑战能力的重要途径。

1. 多元化体育课程设置

（1）课程内容丰富多样：职业教育机构在设计体育课程时，应充分考虑学生的多样性需求。除了传统的田径项目如短跑、长跑、跳远、跳高等，以及篮球、足球、排球等球类运动外，还应积极引入瑜伽、健身操、游泳、攀岩、跆拳道、武术等新兴或特色项目。这些课程不仅能够锻炼学生的心肺功能、肌肉力量和耐力，还能提升学生的柔韧性、协调性和平衡感，促进身体全面发展。

（2）兴趣导向，因材施教：通过问卷调查、兴趣小组等方式了解学生的运动偏好，结合专业特点（如服务业对灵活性的要求，制造业对耐力的需求），定制符合学生兴趣和专业需求的体育课程。例如，对于需要长时间站立的服务业专业学生，可以增设瑜伽和健身操课程，以增强其身体柔韧性和耐力；对于需要较强上肢力量的制造业专业学生，则可以增加举重、攀岩等训练项目。

（3）理论与实践相结合：在教授运动技能的同时，融入运动生理学、运动营养学等理论知识，帮助学生理解运动对身体的影响，掌握科学的锻炼方法，提高锻炼效果。

2. 定期组织体育比赛与活动

（1）赛事体系完善：建立覆盖全年、分层次的体育竞赛体系，包括校级运动会、院系联赛、班级对抗赛以及个人挑战赛等。赛事项目应多样化，既有团体项目也有个人项目，既有竞技性强的比赛也有趣味性强的活动，以满足不同学生的参与需求。

（2）强化团队合作与竞争意识：通过团队项目的比赛，如篮球赛、足球赛等，培养学生的团队合作精神和集体荣誉感；通过个人项目的比赛，如田径、游泳等，激发学生的个人潜能和竞争意识。同时，设置奖项和荣誉证书，对表现优异的学生给予表彰和奖励，进一步激发其参与热情。

（3）体育嘉年华与趣味运动会：除了正式的比赛外，还可以举办体育嘉年华和趣味运动会等活动，将体育与娱乐、文化、艺术等元素相结合，增加活动的趣味性和吸引力。这些活动不仅能够让学生在轻松愉快的氛围中参与体育锻炼，还能增进同学间的友谊和团队合作精神。

3. 营造校园体育文化氛围

（1）多渠道宣传：利用宣传栏、广播站、校园网等传统媒体以及社交媒体、短视频等新媒体平台，广泛宣传体育精神和健康理念。通过发布体育新闻、赛事报道、健康小贴士等内容，营造浓厚的校园体育文化氛围。

（2）师生共融：鼓励教师积极参与体育活动，与学生同场竞技或共同组织活动。教师的参与不仅能够增强学生的参与感和归属感，还能为学生树立榜样，引导学生形成良好的体育锻炼习惯。

（3）邀请嘉宾讲座：定期邀请体育明星、奥运冠军或知名体育专家来校讲座和指导，分享他们的运动经历和成功经验，激发学生的体育梦想和热情。同时，这些嘉宾的讲座也能为学生提供专业的指导和建议，帮助他们更好地掌握运动技能和锻炼方法。

4. 关注个体差异，实施个性化指导

（1）体质测试与评估：每学期初进行体质测试，包括身高、体重、肺活量、速度、力量等多个指标，全面了解学生的身体状况和运动能力。根据测试结果，制订个性化的训练计划，为每个学生提供针对性的指导和建议。

（2）分层教学与差异化指导：根据学生的运动水平和能力差异，采用分层教学的方式进行教学。对于运动基础较差的学生，注重基础技能的训练和兴趣的培养；对于运动水平较高的学生，则提供更多的挑战和进阶训练机会。同时，在教学过程中关注学生的情感变化和心理需求，及时给予鼓励和支持。

（3）设立体育俱乐部与兴趣小组：根据学生的兴趣和特长设立体育俱乐部或兴趣小组，如篮球社、足球社、瑜伽社等。这些组织不仅能够为学生提供更多的锻炼机会和交流平台，还能培养学生的组织能力和领导才能。同时，通过组织内部比赛和对外交流等活动，进一步激发学生的运动热情和团队合作精神。

（二）加强心理健康教育，关注学生心理健康状况

在职业教育的广阔舞台上，学生的心理健康与身体素质同样重要，是构成其综合素质不可或缺的部分。为了促进学生的全面发展，学校必须高度重视心理健康教育，构建全方位、多层次的心理健康教育体系，以有效应对学生可能遇到的心理挑战。

1. 建立完善的心理健康教育体系

（1）心理健康教育课程系统化：学校应将心理健康教育纳入必修课程体系，确保每位学生都能接受到系统的心理健康知识教育。课程内容应涵盖心理健康基础、情绪管理、压力应对、人际关系、自我认知与成长等多个方面，通过理论与实践相结合的方式，帮助学生全面认识自我，学会调节情绪，有效管理压力。

（2）心理咨询中心专业化：学校应建立专业的心理咨询中心，配备具有专业资质的心理咨询师，为学生提供一对一的咨询服务。咨询中心应提供包括情绪疏导、心理测评、心理干预等多种服务，确保学生在遇到心理困扰时能够及时获得专业帮助。同时，咨询中心还应注重保护学生隐私，营造安全、

信任的咨询环境。

（3）心理危机干预机制高效化：学校应建立健全心理危机干预机制，明确危机识别、报告、评估、干预和后续跟进等流程。学校还应设立心理危机应急小组，负责心理危机事件的快速响应和有效处理。通过定期排查、建立学生心理健康档案、设立心理热线等方式，及时发现并干预学生的心理危机事件，防止事态恶化。

2. 开展多样化的心理健康教育活动

（1）心理健康教育活动多样化：除了课堂教学外，学校还应组织形式多样的心理健康教育活动，如心理健康讲座、心理沙龙、心理剧表演等。这些活动旨在通过生动有趣的方式，让学生在轻松愉快的氛围中学习心理健康知识，提升心理素质。讲座可以邀请心理专家或学者来校分享心理健康领域的最新研究成果和实践经验；沙龙则为学生提供一个交流心得、分享经验的平台；心理剧表演则通过角色扮演的方式，让学生在模拟情境中体验和理解不同情绪和心理状态。

（2）互动体验式教学：在心理健康教育活动中引入团体辅导、角色扮演等互动方式，让学生在参与中体验、感悟和成长。团体辅导通过小组讨论、合作游戏等活动，帮助学生建立积极的心理防御机制，增强团队凝聚力和合作意识；角色扮演则通过模拟真实场景，让学生在扮演不同角色的过程中体验和理解他人的情感和需求，提升同理心和沟通能力。

3. 加强家校合作，共同关注学生心理健康

（1）家校沟通机制畅通化：学校应建立畅通的家校沟通机制，定期与家长沟通学生的在校表现和心理健康状况。通过家长会、家访、电话联系等方式，向家长宣传心理健康知识，引导家长关注孩子的心理变化，及时发现并解决问题。同时，学校还可以邀请家长参与学校的心理健康教育活动，共同为孩子的心理健康保驾护航。

（2）家校联动机制协同化：学校应建立家校联动机制，共同制定个性化的心理干预方案。针对存在心理困扰的学生，学校应与家长紧密合作，共同分析原因、制定对策、实施干预。通过家校双方的共同努力，为学生提供全方位、个性化的心理支持和服务。

4. 培养学生自我调适能力

（1）教授自我调适技巧：学校应重视培养学生的自我调适能力，通过教授放松训练、时间管理、情绪调节等技巧，帮助学生掌握自我调适的方法。放松训练如深呼吸、肌肉放松等有助于缓解紧张情绪，时间管理则教会学生如何合理安排时间、提高学习效率，情绪调节则通过认知重构、情绪表达等方式帮助学生更好地管理自己的情绪。

（2）鼓励社会实践与志愿服务：鼓励学生积极参与社会实践和志愿服务等活动，通过参与社会服务、接触社会现实等方式培养他们的社会责任感和抗压能力。这些活动不仅能够让学生体验到帮助他人的快乐和价值感，还能够锻炼他们的意志品质、增强自信心和适应能力。

二、培养良好生活习惯，促进全面发展

在职业教育的广阔舞台上，培养学生良好的生活习惯不仅是促进其身心健康的关键，更是推动其全面发展的重要基石。良好的生活习惯，包括规律的作息、均衡的饮食、良好的个人卫生习惯等，这些看似微小的日常行为，实则对学生的一生都产生着深远的影响。

（一）强化生活习惯教育，树立健康意识

在职业教育领域，强化生活习惯教育不仅是培养学生个人素养的关键环节，更是为他们未来职业生涯奠定坚实基础的重要步骤。通过系统性的课程设计和正面榜样的引领，可以有效提升学生的健康意识，帮助他们建立起科学、合理的生活习惯。

1. 系统性课程设计

（1）课程内容的全面性与针对性。生活习惯教育应涵盖营养学、睡眠科学、个人卫生常识等多个方面，确保学生获得全面而深入的健康知识。营养学部分可以教授学生如何识别健康食品、制订均衡膳食计划；睡眠科学则强调良好睡眠习惯的重要性，包括适宜的睡眠时间、舒适的睡眠环境等；个人卫生常识则涵盖日常清洁、疾病预防等内容。课程设计应充分考虑学生的年龄、

性别、专业背景及生活习惯差异，确保内容的针对性和实用性。

（2）教学方法的多样性与趣味性。为了激发学生的学习兴趣和参与度，教学方法应多样化且富有趣味性。可以采用案例分析、小组讨论、角色扮演等互动方式，让学生在参与中学习和思考。同时，结合多媒体教学手段，如视频、动画、PPT等，使抽象的健康知识变得直观易懂。此外，还可以邀请营养专家、睡眠顾问等专业人士来校做讲座，为学生提供更加专业和权威的指导。

（3）实践环节的强化与反馈。理论知识的学习只是第一步，更重要的是将所学知识应用于实际生活中。因此，课程设计应包含丰富的实践环节，如制订个人健康计划、参与校园健康挑战活动等。通过实践，学生可以更好地理解和掌握健康知识，并逐步形成良好的生活习惯。同时，教师应及时给予学生反馈和指导，帮助他们发现并纠正不良习惯，巩固学习成果。

2. 正面榜样引领

（1）教师的示范作用。教师作为学生成长道路上的重要引路人，其言行举止对学生具有深远的影响。因此，教师应以身作则，树立良好的生活习惯榜样。在日常教学中，教师应保持教室整洁、按时作息、健康饮食等，通过自身的实际行动向学生展示健康生活的魅力。这种无声的示范往往比言语教导更具说服力，能够更有效地引导学生模仿学习。

（2）优秀学生的表彰与分享。除了教师的示范作用外，学校还可以表彰那些在生活习惯方面表现优秀的学生，并邀请他们分享自己的经验和心得。这些来自同龄人的成功案例和宝贵经验往往更能引起学生的共鸣和关注，激发他们的学习动力和积极性。通过表彰和分享活动，学校可以营造一种积极向上的氛围，鼓励更多学生参与到健康生活的实践中来。

（3）家校合作共育。生活习惯的养成不仅需要学校的努力，更需要家庭的配合和支持。因此，学校应加强与家长的沟通和合作，共同关注学生的生活习惯教育。学校可以通过家长会、家访等方式向家长宣传健康生活的理念和方法，引导家长关注孩子的饮食、睡眠、卫生等方面的问题。同时，鼓励家长以身作则，与孩子一起参与健康生活的实践活动，共同营造良好的家庭氛围。通过家校合作共育的方式，可以更有效地促进学生的健康成长和全面发展。

（二）举办健康讲座与活动，普及健康知识

在职业教育环境中，举办健康讲座与活动不仅是提升学生健康意识的有效途径，也是营造健康校园文化氛围的重要手段。通过定期的健康讲座和多样化的健康知识竞赛，学校能够系统地普及健康知识，引导学生形成积极健康的生活方式。

1. 定期举办健康讲座

（1）讲座主题的选择与规划。学校应根据学生的实际需求和社会健康热点，精心策划讲座主题。例如，针对当前学生普遍存在的近视问题，可以邀请眼科专家来校讲解预防近视的科学方法；针对减肥误区，可以邀请营养师分享科学减肥的理念和策略；针对学习压力大的现状，可以邀请心理咨询师传授有效的压力缓解技巧。这些讲座主题贴近学生生活，实用性强，能够引起学生的共鸣和关注。

（2）讲座内容的丰富性与互动性。讲座内容应注重科学性和实用性相结合，既要传达专业的健康知识，又要结合学生的实际情况进行解读。讲座中可以穿插互动环节，如提问、讨论、现场演示等，以激发学生的学习兴趣和参与度。同时，利用多媒体教学手段，如PPT、视频、动画等，使讲座内容更加生动有趣，易于学生理解和接受。

（3）讲座结束后的反馈与跟进。讲座结束后，学校应收集学生的反馈意见，了解讲座的效果和不足之处，以便后续改进。同时，对于讲座中提到的健康问题和建议，学校应提供相应的资源和支持，帮助学生将所学知识转化为实际行动。例如，为需要矫正视力的学生提供验光服务，为有减肥计划的学生提供营养餐单等。

2. 健康知识竞赛

（1）竞赛形式的多样化。健康知识竞赛可以采用多种形式进行，如问答比赛、情景模拟、案例分析等。问答比赛适合检验学生对基础知识的掌握程度，情景模拟能够让学生在模拟真实场景中运用所学知识解决问题，案例分析则能够引导学生深入思考健康问题的本质和解决方案。这些多样化的竞赛形式不仅能够激发学生的学习兴趣和参与度，还能够全面考查学生的健康素养和

综合能力。

（2）竞赛内容的实用性与挑战性。竞赛内容应紧密围绕健康知识展开，注重实用性和挑战性相结合。既要考查学生对基础健康知识的掌握程度，又要设置一些具有挑战性的题目，以激发学生的求知欲和探索精神。同时，竞赛内容应贴近学生生活实际，关注他们的健康需求和问题，使竞赛更加具有针对性和现实意义。

（3）竞赛氛围的营造与激励。学校应积极营造健康向上的竞赛氛围，通过宣传海报、横幅、社交媒体等多种渠道进行宣传和推广。同时，设立丰厚的奖品和荣誉证书以激励学生积极参与竞赛。在竞赛过程中，注重团队协作和公平竞争的原则，培养学生的团队精神和竞争意识。通过竞赛的激励作用，进一步巩固学生健康知识的学习成果，提升他们的健康素养和综合能力。

（三）加强生活习惯管理，促进习惯养成

在职业教育体系中，加强生活习惯管理，促进学生良好习惯的养成，是提升学生综合素质、保障其身心健康的重要举措。通过制定合理作息制度、倡导健康饮食文化以及强化个人卫生习惯培养等多方面的努力，学校可以为学生营造一个有利于健康成长的校园环境。

1. 制定合理的作息制度

（1）科学规划作息时间。学校应根据学生的生理特点和学习需求，科学规划作息时间表。这包括明确的起床时间、上课时间、午休时间、晚自习时间及就寝时间。合理的作息时间安排有助于学生建立稳定的生物钟，确保他们获得足够的休息和睡眠时间，从而保持充沛的精力和良好的学习状态。

（2）严格执行作息制度管理。为了确保作息制度的有效执行，学校应采取一系列管理措施。例如，设置宿舍门禁系统，限制学生在规定时间外进出宿舍；通过班主任或宿舍管理员的监督，确保学生按时就寝和起床；对于违反作息制度的学生，应给予适当的批评教育和引导。

（3）灵活调整与个性化关怀。在严格执行作息制度的同时，学校也应关注学生的个体差异和特殊情况。对于因特殊原因需要调整作息时间的学生，如身体不适、参加课外活动等，学校应提供灵活的处理方案，确保学生的健康和学习不受影响。

2. 倡导健康的饮食文化

（1）优化食堂膳食结构。学校食堂应提供营养均衡、种类丰富的膳食，以满足学生多样化的饮食需求。食堂应减少高糖、高脂食品的比例，增加蔬菜、水果、全谷物等富含膳食纤维、维生素和矿物质的食物供应。同时，食堂还应注重菜品的口味和烹饪方式，确保食物既美味又健康。

（2）开展"健康餐桌"活动。为了引导学生树立科学的饮食观念，学校可以开展"健康餐桌"活动。通过举办营养知识讲座、烹饪技能培训班、健康餐品试吃会等形式多样的活动，让学生了解食物的营养价值、学习健康的烹饪方法、体验健康饮食的乐趣。此外，学校还可以鼓励学生参与食堂膳食的评选和反馈活动，以便食堂根据学生的意见和需求不断改进膳食质量。

（3）培养健康的饮食习惯。除了提供健康的膳食外，学校还应注重培养学生的健康饮食习惯。通过课堂教育、校园广播、宣传栏等多种渠道向学生传授健康饮食知识，通过定期的体检和营养评估活动了解学生的营养状况并提供个性化的饮食建议，通过组织健康饮食主题的班会或社团活动等形式增强学生的健康饮食意识。

3. 强化个人卫生习惯培养

（1）明确个人卫生的要求。学校应明确学生个人卫生习惯的具体要求，如勤洗手、勤剪指甲、保持衣物整洁等。这些要求应写入学生手册或日常行为规范中供学生参考和遵守。同时，学校还应通过课堂教育、班会讨论等形式向学生详细讲解个人卫生习惯的重要性和正确做法。

（2）定期检查与评比。为了督促学生养成良好的个人卫生习惯，学校应建立定期检查和评比机制。通过宿舍卫生检查、个人卫生抽查等方式了解学生的个人卫生状况并给予及时的反馈和指导。同时，学校还可以设立"卫生之星""文明宿舍"等奖项，表彰在个人卫生方面表现突出的学生和个人，以激励其他学生向他们学习。

（3）加强健康教育宣传。除了日常的检查和评比外，学校还应加强健康教育的宣传力度。通过校园广播、宣传栏、网络平台等多种渠道向学生普及个人卫生知识；通过邀请医疗专家来校开展讲座或咨询活动等形式解答学生的疑问和困惑；通过组织健康主题的文艺演出或比赛等形式提高学生的参与度和兴趣度。通过这些努力，学校可以营造一个关注个人卫生、重视健康教育的良好氛围，进而促进学生良好个人卫生习惯的养成。

（四）家校合作，共筑良好生活习惯培养网

在促进学生良好生活习惯养成的道路上，家校合作的重要性不言而喻。家庭作为孩子成长的第一课堂，其影响深远且持久。因此，学校应当积极寻求与家庭的紧密合作，共同构建一个全方位、多角度的生活习惯培养网。

1. 加强家校沟通，共识教育理念

（1）定期召开家长会。学校应定期组织家长会，邀请家长到校参加，就学生的生活习惯、学习情况、心理健康等方面进行深入的交流和讨论。通过家长会，学校可以向家长传达健康知识和生活习惯的重要性，引导家长树立正确的教育观念，认识到家庭在孩子习惯养成中的关键作用。

（2）开展家访活动。家访是了解学生家庭情况、增进家校沟通的有效途径。学校可以安排教师定期进行家访，了解学生在家庭中的生活习惯表现，与家长面对面交流，共同探讨促进学生习惯养成的策略和方法。家访活动不仅能够加深家校之间的了解和信任，还能为后续的合作奠定坚实的基础。

2. 宣传健康知识，引导家长参与

（1）制作宣传资料。学校可以制作一系列关于健康知识和生活习惯的宣传资料，如手册、海报、视频等，发放给家长，帮助他们了解健康饮食、合理作息、个人卫生等方面的知识。这些宣传资料应简洁明了、易于理解，以便家长在日常生活中随时查阅和应用。

（2）举办家长讲座。为进一步提高家长的健康意识和参与度，学校可以邀请医疗专家、营养师等专业人士来校举办家长讲座。讲座内容可以围绕如何培养孩子的良好生活习惯、如何应对孩子的健康问题等进行讲解，为家长提供实用的建议和指导。

3. 建立家校联系机制，及时反馈信息

（1）设立家校联系册或APP。学校可以设立家校联系册或开发家校联系

APP，方便家长和教师随时记录和沟通学生的在校表现和生活习惯养成情况。通过这一平台，教师可以及时向家长反馈学生的进步和存在的问题，家长也可以随时了解孩子的动态并与教师进行沟通。

（2）建立定期沟通制度。除了日常的记录和反馈外，学校还可以建立定期沟通制度，如每月一次的电话沟通或每学期一次的面对面交流等。通过定期沟通，家校双方可以更加深入地了解学生的成长状况和需求，共同为学生的全面发展制订更加科学合理的计划。

4. 协同努力，共筑良好生活习惯培养网

在家校合作的过程中，双方应秉持着共同的目标和信念——为孩子的健康成长和全面发展而努力。通过加强沟通、宣传引导、建立联系机制等多方面的努力，家校双方可以形成强大的合力，共同为学生的良好生活习惯培养贡献力量。在这个过程中，家长应积极参与、主动配合学校的各项工作；学校则应充分发挥自身的专业优势和教育资源，为家长提供有力的支持和帮助。只有家校双方携手并进、共同努力，才能为学生的全面发展保驾护航。

总之，培养学生良好的生活习惯是一项长期而艰巨的任务。职业教育应将其视为促进学生身心素养提升和全面发展的重要途径之一，通过强化教育引导、举办健康活动、加强管理和家校合作等多种方式，共同为学生的健康成长和全面发展贡献力量。

三、强化安全教育，提高自我保护能力

在职业教育的广阔天地中，安全教育不仅是维护学生身心健康的必要保障，更是培养学生全面素养、促进其终身发展的重要基石。面对复杂多变的社会环境和潜在的安全风险，学校必须高度重视安全教育工作，通过一系列科学、系统、有效的措施，全面提升学生的安全意识和自我保护能力。

（一）开设安全教育课程，奠定理论基础

在职业教育的框架内，安全教育课程不仅是传授知识的平台，更是培养学生安全意识与自我保护能力的关键阵地。为确保这一课程的有效性与吸引力，我们需要从课程内容、教学方式以及理论与实践的结合等多个维度进行深入

设计与实施。

1. 课程内容丰富多样，全面覆盖安全领域

（1）交通安全教育。交通安全是学生日常生活中最常见的安全问题之一。课程内容应涵盖交通规则解析、道路安全常识、交通事故案例分析以及如何在不同交通环境下（如步行、骑行、乘车）保持安全等。通过生动的教学案例和模拟场景，让学生深刻理解交通安全的重要性，学会遵守交通规则，预防交通事故。

（2）网络安全教育。随着互联网的普及，网络安全问题日益凸显。课程内容需包括网络诈骗识别、个人信息保护、网络礼仪与道德以及网络安全法律法规等。通过模拟网络诈骗场景、教授密码设置技巧、引导学生正确使用社交媒体等方式，帮助学生构建网络安全防线，免受网络侵害。

（3）食品安全教育。食品安全直接关系到学生的身体健康。课程应包括食品选择、储存、加工、烹饪等方面的安全知识，教授学生如何识别过期食品、避免食物中毒等。同时，通过组织食品安全知识竞赛、实地参观食品加工厂等活动，加深学生对食品安全的认识。

（4）消防安全教育。消防安全教育旨在提高学生的火灾防范与自救能力。课程内容包括火灾成因、火灾预防、火灾逃生技巧、消防器材使用等。通过模拟火灾逃生演练、教授正确使用灭火器等方法，让学生在实践中掌握火灾应对技能。

（5）自然灾害防范教育。针对地震、洪水、台风等自然灾害，课程需讲解其成因、预警信号、防范措施及自救和互救知识。通过模拟自然灾害场景、观看相关纪录片等方式，增强学生的防灾减灾意识，提高其应对自然灾害的能力。

（6）心理健康教育。心理健康教育是安全教育不可或缺的一部分。课程内容应包括情绪管理、压力应对、人际交往、自我认知等方面。通过心理健康讲座、心理咨询、小组辅导等形式，帮助学生建立积极的心态，提高心理韧性，预防心理问题的发生。

2. 教学方式灵活多样，激发学习兴趣

（1）案例分析。选取真实的安全事故案例进行分析，引导学生从中吸取教训，提高安全意识。案例分析可以采用小组讨论、角色扮演等形式进行，让学生深入参与其中，增强学习效果。

（2）模拟演练。通过模拟火灾逃生、地震自救等场景进行演练，让学生在实践中掌握应对突发事件的技能。模拟演练不仅可以提高学生的应对能力，还可以培养他们的团队协作精神和组织协调能力。

（3）互动问答。在课堂上设置互动问答环节，鼓励学生积极提问和回答问题。这种方式可以激发学生的学习兴趣和思维活力，促进师生之间的交流与互动。

（4）小组讨论。将学生分成小组进行讨论学习，针对某个安全问题进行深入探讨和分析。小组讨论可以培养学生的团队合作能力、批判性思维和口头表达能力。

3. 理论与实践相结合，深化安全理解

（1）实地参观。组织学生参观消防站、食品加工厂、交通安全教育基地等场所，让学生亲身体验安全工作的实际环境和操作流程。实地参观可以让学生更加直观地了解安全知识的重要性，加深对安全问题的理解。

（2）现场操作。在传授理论知识的基础上，安排学生进行现场操作练习。例如，在消防安全教育课程中教授学生正确使用灭火器后，安排他们进行实际操作练习；在食品安全教育课程中教授学生如何正确烹饪食物后，让他们亲手制作简单的食品。现场操作可以让学生将理论知识与实践相结合，提高应对突发事件的能力。

（3）情境模拟。通过情境模拟的方式将安全知识融入日常生活场景中。例如，在交通安全教育课程中模拟过马路、乘坐公交车等场景；在网络安全教育课程中模拟网络购物、社交软件使用等场景。情境模拟可以让学生更加真实地感受到安全问题的存在和威胁，从而更加积极地采取措施来预防和解决安全问题。

（二）组织安全演练，提升实战能力

在职业教育的安全教育中，组织定期的安全演练是不可或缺的一环。通过模拟真实的突发事件场景，学生能够在实际操作中学习并掌握应对技能，从而显著提升其心理素质和实战能力。

1. 定期举行安全演练，模拟真实情境

（1）火灾逃生演练。火灾是校园安全中常见的威胁之一。学校应定期组织火灾逃生演练，模拟火灾发生时的紧急疏散过程。演练前，需明确逃生路线和集合点，确保每位学生都能熟悉并掌握；演练中，通过烟雾弹、警报声等模拟真实火灾场景，让学生在紧张有序的氛围中体验逃生过程，学习正确的逃生姿势和自我保护方法。

（2）地震疏散演练。地震作为一种突发性强、破坏性大的自然灾害，对学校的安全构成严重威胁。学校应定期举行地震疏散演练，模拟地震发生时的紧急疏散和自救互救过程。演练中，需强调"趴下、掩护、握固"等地震避险动作，并指导学生迅速有序地撤离到安全地带。同时，还需教授学生如何在地震后寻找避难所、进行自救互救等技能。

（3）防暴恐演练。面对日益复杂的社会环境，学校还需加强防暴恐演练。通过模拟暴恐分子袭击校园的场景，让学生学习如何在紧急情况下保持冷静、迅速报警、躲避危险并寻求帮助。演练中，需注重培养学生的观察能力和判断力，以便在实际情况中能够及时发现并应对潜在威胁。

2. 注重演练效果评估，持续改进提升

（1）组织情况评估。每次安全演练结束后，学校应首先评估演练的组织情况。包括演练前的准备工作是否充分、演练过程中各个环节是否衔接顺畅、指挥系统是否高效有序等。通过评估组织情况，可以及时发现并纠正存在的问题和不足，确保下次演练更加完善。

（2）学生参与度与反应速度评估。学生的参与度和反应速度是评估演练效果的重要指标。学校应统计学生的参与人数、参与积极性以及在演练中的反应速度等数据。通过数据分析，可以了解学生的整体表现以及个体差异，并据此调整教学方法和训练强度以提高演练效果。

（3）问题总结与改进。在评估过程中发现的问题和不足是宝贵的经验教训。学校应组织相关人员对问题进行深入剖析和总结，并制定相应的改进措施。例如针对学生在演练中表现出的恐慌情绪，可以加强心理健康教育；针对逃生路线不畅的问题，可以优化校园布局或增设安全出口等。通过持续改进和完善演练方案，可以不断提高演练的针对性和实效性，为学生的安全保驾护航。

（三）加强校园安全管理，构建安全防线

在保障学生安全、维护校园秩序的过程中，加强校园安全管理是至关重要的。通过完善安全管理制度、加强校园安全巡查以及强化校园安全监控等措施，学校可以构建起一道坚不可摧的安全防线，为学生提供一个安全、和谐的学习生活环境。

1. 完善安全管理制度，实现规范化管理

（1）制度体系构建。学校应高度重视安全管理制度的建设，根据校园实际情况和安全管理需求，制定出一套全面、系统、科学的校园安全管理制度体系。这一体系应涵盖校园出入管理、安全隐患排查、安全事故报告、应急处置等多个方面，确保安全管理工作的全面性和系统性。

（2）明确职责与流程。在制度体系中，学校应明确各级安全管理人员的职责和权限，确保安全管理工作责任到人、任务到岗。同时，制定详细的安全管理流程，包括安全隐患的发现、报告、处理、整改等环节，确保安全管理工作的有序进行。

（3）制度宣传与培训。学校还应加强对安全管理制度的宣传和培训力度，让师生员工充分了解制度内容和要求，提高遵守制度的自觉性和主动性。通过定期举办安全知识讲座、安全演练等活动，增强师生的安全意识和应对能力。

2. 加强校园安全巡查，及时发现并消除隐患

（1）巡查机制的建立。学校应建立健全校园安全巡查机制，明确巡查的时间、频次、路线和重点区域等要求。巡查工作应由专人负责，确保巡查工作的连续性和有效性。

（2）全面细致的检查。在巡查过程中，学校应全面细致地检查校园内的各个区域和设施设备。重点检查校园围墙、大门等出入口的管控情况，教学楼、宿舍楼等人员密集场所的消防安全情况，体育器材、实验设备等教学设施的安全状况，校园周边的治安环境等。

(3)隐患的整改与记录。对于巡查中发现的安全隐患和问题,学校应及时制定整改措施并落实整改责任。同时,将隐患整改情况记录在案以备查考。对于无法立即整改的隐患问题,学校应制定临时应对措施并加强监控,确保不发生安全事故。

3.强化校园安全监控,实现全面覆盖与实时预警

(1)科技手段的应用。学校应充分利用现代科技手段,加强校园安全监控工作。在校园内安装高清视频监控设备、入侵报警系统、人脸识别系统等安防设施,实现对校园的全面覆盖和实时监控。这些设备能够捕捉到校园内的各种异常情况并及时发出预警信号,为安全管理提供有力支持。

(2)监控设备的维护与管理。为了确保监控设备的正常运行和发挥有效作用,学校应加强对监控设备的维护和管理工作。定期对监控设备进行检查和维护确保其图像清晰、信号稳定;对损坏或老化的设备进行及时更换或升级;同时加强对监控中心的管理,确保值班人员能够熟练掌握监控设备的操作方法和应急处理流程。

(3)数据的分析与利用。学校还应充分利用监控设备产生的大量数据进行分析和挖掘。通过对数据的分析可以发现校园内存在的安全隐患和规律性问题,为安全管理提供科学依据;同时,利用数据分析结果优化监控设备的布局和配置,提高监控效率和准确性。

(四)注重心理健康教育,构建安全心理防线

在当今社会,学生的心理健康问题日益受到关注。学校作为学生成长的重要场所,承担着培养学生良好心理素质、构建安全心理防线的重要责任。通过开展丰富的心理健康教育活动和建立有效的心理危机干预机制,学校可以为学生提供一个全方位、多层次的心理健康保障体系,促进其全面发展。

1.开展心理健康教育活动,普及心理知识

(1)心理健康讲座。学校应定期邀请心理学专家或资深心理咨询师来校举办心理健康讲座。讲座内容可以围绕学生常见的心理问题展开,如学习压力、人际关系、情绪管理等。通过生动的案例分析、互动问答等形式,让学生深入了解心理健康的重要性,学习有效的心理调适方法。同时,讲座还可

以提供实用的心理测试工具，帮助学生自我评估心理健康状况，及时发现潜在问题。

（2）心理咨询服务。学校应设立心理咨询室或心理热线，为学生提供专业的心理咨询服务。咨询室应配备专业的心理咨询师团队，他们具备丰富的专业知识和实践经验，能够针对不同学生的需求提供个性化的咨询方案。心理咨询服务可以采用面谈、电话咨询、网络咨询等多种形式，方便学生随时随地寻求帮助。在咨询过程中，心理咨询师应秉持尊重、理解、保密的原则，与学生建立信任关系，引导他们积极面对问题、解决问题。

（3）心理健康教育课程。学校应将心理健康教育纳入课程体系，开设专门的心理健康教育课程。课程内容应涵盖心理健康的基本知识、常见心理问题的识别与应对、心理调适技能的培养等方面。通过系统的学习和实践，学生可以逐步建立起正确的心理观念，掌握应对压力和挑战的方法，提高心理素质和抗压能力。

2. 建立心理危机干预机制，守护学生心灵

（1）心理危机预警系统。学校应建立心理危机预警系统，通过日常观察、心理测试、学生反馈等多种途径收集学生心理健康信息。对于出现心理问题的学生，应及时进行风险评估和预警提示，确保问题得到及时发现和干预。同时，学校还应加强与家长的沟通联系，共同关注学生的心理健康状况，形成家校共育的良好氛围。

（2）心理危机干预团队。学校应组建由专业心理咨询师、班主任、辅导员等组成的心理危机干预团队。团队成员应具备较高的专业素养和责任心，能够迅速响应心理危机事件并提供有效的干预措施。在干预过程中，团队成员应密切配合、分工明确，确保干预工作的顺利进行。同时他们还应定期接受专业培训和学习新知识、新方法以提高干预效果和质量。

（3）心理危机干预方案。学校应制定科学的心理危机干预方案，明确干预目标、步骤和措施。针对不同类型和程度的心理危机事件，学校应采取不同的干预策略和方法。例如对于一般性的心理问题可以通过心理咨询和辅导来解决；对于较为严重的心理危机事件则需要及时启动应急响应机制，为学生提

供紧急心理援助和支持。在干预过程中,学校还应注重保护学生的隐私和权益,确保他们得到充分的尊重和关爱。

总之,强化安全教育、提高自我保护能力是职业教育的重要组成部分。学校应通过开设安全教育课程、组织安全演练、加强校园安全管理以及注重心理健康教育等多种途径,全面提升学生的安全意识和自我保护能力,为他们的健康成长和全面发展提供坚实保障。

第五节　人文素养的培育与实践

一、拓宽人文视野，增强文化底蕴

在职业教育这片广袤的领域中，拓宽学生的人文视野，深化其文化底蕴，不仅是教育目标的应有之义，更是培养具有全球竞争力、深厚人文素养及创新能力未来人才的关键路径。这一过程不仅是知识的积累，更是心灵的滋养、思维的启迪和人格的塑造。以下将从多元领域知识涉猎、经典著作阅读、文化讲座与研讨会以及跨文化交流与合作四个方面进行详细阐述。

（一）多元领域知识涉猎

在职业教育体系中，鼓励学生跨越专业界限，广泛涉猎文学、历史、哲学、艺术等多领域的知识，是拓宽人文视野的首要任务。这种跨学科的学习方式，不仅能够帮助学生构建全面的知识体系，还能促进不同学科之间的融合与创新，从而培养出具备综合素养的复合型人才。

1. 文学：情感的共鸣与哲理的启迪

文学作品是人类情感的载体，是历史的见证，更是智慧的结晶。通过阅读文学作品，学生可以穿越时空的界限，与古今中外的文学大师进行心灵的对话，感受人性的光辉与复杂。例如，《红楼梦》以其细腻的情感描绘和深刻的社会洞察，引导学生思考家族兴衰、人生百态；《悲惨世界》则通过主人公冉·阿让的悲惨遭遇，揭示了社会的不公与人性的光辉。这些作品不仅能够培养学生的同理心和情感共鸣能力，还能激发他们对社会现实的关注和思考。

2. 历史：智慧的传承与镜鉴

历史是一面镜子，它映照出人类文明的演进和社会发展的轨迹。通过学习历史，学生可以从中汲取智慧，了解历史的经验教训，为未来的道路提供借鉴。历史学习不仅局限于时间、地点、人物等基本事实的掌握，更重要的是引导学生思考历史背后的原因、影响和意义。例如，通过学习中国古代史，学生可以了解中华民族的悠久历史和灿烂文化，增强民族自豪感和文化自信；通过学习世界史，可以拓宽国际视野，理解不同文化背景下的社会制度和价值观念。

3. 哲学：思想的碰撞与智慧的火花

哲学是探索人生意义、宇宙本质和真理的学科。通过学习哲学，学生可以培养批判性思维和独立思考能力，学会从不同角度审视问题，形成自己的见解和判断。哲学著作如《论语》中的儒家思想、《西方哲学史》中的各大哲学流派，都为学生提供了丰富的思想资源和思考工具。这些著作不仅帮助学生理解人类思想的发展历程，还能引导他们思考人生的价值和意义，为未来的生活和工作提供精神支撑。

4. 艺术：美的追求与创造力的激发

艺术是情感的表达和美的创造。通过学习艺术，学生可以培养审美情趣和审美能力，发现生活中的美好与和谐。同时，艺术还能激发学生的创造力和想象力，为他们提供表达自我、展现才华的舞台。无论是绘画、音乐、舞蹈还是戏剧表演等艺术形式，都能让学生在实践中感受艺术的魅力，提升艺术素养和综合素质。

（二）经典著作阅读

经典著作是人类文明的瑰宝，它们经历了时间的考验，蕴含着深刻的思想和哲理。阅读经典著作，对于拓宽学生的人文视野、增强文化底蕴具有重要意义。学校应引导学生深入阅读经典著作，领略不同文化的精髓，提升自身的文化素养和审美品位。

1. 精选经典，引导阅读

学校应根据学生的年龄、兴趣和专业背景，精选一批经典著作作为必读书目。这些著作应涵盖文学、历史、哲学、艺术等多个领域，既有中国传统文化的精髓，也有世界文明的优秀成果。同时，学校还应提供丰富的阅读资源和指导服务，如建立图书馆、开设阅读课程、组织读书会等，帮助学生更好地理解和欣赏经典著作。

2. 深度阅读，领悟精髓

阅读经典著作不仅仅是浏览文字、了解故事情节那么简单。更重要的是要进行深度阅读，领悟其中的思想精髓和艺术魅力。学校可以组织专家讲座、学术研讨会等活动，邀请学者和专家对经典著作进行解读和阐释，帮助学生深入理解作品的主题、人物形象和艺术特色。同时，学校还应鼓励学生撰写读书笔记、心得体会等文章，通过写作来加深对作品的理解和感悟。

3. 交流分享，共同提升

阅读经典著作是一个个人与作品对话的过程，但也是一个集体交流和分享的过程。学校可以组织读书会、分享会等活动，让学生围绕经典著作展开交流和讨论。通过分享自己的阅读体验和感悟，学生可以相互启发、相互学习，共同提升人文素养和审美品位。同时，这种交流分享的方式还能培养学生的沟通能力和团队合作精神。

（三）文化讲座与研讨会

在职业教育的广阔舞台上，文化讲座与研讨会如同一扇扇窗，为学生打开了一个个通往知识海洋与思想殿堂的通道。这些活动不仅是学术的盛宴，更是心灵的洗礼，它们以独特的魅力吸引着学生们探索未知、追求真理的热情。

1. 汇聚智慧，引领潮流

定期邀请文化名人、学者来校举办讲座，是学校提升教学质量、丰富校园文化的重要举措。这些嘉宾往往是在各自领域内有着深厚造诣和广泛影响力的专家，他们的讲座内容既涵盖了学术前沿的研究成果，又融入了个人独特的见解和人生智慧。通过聆听这些讲座，学生们可以接触到最新的学术动态，了解到不同领域的研究方法和思考方式，从而拓宽自己的知识视野和思维边界。

2. 多元视角，启迪思考

文化讲座与研讨会的另一个重要价值在于其多元性。这些活动不仅关注学术领域的研究进展，还广泛涉及文化、艺术、社会等多个方面。通过聆听不同领域的讲座，学生们可以从多个角度审视问题，形成更加全面和深入的理解。同时，讲座中的互动环节也为学生们提供了与专家直接交流的机会，他们可以就自己的疑惑和兴趣点进行提问和探讨，从而激发更多的思考和灵感。

3. **激发潜能，促进成长**

文化讲座与研讨会还是激发学生潜能、促进个人成长的重要平台。在讲座的启发下，学生们可能会对自己的专业领域产生新的认识和思考，也可能会对新的领域产生兴趣并尝试探索。这种对知识的渴望和对未知的探索精神是推动学生不断前进的重要动力。同时，参与讲座和研讨会也是锻炼学生表达能力和沟通能力的绝佳机会，他们可以在与他人的交流和互动中不断提升自己的综合素质和竞争力。

（四）跨文化交流与合作

在全球化日益加深的今天，跨文化交流与合作已成为衡量一个人综合素质和竞争力的重要标准。职业教育作为培养未来社会建设者和接班人的重要阵地，更应重视培养学生的国际视野和跨文化交际能力。

1. **国际交流项目：亲身体验，增进理解**

组织国际交流项目是提升学生跨文化交际能力的重要途径。通过参与国际交换生项目、海外实习实训等活动，学生们可以亲身体验不同国家和地区的文化、教育和生活方式，从而增进对多元文化的理解和尊重。在交流过程中，学生们不仅可以提高自己的语言沟通能力和团队协作能力，还可以结交来自世界各地的朋友，拓展自己的人际网络和国际视野。

2. **国际文化节：展示风采，促进交流**

举办国际文化节是促进学生跨文化交流与合作的又一重要举措。文化节期间，学校可以邀请来自不同国家和地区的留学生和外国友人参与活动，展示各自国家的文化特色和艺术成果。通过参与文化节的活动和展览，学生们可以近距离感受不同文化的魅力和差异，增进对不同文化的理解和欣赏。同时，文化节还为学生们提供了展示自己才华和创造力的舞台，他们可以通过表演、展览等形式展示自己的文化成果和艺术风采。

3. **跨文化沟通课程与培训：系统学习，提升能力**

除了实践性的国际交流项目和活动外，学校还应开设跨文化沟通课程与培训，为学生提供系统学习和提升跨文化交际能力的机会。这些课程可以涵盖跨文化沟通的理论知识、实践技巧和案例分析等内容，帮助学生掌握跨文化沟通的基本原则和方法。同时，学校还可以邀请具有丰富跨文化沟通经验的专家和学者来校授课或开展培训活动，为学生提供更加全面和深入的指导。

二、强化审美教育，提升审美情趣

在职业教育的广阔天地间，审美教育如同一股清泉，滋养着学生的心田，引领他们探索美的世界，激发创造潜能，促进全面发展。审美教育不仅是艺术知识的传授，更是对学生心灵的陶冶、情感的丰富和人格的完善。以下将从美学课程的开设、艺术欣赏活动以及艺术创作与表演三个方面，对审美教育的实施路径进行详细阐述。

（一）美学课程的开设

美学课程的开设是审美教育的基础和核心。学校应将美学课程纳入必修或选修课程体系中，确保每位学生都能接受到系统的美学教育。美学课程应涵盖美的本质、美的形态、美的欣赏与创造等多个方面，通过深入浅出的讲解和生动的案例分析，帮助学生理解美的内涵和外延，掌握基本的审美方法和技巧。

1. 理论讲授与案例分析相结合

在美学课程中，教师应注重理论讲授与案例分析的结合。通过系统的理论讲授，学生可以了解美学的基本原理和核心概念；而通过具体的案例分析，学生可以更加直观地感受到美的存在和表现形式。这种教学方式有助于加深学生对美学理论的理解和应用能力。

2. 实践操作与审美体验并重

除了理论讲授外，美学课程还应注重实践操作和审美体验。教师可以组织学生进行审美实践活动，如参观美术馆、观看音乐会等，让学生在实践中感受美的魅力，提升审美鉴赏能力。同时，也可以引导学生尝试进行简单的艺术创作或审美评价活动，让他们在亲身体验中领悟美的真谛。

（二）艺术欣赏活动

艺术欣赏活动是审美教育的重要组成部分。通过组织丰富多彩的艺术欣赏活动，学校可以为学生提供一个接触艺术、感受艺术魅力的平台。这些活动不仅能够拓宽学生的审美视野，还能够培养他们的审美感知能力和审美评价能力。

1. 多样化的艺术形式

艺术欣赏活动应涵盖音乐、绘画、雕塑、戏剧等多种艺术形式。每种艺术形式都有其独特的魅力和表现方式，通过接触不同的艺术形式，学生可以更加全面地了解艺术的多样性和丰富性。同时，也有助于他们在未来的生活和工作中更加敏锐地捕捉到美的元素和灵感。

2. 引导式欣赏与自主探索相结合

在艺术欣赏活动中，教师应发挥引导作用，帮助学生理解艺术作品的内涵和创作意图。通过讲解艺术作品的背景、风格、技法等方面的知识，教师可以引导学生从多个角度欣赏艺术作品，培养他们的审美感知能力和审美评价能力。同时，也应鼓励学生进行自主探索和实践，让他们在实践中感受艺术的魅力和力量。

（三）艺术创作与表演

艺术创作与表演是审美教育的实践环节。通过参与艺术创作和表演活动，学生可以充分发挥想象力和创造力，将自己的情感和思想转化为具体的艺术作品或表演形式。这种过程不仅能够锻炼学生的艺术才能和表演技巧，还能够培养他们的自信心和团队协作精神。

1. 多样化的创作与表演形式

艺术创作与表演活动应涵盖绘画、雕塑、音乐、舞蹈等多种形式。学生可以根据自己的兴趣和特长，选择适合自己的创作或表演形式进行实践。这种多样化的选择有助于激发学生的创造力和想象力，让他们在艺术创作和表演中展现个性风采和才华。

2. 实践与反思相结合

在艺术创作与表演过程中，学生应注重实践与反思的结合。通过不断的实践和尝试，学生可以积累宝贵的经验和教训；而通过反思和总结自己的创作或表演过程，学生可以更加清晰地认识到自己的优点和不足，为未来的创作和表演提供有益的借鉴和参考。同时，这种实践与反思相结合的方式也有助于培养学生的批判性思维和创新能力。

三、加强人文关怀，培养人文情怀

在职业教育的广阔舞台上，加强人文关怀，培养学生的人文情怀，是塑造具有高尚品德、深厚情感与强烈社会责任感的未来社会栋梁的关键所在。这不仅关乎学生个人的成长与发展，更是社会进步与文明传承的必然要求。以下将从情感教育、道德教育以及社会责任感培养三个方面，详细阐述如何加强人文关怀教育，以促进学生人文情怀的培育。

（一）情感教育：构筑心灵的港湾

情感教育作为人文关怀的基石，旨在培养学生健康、积极的情感态度与人际关系处理能力。在这个快节奏、高压力的时代，学生的情感需求尤为值得关注。

1. 心理健康教育的普及

学校应建立健全的心理健康教育体系，通过开设心理健康课程、设立心理咨询中心等方式，为学生提供专业的心理支持与指导。课程内容可涵盖情绪管理、压力应对、人际交往技巧等，帮助学生认识自我、理解他人，学会在复杂多变的环境中保持心理平衡。

2. 情感交流桥梁的搭建

教师应成为学生情感的引路人和支持者，通过日常教学、课外活动等多种渠道，与学生建立深厚的情感联系。教师应鼓励学生表达自己的情感与想法，耐心倾听他们的心声，引导他们正确面对和处理情感问题。同时，学校还可组织情感交流小组、心理健康讲座等活动，为学生提供一个分享经验、寻求帮助的平台。

3. 营造温馨和谐的校园氛围

一个充满人文关怀的校园环境对于学生情感的培养至关重要。学校应努力营造温馨和谐、积极向上的校园氛围，通过美化校园环境、丰富校园文化生活等方式，让学生在愉悦的环境中学习成长。此外，学校还应关注学生的个体差异与特殊需求，为他们提供个性化的关怀与支持。

（二）道德教育：树立道德的灯塔

道德教育是学生人文情怀培养的重要途径。通过道德教育，学生可以树立正确的道德观念和价值观念，形成高尚的道德品质和道德责任感。

1. 道德讲堂的引领

学校可定期举办道德讲堂活动，邀请道德模范、社会贤达等人士来校演讲，分享他们的道德故事与人生感悟。这些生动鲜活的案例能够激发学生的道德共鸣与情感认同，引导他们树立正确的道德观念和价值追求。

2. 志愿服务的实践

志愿服务是道德教育的有效载体。学校应鼓励学生积极参与志愿服务活动，如支教、环保、助老助残等。通过亲身实践，学生可以深刻体会到帮助他人、服务社会的快乐与成就感，从而增强道德责任感和使命感。同时，志愿服务还能培养学生的团队合作精神和社会适应能力。

3. 道德教育的渗透

道德教育应贯穿于学校教育的全过程和各环节。无论是课堂教学还是课外活动，都应注重对学生道德品质的培养与引导。教师应以身作则、言传身教，用自己的言行举止为学生树立道德榜样；同时，学校还应加强对学生日常行为的监督与管理，及时发现并纠正不良行为倾向。

（三）社会责任感培养：担当时代的使命

职业教育应着重培养学生的社会责任感与使命感，使他们成为有担当、有作为的社会公民。

1. 社会实践的锤炼

学校应组织学生参与社会实践活动，如社会调查、企业实习、社区服务等。通过深入社会、了解国情民情，学生可以更加清晰地认识到自己作为社会成员的责任与使命。同时，社会实践活动还能锻炼学生的实践能力与创新能力，为他们未来的职业发展奠定坚实基础。

2. 公益项目的参与

参与公益项目是培养学生社会责任感的重要途径。学校可组织学生参与各类公益项目，如扶贫济困、环境保护、文化传承等。在参与过程中，学生可以亲身体验到公益事业的艰辛与伟大，从而增强对社会的关爱与责任感。同时，公益项目还能培养学生的团队协作能力与社会适应能力。

3. 公民意识的培养

公民意识是社会责任感的重要组成部分。学校应加强对学生公民意识的培养与引导，让他们认识到自己作为公民的权利与义务。通过组织公民教育课程、开展公民意识宣传活动等方式，学校可以帮助学生树立正确的公民观念与法治观念，引导他们积极参与社会公共事务管理与社会治理创新。

总之，加强人文关怀、培养人文情怀是职业教育不可或缺的重要任务。通过情感教育、道德教育以及社会责任感培养等多方面的努力与探索，我们可以为学生营造一个充满人文关怀与人文精神的成长环境，帮助他们成长为有爱心、有责任感、有担当的时代新人。

第五章
行业协会参与职业教育模式

  在职业教育快速发展的今天，行业协会作为连接教育界与产业界的桥梁，其参与职业教育的模式日益多样化且深入，对于提升职业教育质量、促进产教融合具有重要意义。本章将从多个维度深入探讨行业协会在职业教育中的角色与贡献。

第一节 行业协会参与职业教育校企合作模式的探索

一、共建实训基地：模拟真实，资源共享的桥梁

共建实训基地作为行业协会推动职业教育与产业深度融合的关键举措，其深远意义不仅体现在为学生铺设了一条从理论知识到实践技能的顺畅桥梁，更在于它搭建了一个集教育、培训、研发于一体的综合性平台，促进了教育资源与产业资源的深度融合与高效利用。

（一）模拟真实工作环境：打造沉浸式学习体验

在现代产业学院的教育体系中，共建实训基地作为连接理论与实践的桥梁，其重要性不言而喻。而模拟真实工作环境作为实训基地建设的核心要素，更是为学生提供了一个前所未有的沉浸式学习平台，旨在全方位提升学生的职业素养与实践能力。

1. 物理空间的精细复刻与超越

模拟真实工作环境的第一步，是对企业实际生产或办公场所的物理空间进行精细复刻。这包括但不限于车间布局、设备配置、工位设置等硬件设施的复制，力求在视觉与触觉上给予学生最接近真实的职场体验。然而，单纯的物理复制只是基础，更重要的是在此基础上进行创新与优化，以适应教学需求。例如，增设观察窗、教学讲解区等，便于教师实时指导与点评，确保学生在操作过程中的安全与学习效果。

2. 工作流程与操作规范的全面模拟

模拟真实工作环境的精髓在于对工作流程与操作规范的全面模拟。这要求实训基地不仅要复制企业的生产流程或业务流程，更要融入行业标准与规范，

确保学生在实践中能够掌握正确的操作方法与流程。通过模拟企业真实项目，学生可以在导师或企业专家的指导下，逐步熟悉从项目立项、需求分析、方案设计到实施落地的全过程，理解各个环节之间的关联与影响。同时，严格遵守行业标准化操作流程，培养学生的规范意识与职业素养，为将来的职业生涯奠定坚实基础。

3. 团队协作与沟通能力的锻炼

在现代职场中，团队协作能力与沟通能力同样重要。因此，在模拟真实工作环境的实训基地中，必须注重这些软技能的培养。通过组织团队项目、模拟跨部门协作等活动，让学生在实践中学习如何与他人有效沟通、协调资源、解决问题。同时，设置模拟冲突与困境，让学生在压力之下锻炼自己的应变能力与心理承受能力。这种全面的团队协作与沟通训练，有助于学生更好地适应未来职场中的复杂环境。

4. 沉浸式学习体验的深度与广度

模拟真实工作环境的最终目的是为学生提供一种沉浸式的学习体验。这种体验不仅体现在对物理空间、工作流程与操作规范的模拟上，更在于对学生心理与情感的深度触动。在实训基地中，学生将不再是被动接受知识的旁观者，而是主动参与、积极探索的实践者。他们将在模拟的职场环境中不断试错、反思、调整，从而深刻理解理论知识在实际工作中的应用价值。同时，面对未来工作中可能遇到的各种挑战与不确定性，学生也将在实训基地中提前适应、积累经验，为未来的职业生涯做好充分准备。

（二）资源共享，互利共赢：构建产教融合命运共同体

在共建实训基地的框架下，资源共享不仅是其鲜明特征，更是推动产教深度融合、实现互利共赢的关键所在。这一模式从根本上打破了教育与产业之间的壁垒，促进了双方资源的深度整合与高效利用，共同构建了一个紧密相连、相互促进的命运共同体。

1. 资源共享的多维度展现

（1）物理与设施资源的共享：实训基地作为双方合作的物理载体，其设施与设备是实现资源共享的基础。企业可以将自身先进的生产设备、生产线或

研发设施引入基地，为学生提供最接近真实工作环境的实践平台。同时，学校也可以利用这些资源开展教学科研活动，提升教学与科研水平。这种共享不仅降低了双方的投入成本，还提高了资源的使用效率。

（2）知识与技术资源的共享：除了物理设施外，知识与技术资源的共享同样重要。企业可以将自身的技术专利、行业标准、管理经验等无形资产注入实训基地，为学生提供宝贵的学习资源。而学校则可以利用自身的学术研究与教学优势，为企业提供技术咨询、产品研发等智力支持。这种双向的知识与技术交流，有助于推动产业的技术进步与创新发展。

（3）人才与信息资源的共享：人才是企业发展的核心资源，而信息是产业发展的关键要素。实训基地作为产教融合的重要平台，为双方提供了人才与信息交流的便捷渠道。企业可以通过实训基地了解学校的人才培养情况，为自身招聘和储备高素质技术技能人才提供有力支持。同时，学校也可以通过与企业的紧密合作，及时获取行业前沿信息，调整课程设置和教学内容，确保教育与产业的紧密对接。

2. 互利共赢的深层次解析

（1）降低企业培训成本，提升培训质量：对于企业而言，实训基地的共建模式大大降低了其培训成本。企业无需单独设立培训机构或购买大量培训设备，即可依托实训基地开展新员工入职培训、在职员工技能提升等活动。同时，由于实训基地的教学资源丰富且贴近实际工作需求，企业的培训效果和质量也得到了显著提升。

（2）促进学校教学改革，提升办学水平：对于学校而言，企业的参与为其带来了宝贵的实践教学资源和行业前沿信息。学校可以根据企业的需求调整课程设置和教学内容，确保教学内容与产业需求的高度契合。此外，通过与企业的紧密合作，学校还能不断引入企业的技术和管理经验，推动自身的教学改革与创新发展。这种互利共赢的合作模式有助于提升学校的办学水平和教育质量。

（3）构建产教融合命运共同体：共建实训基地的资源共享模式促进了教育与产业的深度融合与协同发展，双方通过资源共享、优势互补、互利共赢的合作方式，共同构建了一个紧密相连、相互促进的命运共同体。在这个共同体中，教育与产业不再是孤立的两极，而是相互依存、相互促进的有机整体。这种深度的产教融合不仅有助于推动产业的技术进步与创新发展，还能为社会培养更多高素质的技术技能人才，为国家的经济社会发展做出更大贡献。

（三）持续优化与升级：保持与行业前沿的同步

在共建实训基地的征途中，持续优化与升级是确保其生命力与竞争力的关键所在。这一过程不仅关乎实训基地自身设施设备的更新换代，更涉及教育理念、教学内容、教学方法乃至合作模式的全面革新。而行业协会，作为连接教育、产业与市场的桥梁，其角色在此显得尤为重要。

1. 行业协会的引领与指导作用

（1）专家评估与反馈：行业协会汇聚了来自各行各业的精英与专家，他们具备丰富的行业经验和深厚的专业知识。通过定期组织专家对实训基地进行评估，不仅可以发现存在的问题与不足，还能根据评估结果提出具体的改进建议。这种来自行业内部的权威反馈，对于实训基地的持续优化至关重要。

（2）市场需求调研：行业协会对市场动态有着敏锐的洞察力，能够准确把握行业发展趋势和市场需求变化。通过调研市场需求，行业协会可以为实训基地提供关于人才培养方向、课程设置、教学内容等方面的宝贵建议，帮助实训基地及时调整教学策略，确保教育成果与社会需求的高度契合。

（3）跟踪行业动态与技术发展：在快速变化的行业环境中，保持对新技术、新工艺、新标准的跟踪与了解是实训基地持续发展的关键。行业协会通过其广泛的行业联系和信息资源优势，能够及时向实训基地传递行业动态和技术发展趋势信息，为实训基地的升级改造提供有力支持。

2. 实训基地的持续优化与升级策略

（1）引入新技术与新设备：基于行业协会的指导与建议，实训基地应适时引入新技术、新设备，确保其实训内容始终保持在行业领先水平。这不仅能够提升学生的实践能力和创新能力，还能为企业的技术研发和产品升级提供有力支持。

（2）更新教育理念与教学方法：除了硬件设施的更新换代外，实训基地还应不断更新教育理念与教学方法。通过引入项目式学习、翻转课堂等先进教学模式，激发学生的学习兴趣和主动性；同时，加强与企业合作，开展案例教学、现场教学等实践活动，让学生在真实的工作环境中学习和成长。

（3）深化校企合作与产学研融合：行业协会可以推动学校与企业之间的深度合作，共同开展技术研发、成果转化和创新创业等活动。这不仅能够拓展实训基地的功能和影响力，还能促进教育链、人才链与产业链、创新链的有效衔接，实现产教深度融合与协同发展。

3. 构建可持续发展的长效机制

为了确保实训基地持续优化与升级的顺利进行，需要构建一套可持续发展的长效机制。这包括建立定期评估与反馈机制、加强师资队伍建设与培训、完善校企合作机制与模式等。通过这些措施的实施，可以确保实训基地始终保持与行业前沿的同步发展，为培养高素质技术技能人才、推动产业转型升级和经济社会发展做出更大贡献。

综上所述，共建实训基地作为行业协会参与职业教育校企合作的核心模式之一，其重要意义不仅在于为学生提供了从理论到实践的无缝对接平台，更在于它促进了教育资源与产业资源的深度融合与高效利用。通过模拟真实工作环境、实现资源共享和持续优化升级等措施，共建实训基地正逐步构建起一个产教融合、互利共赢的新生态体系，为我国职业教育和产业的高质量发展注入了新的活力。

二、订单式人才培养：精准对接，就业无忧的保障

订单式人才培养模式，作为行业协会深度参与校企合作的标志性创新，其核心价值在于构建了一个教育、产业与就业紧密融合的生态系统，为培养符合市场需求的高素质技术技能人才提供了强有力的保障。

（一）精准对接企业需求：洞察未来，定制人才

在当今这个日新月异的市场环境中，企业的核心竞争力越来越依赖于其人才队伍的素质与结构。随着技术的不断进步和产业结构的持续优化，企业对人才的需求正朝着多元化、个性化的方向发展。在这一背景下，行业协会凭

借其独特的地位和优势，成为连接教育、产业与市场的关键桥梁，通过精准对接企业需求，推动定制化人才培养模式的创新与发展。

1. 行业趋势的洞察者与引领者

行业协会作为行业内的权威组织，不仅拥有广泛的行业联系网络，还具备深入的市场调研能力和前瞻性的趋势预测能力。它们能够紧密跟踪市场动态，及时捕捉行业发展的新趋势、新技术和新标准，从而为企业的人才战略规划提供有力的支持。通过深入分析行业发展趋势和企业竞争格局，行业协会能够精准预测企业未来的人才需求动向，为人才培养方案的制定提供科学依据。

2. 精准对接企业需求的内涵与外延

精准对接企业需求不仅是对人才类型和数量的简单匹配，更是一个全方位、多层次的过程。它要求行业协会、学校和企业三方紧密合作，共同对人才需求进行细致入微的分析。这包括对人才知识结构、技能水平、职业素养等方面的全面考量，以及对企业文化、工作环境、团队氛围等软性因素的充分考虑。通过这样的精准对接，可以确保人才培养方案更加贴近企业的实际需求，提高人才培养的针对性和有效性。

3. 定制化人才培养方案的制定与实施

在精准对接企业需求的基础上，行业协会、学校和企业可以共同制定定制化的人才培养方案。这一方案应充分考虑企业的实际需求和学生的个人发展意愿，结合行业发展趋势和技术变革趋势，科学规划课程设置、教学内容和教学方法。同时，还应注重实践教学和产学研结合，通过校企合作、项目驱动等方式，让学生在真实的工作环境中学习和成长，提高他们的实践能力和创新能力。

4. 定制化人才培养的成效与展望

定制化人才培养模式的实施，将为企业带来更加符合实际需求的高素质人才，提升企业的核心竞争力和市场适应能力。同时，也将为学生提供更加广阔的职业发展空间和更加丰富的实践机会，促进他们的全面发展和个性化成长。展望未来，随着行业协会在人才培养中作用的不断凸显和校企合作模式的不断创新，定制化人才培养将成为推动产业升级和经济社会发展的重要力量。通过精准对接企业需求、深化产教融合、加强国际合作等方式，我们可以共同打造一支具有国际视野、创新精神和实践能力的高素质人才队伍，为实现中华民族的伟大复兴贡献力量。

（二）"招生即招工、入校即入厂"：深度融合，无缝衔接

在探索高等教育与产业需求深度融合的征途中，"招生即招工、入校即入厂"的订单式人才培养模式以其独特的理念和创新的实践，为教育与就业之间搭建起了一座坚实的桥梁。这一模式不仅彻底颠覆了传统教育与就业之间的界限，还通过一系列精心设计的环节，实现了学生学业生涯与职业生涯的深度融合与无缝衔接。

1. 理念革新：打破界限，重塑认知

"招生即招工、入校即入厂"的理念，从根本上打破了传统教育观念中教育与就业相互独立的认知框架。它强调从学生入学的那一刻起，就将其视为企业未来的一员，通过明确的职业规划和就业导向，让学生在校期间就能够清晰地认识到自己的职业方向和未来归属。这种身份的双重性——既是学生，又是企业的准员工，极大地激发了学生的责任感和使命感，促使他们更加积极地投入到学习和实践中去。

2. 深度融合：校企共育，资源共享

在这一模式下，学校与企业之间的合作不再停留在表面上的合作协议或项目合作上，而是深入到人才培养的全过程。学校根据企业的实际需求，调整课程设置和教学内容，确保所教授的知识和技能与企业实际需求高度契合。同时，企业也积极参与到人才培养中来，通过提供实习实训机会、派遣技术骨干担任兼职教师等方式，将企业文化、岗位技能和管理经验带入校园。这种深度融合的校企合作模式，实现了教育资源的优化配置和共享利用。

3. 工学交替：理论与实践并重

"工学交替、理实一体"的教学模式是订单式人才培养模式的又一亮点。在这一模式下，学生不再仅仅局限于教室内的理论学习，而是能够在企业提供的真实工作环境中进行实践锻炼。通过工学交替的方式，学生可以在学校学习专业理论知识的同时，到企业进行实习实训，将所学知识应用于实际工作中。这种理论与实践相结合的教学方式，不仅加深了学生对专业知识的理解和掌握程度，还提高了他们的实践能力和职业素养。

4. 无缝衔接：缩短适应期，提升就业竞争力

"招生即招工、入校即入厂"的订单式人才培养模式最终实现了学生从校园到职场的无缝衔接。由于学生在校期间就已经明确了自己的职业方向和未来就业的企业，并通过实习实训等方式提前进入了真实的工作环境进行锻炼和适应，因此他们在毕业后能够迅速融入企业并胜任工作岗位。这种无缝衔接的就业模式不仅缩短了学生的职场适应期，还极大地提升了他们的就业竞争力和职业发展潜力。

"招生即招工、入校即入厂"的订单式人才培养模式以其独特的理念和创新的实践为教育与就业之间搭建起了一座坚实的桥梁。它通过深度融合的校企合作、工学交替的教学模式以及无缝衔接的就业机制等举措，实现了学生学业生涯与职业生涯的深度融合与无缝衔接，为培养高素质技术技能人才、推动产业升级和经济社会发展做出了积极贡献。

（三）增强学生就业竞争力：全面赋能，脱颖而出

订单式人才培养模式以其独特的定制化教育和培训方式，为学生在就业市场上构筑了坚实的竞争优势。这种模式不仅关注学生的专业知识与技能的培养，更重视其综合素质与实践能力的提升，全方位赋能学生，使他们在激烈的就业竞争中脱颖而出。

1. 高度匹配的专业知识与技能

订单式培养的核心在于其紧密贴合企业需求的课程设计。学生在校期间所学习的专业知识与技能，均是根据签约企业的实际需求量身定制的。这种高度匹配性确保了学生在毕业后能够迅速适应岗位工作，无需经历长时间的再培训或适应期。这种专业能力上的优势，使学生在求职过程中更具吸引力，成为企业争相招聘的对象。

2. 宝贵的实践经验与职业素养

除了专业知识与技能外，订单式培养还非常注重学生的实践经历与职业素养的培养。通过在企业进行实习实训，学生不仅能够将所学知识应用于实际工作中，积累宝贵的实践经验，还能深入了解企业文化、工作环境和团队合作方式。这一过程中，学生逐渐形成了良好的职业素养，包括责任心、敬业精神、团队协作能力、沟通技巧以及解决问题的能力等。这些软实力的提升，对于学生在未来的职业生涯中取得成功至关重要。

3. **自信从容的面试表现与工作能力**

由于在校期间已经接受了企业定制化的教育和培训，并积累了丰富的实践经验，订单式培养的学生在面试时往往表现得更加自信从容。他们不仅对自己的专业知识和技能有着清晰的认识和把握，还能够结合实习经历，向面试官展示自己解决实际问题的能力和团队合作精神。这种自信从容的态度，使他们在面试中更容易获得企业的青睐。同时，在实际工作中，他们也能够迅速融入团队，发挥自己的专业优势，为企业创造更大的价值。

4. **广阔的就业平台与稳定的职业发展**

订单式培养还为学生搭建了广阔的就业平台。通过与企业的深度合作，学校能够为学生提供更多元化的就业选择。学生往往能够直接进入签约企业工作，享受更加稳定和有前景的职业发展机会。这种就业保障不仅减轻了学生的就业压力，还为他们提供了更加明确和清晰的职业规划方向。在企业的支持下，学生可以更加专注于自己的职业发展，不断提升自己的专业素养和综合能力，为未来的成功奠定坚实的基础。

订单式人才培养模式通过高度匹配的专业知识与技能、宝贵的实践经验与职业素养、自信从容的面试表现与工作能力以及广阔的就业平台与稳定的职业发展等方面的全面赋能，极大地增强了学生的就业竞争力。这种模式不仅为学生提供了更加优质的教育资源和就业机会，也为企业的可持续发展注入了新的活力和动力。

总之，订单式人才培养模式以其精准对接企业需求、深度融合教育与产业、全面增强学生就业竞争力的独特优势，成为行业协会参与校企合作的重要抓手和亮点。它不仅为学生提供了更加明确和稳定的职业发展路径，也为企业和行业输送了大量高素质的技术技能人才，为推动我国经济社会的高质量发展做出了积极贡献。

三、师资互聘共享：跨界融合，教学相长的典范

在职业教育与产业深度融合的浪潮中，师资互聘共享作为行业协会推动校企合作深入发展的新引擎，正以前所未有的力量推动着教育模式的变革与升级。这一举措不仅打破了传统教育体系中师资来源的局限，更在跨界融合的基础上，实现了教学相长的良性循环，为培养适应产业发展需求的高素质人才奠定了坚实基础。

（一）学校教师企业挂职锻炼：实践出真知，教学更鲜活

学校教师到企业挂职锻炼，作为师资互聘共享模式的关键组成部分，其深远意义远不止于简单的角色转换或经验积累，而是对教育生态系统的一次深刻重塑。

1. 理论与实践的深度融合

传统教育中，理论与实践往往存在一定的脱节。教师虽具备扎实的理论基础，但缺乏将知识转化为实际生产力的经验。通过到企业挂职锻炼，教师能够直接参与企业的生产、研发、管理等核心环节，亲身体验从理论到实践的跨越。这种沉浸式的学习经历，不仅能让教师深刻理解理论知识在企业实际运营中的应用价值，还能帮助他们掌握更多实用技能，提升解决实际问题的能力。这种理论与实践的深度融合，是教师个人专业成长的重要途径。

2. 行业洞察与教学内容更新

企业是市场和技术发展的前沿阵地。通过挂职锻炼，教师可以近距离观察行业动态，了解行业趋势、技术标准、市场需求等关键信息。这些信息对于教师更新教学内容、调整课程体系具有不可估量的价值。教师可以根据企业的实际需求和技术发展趋势，及时将最新的行业信息和技术成果融入课堂，使教学内容更加贴近实际、贴近产业。这种动态调整不仅能够激发学生的学习兴趣和动力，还能确保学生所学知识与市场需求保持同步，提高他们未来的就业竞争力。

3. 教学方法与手段的创新

挂职锻炼不仅丰富了教师的教学素材，还为他们带来了教学方法与手段的

创新灵感。在企业环境中，教师们会接触到多种不同的工作方式和沟通模式，这些经验可以转化为课堂中的有效教学策略。例如，他们可以尝试将项目式学习、案例教学等实践导向的教学方法引入课堂，让学生在模拟真实的工作场景中学习和探索。此外，教师还可以利用企业提供的先进技术和设备，开展虚拟仿真教学、远程协作等新型教学手段，丰富教学形式，提高教学效果。

4. 校企合作的深化与拓展

教师到企业挂职锻炼，还是深化校企合作、拓展合作领域的重要桥梁。通过这一举措，学校可以与企业建立更加紧密的联系和合作关系，共同开展科研项目、人才培养、技术创新等工作。教师可以利用自己的专业知识和研究能力，为企业提供技术支持和智力支持；同时，企业也可以为教师提供实践平台、实习实训机会等资源支持。这种双向互动的合作模式，有助于实现校企双方的共赢发展。

5. 学生职业素养与能力的培养

教师到企业挂职锻炼的成果将直接惠及学生。通过教师将最新的行业信息和技术成果融入课堂，学生可以更加直观地了解行业现状和未来发展趋势，明确自己的职业定位和发展方向。同时，教师还可以将自己在企业中学到的职业素养和能力要求传递给学生，帮助他们树立正确的职业观念和价值观，培养良好的职业道德和团队精神。这些都将为学生未来的职业生涯奠定坚实的基础。

（二）企业专家进校园授课：精英引领，启迪智慧

在推动高等教育与产业界深度融合的进程中，行业协会作为桥梁与纽带，发挥着不可估量的作用。其中，一项尤为重要的举措便是积极搭建平台，邀请企业专家和技术骨干走进校园，成为兼职教师或开设专题讲座。这一创新性的教育模式，不仅为学生们带来了前所未有的学习体验，更为高等教育注入了新的活力与方向。

1. 前沿技术的直接传递

企业专家和技术骨干身处行业一线，他们掌握着最前沿的技术动态和市场趋势。通过他们的授课，学生们能够直接接触到书本上难以触及的最新技术

和理论，从而拓宽视野，紧跟时代步伐。这种直接传递的方式，使教学内容不再局限于传统的教材框架，而是与行业发展紧密相连，极大地增强了教学的实用性和前沿性。

2. 实用技能的实战演练

除了理论知识外，企业专家还能带来丰富的实践经验和实用技能。他们通过案例分析、模拟演练等方式，让学生们在课堂上就能感受到真实的工作场景，掌握解决实际问题的能力。这种"学中做、做中学"的教学模式，有助于学生们更快地将所学知识转化为实践能力，为未来的职业生涯奠定坚实的基础。

3. 行业洞察的深度剖析

企业专家对行业有着深刻的理解和独到的见解，他们能够从宏观角度把握行业发展趋势，从微观层面剖析企业运营策略。通过他们的分享，学生们能够深入了解行业的内在逻辑和运作机制，以及不同岗位的职业要求和成长路径。这种深度的行业洞察，有助于学生们明确自己的职业定位和发展方向，制定更加科学合理的职业规划。

4. 学习兴趣与职业热情的激发

企业专家的授课风格往往独具魅力，他们以自己的亲身经历和成功案例为素材，用生动有趣的语言和丰富多样的形式吸引学生的注意力。这种贴近实际、贴近生活的教学方式，极大地激发了学生的学习兴趣和职业热情。学生们在聆听专家讲座的过程中，不仅能够收获知识，更能感受到职业的魅力和未来的希望。

5. 校企合作的深化与拓展

企业专家进校园授课，不仅是教育模式的创新，更是校企合作的深化与拓展。通过这一举措，学校与企业之间建立了更加紧密的联系和合作关系。学校可以充分利用企业的资源优势，为学生提供更加优质的教学和实践机会；而企业则可以通过参与人才培养过程，提前锁定优秀人才，为企业的持续发展注入新的活力。这种双赢的合作模式，有助于推动高等教育与产业界的深度融合和共同发展。

（三）跨界融合，教学相长：共创双赢新局面

师资互聘共享模式，作为教育与产业跨界融合的重要载体，其最大魅力在于其打破了传统教育与产业之间的壁垒，构建了一个开放、互动、共赢的知识与技能交流生态系统。这一模式不仅促进了教师与企业专家之间的深度合作，更在深层次上推动了教育内容与产业需求的无缝对接，以及教学方法与技术创新的同步升级。

1. 跨界融合，构建知识共享新生态

师资互聘共享模式的核心在于"跨界"。它打破了学校与企业之间的界限，让不同背景、不同领域的专家能够跨越传统界限，共同参与到人才培养和知识传播的过程中来。这种跨界融合不仅丰富了教学资源的多样性，还促进了知识、技能和经验的自由流通与共享。学校教师与企业专家在相互学习中，不断碰撞出新的思想火花，共同推动教育与产业的协同发展。

2. 实践导向，提升教师专业素养

对于学校教师而言，师资互聘共享模式为他们提供了一个宝贵的实践学习平台。通过深入企业一线，参与企业的生产、研发和管理等环节，教师能够亲身体验到行业的真实运作，了解企业的实际需求和技术发展趋势。这种实践导向的学习方式，不仅有助于教师将理论知识与实际操作相结合，提升自己的专业素养和教学能力；还能够使他们更加准确地把握行业动态，及时更新教学内容和教学方法，确保教育教学的针对性和实效性。

3. 理论支撑，拓展企业专家创新视野

对于企业专家而言，师资互聘共享模式同样具有重要意义。通过兼职授课或开设专题讲座等方式，企业专家能够接触到更多的学术资源和研究成果，进一步拓展自己的理论视野和创新能力。学校的教育资源和研究平台为他们提供了丰富的理论支撑和学术支持，使他们能够在实践基础上进行更深入的理论思考和探索。这种理论与实践的有机结合，不仅有助于企业专家更好地解决实际问题，还能够推动他们在技术创新和产业升级方面取得更大的突破。

4. 协同创新，推动教育与产业深度融合

师资互聘共享模式还促进了教育与产业之间的协同创新。在这一模式下，

学校与企业不再是简单的供需关系，而是成了共同推动社会进步和经济发展的合作伙伴。双方通过资源共享、优势互补和协同创新等方式，共同开展科研项目、人才培养和技术创新等工作。这种深度合作不仅有助于提升教育教学的质量和水平，还能够推动产业技术的升级和转型，实现教育与产业的深度融合与协同发展。

5. 激发活力，培养复合型人才

师资互聘共享模式的最大受益者是学生。在这种模式下，学生们能够接触到来自不同领域的专家和学者，学习到更加全面、深入的知识和技能。同时，他们还能够通过参与企业实践、科研项目等活动，提升自己的实践能力和创新能力。这种复合型人才的培养模式不仅有助于满足社会对多元化人才的需求，还能够为学生未来的职业发展奠定坚实的基础。

师资互聘共享模式作为行业协会推动校企合作深入发展的重要举措之一，其意义远不止于师资来源的多元化和教学内容的更新。更重要的是，它促进了教育与产业的跨界融合和协同发展，为培养适应产业发展需求的高素质人才提供了有力保障。在这一模式下，学校教师与企业专家携手并进、教学相长，共同书写着职业教育与产业深度融合的新篇章。

四、科研项目合作：创新驱动，产业升级的引擎

在快速变化的全球经济格局中，科研项目合作作为行业协会推动校企合作的战略高地，正以前所未有的深度和广度，成为驱动技术创新、加速产业升级、促进经济社会高质量发展的核心动力。这一模式不仅搭建起学校与企业之间沟通的桥梁，更构建起了一个集科研创新、技术孵化、成果转化于一体的综合性生态系统。

（一）围绕行业关键技术、共性难题开展合作：精准聚焦，突破瓶颈

在当今快速发展的经济体系中，行业协会作为连接政府、企业与学术界的桥梁，扮演着至关重要的角色。它们凭借对行业动态的敏锐把握和深厚积累，能够精准地识别出制约行业发展的关键技术和共性难题。这些技术瓶颈和难题，往往是阻碍产业升级、影响市场竞争力的重要因素。因此，围绕这些核

心议题开展合作，成为推动行业技术进步和产业升级的关键所在。

1. 精准识别，聚焦核心议题

行业协会通过广泛调研、专家咨询、数据分析等手段，深入剖析行业现状和未来趋势，精准识别出制约行业发展的关键技术和共性难题。这些议题可能涉及新材料、新工艺、新能源、智能制造等多个领域，是行业发展的瓶颈所在。通过聚焦这些核心议题，行业协会能够引导学校与企业将资源和精力集中在最关键的问题上，实现精准发力。

2. 产学研深度融合，共克技术难关

在明确合作议题后，行业协会积极组织学校与企业开展科研项目合作。这种合作模式充分利用了学校的基础研究优势、企业的实践经验和市场需求信息，实现了产学研的深度融合。学校提供理论支撑和智力支持，企业则提供实践平台和资源保障，双方共同攻克技术难关。这种合作模式不仅有助于解决企业面临的实际问题，提升企业竞争力，还能够推动学校的科研成果转化为现实生产力，实现双赢。

3. 资源共享，优势互补

在合作过程中，学校与企业之间实现了资源共享和优势互补。学校可以充分利用企业的实践经验和市场需求信息，调整研究方向和重点，使科研成果更加贴近实际、贴近产业。同时，企业也可以借助学校的科研力量和理论支撑，提升自身的技术水平和创新能力。这种资源共享和优势互补的合作模式，有助于形成更加高效、协同的创新体系。

4. 创新成果涌现，推动产业升级

通过双方的紧密合作和共同努力，可以形成一批具有自主知识产权的关键技术和创新产品。这些成果不仅解决了行业发展的关键技术和共性难题，还为企业带来了显著的经济效益和社会效益。更重要的是，这些创新成果为行业的技术进步和产业升级奠定了坚实基础。它们推动了行业的技术革新和产业升级，提升了整个行业的竞争力和可持续发展能力。

5. 促进人才培养与交流

围绕行业关键技术、共性难题开展的合作还促进了人才培养与交流。学校可以邀请企业专家参与教学和实践指导,为学生提供更加贴近实际的学习机会;企业则可以借助学校的师资力量和培训资源,提升员工的专业素养和创新能力。这种人才培养与交流的合作模式,有助于培养出一批既懂理论又懂实践的复合型人才,为行业的长远发展提供有力的人才保障。

围绕行业关键技术、共性难题开展合作是行业协会推动产学研深度融合、促进技术创新和产业升级的重要途径。通过精准聚焦核心议题、实现产学研深度融合、资源共享和优势互补以及推动创新成果涌现等措施,可以共同攻克技术难关、推动产业升级并促进人才培养与交流。

(二)促进技术创新与成果转化:产学研融合,加速价值实现

在当今全球化和知识经济背景下,技术创新与成果转化已成为推动经济社会发展的核心动力。产学研融合作为促进技术创新与成果转化的有效途径,通过学校、企业与科研机构之间的紧密合作,实现了知识、技术和资源的有效整合与优化配置。

1. 技术创新:产学研合作的基石

技术创新是产学研合作的核心驱动力。学校作为科研创新的重要阵地,汇聚了大量的优秀人才和前沿技术,能够为企业提供持续的技术支持和创新思路。通过与企业合作,学校可以更加精准地把握市场需求和技术发展趋势,将理论研究与实际应用相结合,推动技术的不断突破和创新。同时,企业作为技术创新的主体,其贴近市场的优势使学校的研究成果能够迅速得到验证和应用,形成良性循环。

2. 成果转化:产学研合作的桥梁

成果转化是产学研合作的关键环节。传统的科研模式中,科研成果往往停留在实验室阶段,难以转化为实际生产力。而产学研融合模式则打破了这一壁垒,通过企业的参与和市场机制的引入,使学校的科研成果能够迅速转化为具有市场竞争力的新产品、新技术或新工艺。这一过程不仅加速了科技成果的商业化进程,还为企业带来了显著的经济效益和社会效益。

3. 优势互补,资源共享

产学研合作过程中,学校与企业各司其职,优势互补。学校拥有强大的科

研实力和丰富的人才资源，能够为企业提供前沿的技术支持和智力支持；而企业则贴近市场，了解需求，具备丰富的市场资源和产业化经验。双方通过资源共享和优势互补，实现了科研与市场的无缝对接，提高了技术创新的效率和成功率。

4. 加速价值实现，推动产业升级

产学研融合模式极大地缩短了技术创新到市场应用的周期，加速了科技成果的商业化进程。新技术、新产品的不断涌现，不仅提升了企业的市场竞争力，还带动了整个产业链的升级和发展。这种以技术创新为引领的产业升级，不仅推动了经济结构的优化和转型，还为经济社会发展注入了新的活力和动力。

5. 促进经济社会发展，实现共赢

产学研融合的最终目的是促进经济社会的发展。通过技术创新与成果转化的高效衔接，产学研合作不仅为企业带来了经济效益和社会效益，还为国家的科技进步和产业升级做出了重要贡献。同时，这种合作模式还促进了人才培养和交流，提高了社会整体的创新能力和竞争力。因此，产学研融合是实现创新驱动发展、推动经济社会高质量发展的必由之路。

(三) 服务产业升级和区域发展：创新驱动，引领未来

在全球化与知识经济日益凸显的当下，科研项目合作作为创新驱动发展战略的核心组成部分，其最终指向是服务产业升级与区域经济的全面发展。这一战略视角不仅聚焦于技术本身的革新，更着眼于如何通过技术的力量推动经济结构的优化与升级，进而引领区域乃至国家的未来发展。

1. 推动产业升级，重塑经济结构

产业升级是区域经济发展的核心驱动力。科研项目合作通过引入新技术、新工艺和新产品，为传统产业注入了新的活力。这些创新成果的应用，不仅提高了生产效率，降低了生产成本，还促进了产品质量的提升和附加值的增加。更重要的是，它们推动了传统产业向高端化、智能化、绿色化方向转型升级，为区域经济发展培育了新的增长点。同时，科研项目合作还促进了新兴产业的崛起，这些新兴产业往往具有高成长性、高附加值和强带动性，成

为区域经济发展的新引擎。

2. 示范引领，加速技术推广

科研项目合作不仅限于实验室内的研究与创新，更强调将研究成果转化为实际应用。通过推广示范项目，科研项目合作能够将新技术、新工艺和新产品的优势充分展现出来，吸引更多企业和资本的投入。这种示范效应不仅加速了技术的普及和推广，还促进了相关产业链的形成和完善。同时，示范项目还能够为地方政府提供决策依据和参考，引导其制定更加科学合理的产业发展政策，推动区域经济的持续健康发展。

3. 促进区域创新体系构建

科研项目合作是区域创新体系建设的重要一环。通过搭建产学研用紧密结合的创新平台，科研项目合作促进了知识、技术、资本和人才的自由流动和优化配置。这种创新生态的形成，不仅提升了区域创新能力，还增强了区域经济的核心竞争力。同时，科研项目合作还促进了区域内外创新资源的互联互通和共享共用，为区域经济的开放合作和协同发展提供了有力支撑。

4. 行业协会的引导与推动作用

行业协会作为连接政府、企业和科研机构的桥梁纽带，在科研项目合作中发挥着重要的引导和推动作用。它们凭借对行业发展趋势的敏锐洞察和深厚积累，能够精准把握产业升级和区域发展的需求点，为科研项目合作提供方向指引和政策支持。同时，行业协会还能够通过组织交流、展览展示、培训咨询等多种形式的活动，促进产学研用各方的交流与合作，推动科研项目合作向更深层次、更广领域拓展。

5. 引领未来，实现可持续发展

科研项目合作的最终目标是实现区域经济的可持续发展。通过推动产业升级和创新驱动发展战略的实施，科研项目合作为区域经济注入了源源不断的动力。这种动力不仅体现在经济增长的速度和规模上，更体现在经济发展的质量和效益上。在科研项目合作的推动下，区域经济将更加注重绿色发展、循环发展和低碳发展，努力实现经济效益、社会效益和生态效益的有机统一。同时，科研项目合作还将促进区域经济的开放合作和协同发展，推动形成互利共赢、共同繁荣的区域经济新格局。

科研项目合作作为行业协会推动校企合作的重要领域之一，其意义远不止于技术创新和成果转化本身。更重要的是，它通过搭建产学研深度融合的平台，促进了技术创新与产业发展的深度融合，为产业升级和区域发展提供了强有力的支撑和保障。在未来，随着科技的不断进步和全球经济的持续发展，科研项目合作将继续发挥其重要作用，成为推动经济社会高质量发展的强劲引擎。

第二节　OBE 理念下行业协会参与职业教育的模式创新

基于成果导向教育（Outcome-Based Education，简称 OBE）理念，行业协会参与职业教育的模式创新主要体现在以下几个方面。

一、明确学习成果：行业需求与教育深度融合的基石

在 OBE 的核心理念下，职业教育的改革与发展被赋予了新的使命与方向。OBE 强调以明确的学习成果为导向，设计教学活动与评价体系，确保教育过程与最终目标的一致性。在这一过程中，行业协会作为连接教育与产业的关键纽带，其深度参与对于推动职业教育与行业需求的深度融合具有不可估量的价值。

（一）行业协会的角色定位

行业协会作为行业内部的自治性组织，不仅代表着行业的共同利益，还承担着促进产业升级、规范行业秩序、推动技术创新等重要职责。在职业教育领域，行业协会凭借其对行业发展趋势的敏锐洞察、对企业用人标准的深刻理解以及对技术变革动态的准确把握，成为连接学校教育与产业发展的重要桥梁。

（二）深入研究行业需求

为了确保职业教育的学习成果与行业需求高度契合，行业协会首先需要进行深入的行业研究。这包括分析行业发展趋势，预测未来职业岗位的需求变化；调研企业用人标准，了解企业对员工知识、技能、素质等方面的具体要求；跟踪技术变革动态，掌握新兴技术、新工艺对职业教育的新要求。通过这

些工作，行业协会能够精准把握未来职业所需的核心能力和关键技能，为职业教育提供有力的行业指导。

（三）共同制定学习成果指标

在深入研究行业需求的基础上，行业协会与学校应紧密合作，共同制定清晰、具体、可衡量的学习成果指标。这些指标应当全面覆盖学生毕业后在职业生涯中所需的知识、技能、素养等多个方面。具体来说，可以包括以下几个方面：

专业知识与技能：根据行业岗位需求，明确学生应掌握的专业知识体系和核心技能点，确保学生具备扎实的专业基础。

职业素养：强调学生的职业道德、职业态度、职业责任感等职业素养的培养，使学生具备适应职场环境的基本素质。

创新能力：鼓励学生勇于探索、敢于创新，培养学生的创新思维和问题解决能力，以适应快速变化的市场需求。

团队协作能力：在团队合作日益重要的今天，注重培养学生的沟通协调能力、团队协作精神和领导力等团队协作能力，使学生能够在团队中发挥积极作用。

（四）确保学习与产业的无缝对接

通过制定明确的学习成果指标，职业教育能够更加精准地对接行业需求，确保学生毕业后能够迅速适应并胜任工作岗位。这不仅能够提升学生的就业竞争力和职业发展潜力，还能够为企业输送高质量的技术技能人才，推动产业升级和经济发展。同时，这种无缝对接还能够促进职业教育与产业之间的良性互动和协同发展，形成教育链、人才链与产业链、创新链的有效衔接。

明确学习成果是职业教育改革的首要任务，而行业协会的深度参与则是确保学习成果与行业需求高度契合的关键所在。通过行业协会的桥梁作用，职业教育能够更加紧密地贴近产业发展需求，为培养高素质的技术技能人才、推动经济社会高质量发展做出积极贡献。

二、反向设计课程：从终点到起点的系统性构建

在 OBE 的框架下，课程设计不再仅仅是知识体系的简单堆砌，而是成为

一个从学习成果出发，逆向推导并系统构建的过程。这一过程强调了对教育终点的清晰界定，以及对达成这一终点所需路径的精心规划。行业协会的深入参与，为这一课程设计的创新路径提供了宝贵的行业洞察和实践指导。

（一）从终点到起点的逆向思维

传统课程设计往往遵循"知识—课程—教学"的线性路径，即先确定要传授的知识内容，再基于这些知识内容设计课程，最后开展教学活动。而OBE理念则彻底颠覆了这一模式，它要求我们从预期的学习成果出发，逆向思考："为了让学生达到这样的学习成果，他们需要掌握哪些知识和技能？这些知识和技能又该如何通过课程来传授？"这种逆向思维的方式，使课程设计更加聚焦于学生的最终发展，更加贴近实际的工作需求。

（二）行业协会的引领作用

在反向设计课程的过程中，行业协会的参与至关重要。它们不仅了解行业的最新动态和发展趋势，还掌握着企业用人标准和职业能力的具体要求。因此，行业协会能够基于已明确的学习成果指标，为学校提供精准的行业导向和课程建议。它们可以协助学校分析哪些知识点和技能点是行业所急需的，哪些是未来职业发展的关键能力，从而指导学校对课程体系进行重构和优化。

（三）针对性强、实效性高的课程模块设计

在行业协会的指导下，学校可以围绕学习成果指标，逆向推导出学生需要掌握的知识点和技能点。这些知识点和技能点不再是孤立存在的，而是被有机地组织成若干个课程模块。每个课程模块都围绕着特定的学习成果目标展开，具有明确的教学目的和教学内容。这种设计方式使课程更加具有针对性，能够直接服务于学生达成最终学习成果的目标。同时，由于课程模块之间的紧密联系和相互支撑，整个课程体系也变得更加系统化、一体化。

（四）促进课程之间的有机衔接和相互支撑

反向设计课程不仅关注单门课程的质量，更重视课程之间的有机衔接和相互支撑。在OBE理念下，每门课程都是整个课程体系中的一个有机组成部分，它们共同服务于学生达成最终学习成果的目标。因此，在课程设计时，需要充分考虑课程之间的逻辑关系和教学顺序，确保它们能够形成一条清晰的学

习路径。行业协会的参与可以帮助学校更好地把握这一点，促进课程之间的有效衔接和相互支撑，提高整个课程体系的教学效果和学习成效。

反向设计课程是 OBE 理念下的一种创新课程设计方式。它要求我们从学习成果出发，逆向推导并系统构建课程体系和教学内容。在这一过程中，行业协会的深入参与为课程设计的创新提供了重要的行业导向和实践指导。通过反向设计课程，我们可以确保每门课程都紧密服务于学生达成最终学习成果的目标，促进课程之间的有机衔接和相互支撑，形成系统化、一体化的课程体系。

三、持续改进评估：多元评价驱动的教育质量提升

在 OBE 的框架下，学习成果的持续评估与反馈是驱动教育质量提升的关键环节。这一过程不仅关乎教学效果的即时反馈，更涉及教育体系的持续优化与长远发展。行业协会作为连接教育与产业的桥梁，其在这一环节中的独特作用不容忽视。通过构建多元化的评价体系，行业协会为职业教育质量的持续改进提供了强有力的支持和保障。

（一）多元化的评价体系构建

为了全面、客观地评估学习成果的达成情况，行业协会与学校共同构建了一个多元化的评价体系。这一体系打破了传统单一评价模式的局限，引入了多种评价手段，包括但不限于：

企业评价：行业协会利用其广泛的行业联系，邀请企业参与对学生的评价。企业评价能够直接反映学生对行业标准的掌握程度及在工作中的实际应用能力，为教育质量的评估提供了行业视角的宝贵参考。

学生自评：鼓励学生进行自我反思和自我评价，是提升学习主动性和自我管理能力的重要途径。学生自评能够帮助学生认识到自己的优势与不足，为后续的学习和成长指明方向。

同行评审：组织教育领域的专家、学者及同行教师对课程内容和教学效果进行评审，从专业角度提出改进意见和建议。同行评审有助于提升教学内容的科学性和教学的有效性。

（二）评价标准的行业性和前瞻性

行业协会的参与确保了评价标准的行业性和前瞻性。行业性体现在评价标准紧密贴合行业需求和职业标准，能够真实反映学生所学知识与技能在实际工作中的应用价值。前瞻性则体现在评价标准能够预见未来行业的发展趋势和人才需求变化，为教育体系的调整和优化提供前瞻性的指导。这种既具现实性又具前瞻性的评价标准，使评价结果更加贴近实际、更具指导意义。

（三）评估结果的反馈与应用

评估结果不仅是对学生学习成果的总结，更是指导教学改进的重要依据。行业协会与学校共同分析评估数据，深入挖掘教学过程中的亮点与不足。针对存在的问题，双方共同制定改进措施，调整教学策略和资源配置。这些改进措施不仅针对当前的教学问题，还着眼于未来的教育发展趋势和行业需求变化，推动职业教育质量的持续提升。

（四）持续改进的教育质量保障机制

通过构建多元化的评价体系和引入行业协会的参与，OBE 理念下的教育质量保障机制得以形成。这一机制强调对学习成果的持续评估与反馈，以及基于评估结果的教学改进和优化。它打破了传统教育质量保障机制的静态和封闭性，实现了教育质量的动态提升和持续改进。在这一机制的推动下，职业教育将更加紧密地贴合行业需求和市场需求，为培养高素质的技术技能人才提供有力保障。

四、促进终身学习：构建适应行业发展的学习生态系统

在当今这个日新月异的时代，知识的快速更新和技术的不断迭代使终身学习成为个人职业发展和社会进步不可或缺的动力。行业协会作为行业发展的风向标和推动者，在构建适应行业发展的学习生态系统中扮演着至关重要的角色。通过与学校、企业及社会各界的紧密合作，行业协会能够促进终身学习理念的深入人心，并为学生提供丰富多样的学习资源和平台，助力他们不断适应行业变化，实现个人价值和社会贡献的双重提升。

（一）终身学习理念的倡导者

行业协会首先应当是终身学习理念的积极倡导者。它们应利用自身的行业影响力和资源优势，广泛宣传终身学习的重要性和紧迫性，引导社会各界特别是职业教育领域深刻认识到，学习不再是某一阶段的任务，而是贯穿人生始终的必然选择。通过举办讲座、研讨会、论坛等活动，行业协会可以邀请行业专家、学者及成功人士分享他们的学习经验和成长故事，激发学生的学习热情和动力。

（二）多样化学习资源的提供者

为了满足学生终身学习的需求，行业协会应积极与学校合作，共同开发多样化的学习资源。这些资源可以包括但不限于在线课程、职业培训、资格认证等。在线课程可以打破时间和空间的限制，让学生随时随地都能接触到最新的知识和技能；职业培训则更注重实践性和针对性，帮助学生提升特定领域的专业技能；资格认证则是对学生学习成果的一种权威认可，有助于增强他们的就业竞争力。通过提供这些多样化的学习资源，行业协会能够帮助学生构建个性化的学习路径，实现自我驱动的学习和发展。

（三）实践平台的搭建者

除了提供学习资源外，行业协会还应利用自身在行业内的广泛联系和影响力，为学生搭建实习实训、就业创业等实践平台。实习实训是连接学习与工作的桥梁，能够让学生亲身体验职场环境和工作流程，加深对所学知识的理解和应用；就业创业则是学生将所学知识转化为实际成果的重要途径，能够培养他们的创新精神和创业能力。通过搭建这些实践平台，行业协会能够让学生在实践中学习、在学习中实践，形成良性循环的学习生态系统。这种生态系统不仅能够满足学生个人成长的需要，还能够为行业培养更多具有创新精神和实践能力的高素质人才。

（四）学习生态系统的构建者

行业协会应致力于构建一个适应行业发展的学习生态系统。这个系统应该是一个开放、包容、协同的平台，能够汇聚各方资源和力量，共同推动职业教育和终身学习的发展。在这个系统中，行业协会、学校、企业及学生等各方主体应相互支持、相互配合，形成合力。行业协会应发挥桥梁和纽带作用，促进各方之间的沟通交流和合作共赢；学校应不断创新教育模式和方法，提高教学质量和效果；企业应积极参与人才培养和技能培训过程，为学生提供更多的实践机会和就业岗位；而学生则应树立终身学习的观念，主动学习和自我提升，不断适应行业发展的需求。通过这样的学习生态系统构建，我们能够培养出更多符合行业需求的高素质人才，推动行业的持续健康发展和社会经济的全面进步。

第三节 行业学院：产教融合的新平台

在当今快速变化的经济环境中，教育与产业的深度融合已成为提升国家竞争力、推动社会进步的重要途径。行业学院作为这一融合趋势下的新兴教育模式，以其独特的定位和优势，正逐步成为产教融合的新高地。

一、紧密对接产业：精准定位，动态调整

在当今快速变化的经济环境中，行业学院作为教育与产业之间的桥梁，其核心价值在于能够紧密对接产业发展，实现教育与经济的相互促进。这种紧密对接不仅要求学院具备对产业发展趋势的敏锐洞察力，还要求在专业设置、人才培养等方面做出精准定位和动态调整，以适应不断变化的市场需求。

（一）精准定位：洞察产业发展趋势

行业学院的首要任务是精准定位自身的发展方向，这需要对产业发展趋势有深入的理解和把握。学院应密切关注国家及地区的经济发展政策、产业结构调整方向以及新兴业态的兴起，通过市场调研、行业分析等手段，准确把握产业发展的最新动态和未来趋势。在此基础上，学院可以结合自身优势和特色，明确自身的定位和发展方向，为专业设置和人才培养提供科学依据。

（二）动态调整：灵活设置专业方向

随着产业的不断发展和变化，行业对人才的需求也在不断变化。为了确保教育资源的有效利用和学生未来的职业发展，行业学院必须根据产业需求的变化，灵活设置和调整专业方向。这包括增设新兴专业、优化传统专业、调整课程设置等方面。通过动态调整，学院可以确保专业设置与产业需求的高度契合，为学生提供更加符合市场需求、具备行业特色的教育资源和成长

环境。

（三）提高教育资源利用效率

紧密对接产业不仅有助于提高学生的就业竞争力，还能够提高教育资源的利用效率。学院可以根据产业需求的变化，合理配置教育资源，避免资源的浪费和重复建设。同时，通过与企业的深度合作，学院可以引入企业的先进技术和设备，提升实践教学的质量和水平。这种资源的共享和互补，有助于形成产学研一体化的教育模式，促进教育与产业的深度融合。

（四）培养高素质技术技能人才

行业学院的最终目标是培养出符合市场需求、具备行业特色的高素质技术技能人才。通过紧密对接产业，学院可以确保学生在校期间就能够接触到行业的最新技术和标准，了解行业的实际需求和挑战。这种实践导向的教育模式，有助于提高学生的实践能力和创新能力，为他们未来的职业发展奠定坚实的基础。同时，学院还可以与企业建立紧密的合作关系，为学生提供实习实训、就业创业等机会，帮助他们更好地融入行业、服务社会。

紧密对接产业是行业学院的首要特点，也是其实现教育与产业深度融合的关键所在。通过精准定位和动态调整，行业学院能够不断提高教育资源的利用效率，培养出更多符合市场需求、具备行业特色的高素质技术技能人才，为区域经济发展和产业转型升级提供有力的人才支撑。

二、深度产教融合：教学、科研、生产一体化

在全球化竞争日益激烈的背景下，行业学院作为教育与产业融合的前沿阵地，其深度产教融合的实践模式成为推动教育创新、促进产业升级的重要力量。这一模式通过构建教学、科研、生产三者之间的紧密联系，实现了知识、技术、资源的有效整合与共享，为培养高素质技术技能人才、推动区域经济发展和产业升级提供了有力支撑。

（一）共建平台，实现资源共享

行业学院与企业、科研机构等产业界主体共建实验室、研发中心、实习实训基地等平台，是实现深度产教融合的基础。这些平台不仅为师生提供了先

进的实验设备和研发条件，还为企业提供了技术创新和人才培养的载体。通过共享资源，学院能够及时了解行业动态和技术前沿，将最新的科技成果和实践经验融入教学之中；企业则能够借助学院的科研力量，解决技术难题，提升产品竞争力。

（二）教学与实践深度融合

在深度产教融合模式下，学院的教学活动不再局限于传统的课堂讲授，而是更多地融入了实践操作、项目研发等环节。学院通过与企业合作，将企业的真实案例和实际问题引入到教学过程中，使学生在学习理论知识的同时，能够亲身体验到行业的工作环境和业务流程。这种教学方式不仅增强了学生的学习兴趣和动力，还提高了他们的实践能力和创新能力。此外，学院还鼓励学生参与企业项目，通过解决实际问题来深化对理论知识的理解和应用。

（三）科研与生产相互促进

行业学院积极与企业合作开展科研项目和技术攻关，促进了技术创新与人才培养的良性循环。学院利用自身的科研优势和资源，为企业提供技术支持和解决方案；企业则通过投入资金和提供市场反馈，推动学院科研成果的转化和应用。这种合作模式不仅加速了科技成果的产业化进程，还为企业培养了具有创新意识和实践能力的高素质技术技能人才。同时，学院还通过与企业合作开展技术培训和咨询服务，提升了企业的技术水平和市场竞争力。

（四）提升教学质量与效果

深度产教融合模式的实施，极大地提升了行业学院的教学质量和效果。一方面，通过引入企业的真实案例和实际问题，学院的教学内容更加贴近实际、更加具有针对性；另一方面，通过实践操作和项目研发等环节的融入，学生的实践能力和创新能力得到了显著提升。此外，学院还通过与企业合作开展教学评价和反馈机制建设，及时了解教学效果和市场需求的变化，为教学改革和优化提供了有力支持。

（五）促进区域经济发展与产业升级

行业学院通过深度产教融合的实践模式，为区域经济发展和产业升级提供了有力的人才支撑和智力支持。一方面，学院通过培养高素质技术技能人才，为区域内企业提供了源源不断的人才资源；另一方面，学院还通过与企业合作开展科研项目和技术攻关，推动了区域内产业的技术创新和产品升级。此外，学院还积极参与区域经济发展规划和产业政策制定等工作，为区域经济的可持续发展贡献智慧和力量。

深度产教融合是行业学院实现教育创新、促进产业升级的重要途径。通过共建平台、深度融合教学与实践、促进科研与生产相互转化等措施的实施，行业学院不仅提升了教学质量和效果，还为区域经济发展和产业升级提供了有力的人才支撑和智力支持。

三、"双师型"队伍建设：理论与实践并重

在行业学院的教育体系中，师资队伍的质量直接关系到教学质量与人才培养的成效。因此，学院高度重视"双师型"教师队伍的建设，这一特色模式旨在将理论与实践紧密结合，为学生提供既全面又深入的学习体验。

（一）"双师型"教师的定义与价值

"双师型"教师，顾名思义，是指既具备深厚的理论功底，又拥有丰富实践经验的教师。他们不仅能够在课堂上深入浅出地讲解专业知识，还能引导学生将所学理论应用于实际操作和项目研发中。这种教师类型的出现，是行业学院对传统教育模式的一种创新与超越，它打破了理论与实践之间的壁垒，实现了二者的有机融合。

（二）引进与培养策略

为了构建一支高素质的"双师型"教师队伍，行业学院采取了多种策略。一方面，学院积极引进具有行业背景和企业工作经验的优秀人才，他们能够将最新的行业动态和技术趋势带入课堂，使教学内容更加贴近实际。另一方面，学院也注重内部培养，鼓励和支持现有教师参与企业的生产活动、技术革新等过程，通过实践锻炼提升他们的实践能力和教学水平。此外，学院还定期组织教师参加各类培训和学习交流活动，帮助他们不断更新知识结构、拓宽视野。

（三）双向交流与学习机制

行业学院还建立了教师与企业技术人员之间的双向交流与学习机制。这种

机制不仅促进了教师与企业之间的紧密联系和合作，还为教师提供了更多的实践机会和学习资源。通过参与企业的生产活动和技术研发项目，教师可以深入了解企业的实际需求和技术难题，从而更有针对性地进行教学和科研活动。同时，企业技术人员也可以通过与教师的交流和学习，了解最新的教育理念和教学方法，提升自身的综合素质和创新能力。

（四）教学质量与效果的提升

"双师型"教师队伍的建设对行业学院的教学质量和效果产生了显著影响。一方面，由于教师具备丰富的实践经验，他们能够将抽象的理论知识与具体的实践案例相结合，使教学内容更加生动、具体、易于理解。这种教学方式极大地提高了学生的学习兴趣和积极性，促进了他们对专业知识的深入理解和掌握。另一方面，"双师型"教师还能够指导学生进行实践操作和项目研发，帮助他们将所学理论应用于实际中，培养他们的实践能力和创新精神。这种实践导向的教学模式有助于学生更好地适应未来的工作岗位和社会发展需求。

（五）学生受益与业界联系

对于学生而言，"双师型"教师队伍的建设为他们提供了更多与业界精英接触和学习的机会。通过与这些既有理论深度又有实践经验的教师交流互动，学生可以更深入地了解行业动态和技术前沿，拓宽自己的视野和思路。同时，这些教师还能够为学生提供宝贵的职业规划和就业指导建议，帮助他们更好地规划自己的职业生涯和发展方向。此外，通过与企业的紧密合作和双向交流机制的建立，学生还能够获得更多实习实训和就业创业的机会和资源支持。

"双师型"队伍建设是行业学院师资队伍建设的重要特色之一。通过引进和培养具备扎实理论功底和丰富实践经验的教师、建立双向交流与学习机制等措施的实施，行业学院不仅提高了教学质量和效果，还为学生提供了更多与业界精英接触和学习的机会。这种独特的师资队伍模式为行业学院的发展注入了新的活力和动力。

四、国际化视野：拓宽视野，提升竞争力

在全球化浪潮席卷各个领域的今天，国际化已成为衡量高等教育质量与国

际影响力的重要标尺。行业学院作为教育与产业紧密结合的先锋，积极响应这一时代呼唤，致力于构建国际化的教育环境与平台，以拓宽学生的国际视野，提升他们的全球竞争力。

（一）引进国际先进教育理念和教学资源

行业学院深知，要培养出具有国际竞争力的人才，必须首先引进国际先进的教育理念和教学资源。学院应积极与国际知名高校和教育机构建立合作关系，通过教师互访、学术交流、课程共享等形式，引入国外先进的教学模式、课程体系和教学方法。这些国际化的教育资源不仅丰富了学院的教学内容，也为学生提供了更多元化的学习选择，激发了他们的学习兴趣和创新思维。

（二）建立广泛的国际合作网络

为了更好地融入全球教育体系，行业学院还应努力拓展国际合作网络。学院与国外知名高校、科研机构、行业协会以及跨国企业等建立了紧密的合作关系，共同开展人才培养、科学研究、技术创新等合作项目。这些合作项目不仅为学院师生提供了与国际同行交流学习的机会，也促进了学院在国际舞台上的知名度和影响力的提升。

（三）鼓励学生参与国际交流项目

行业学院深知，真正的国际化不仅仅是引进资源，更重要的是让学生走出去，亲身体验不同的文化和学习环境。因此，学院应积极鼓励学生参与各类国际交流项目，如海外游学、交换生项目、国际竞赛等。这些项目不仅帮助学生拓宽了国际视野，提高了跨文化交流能力，还让他们有机会与来自世界各地的同龄人交流思想、分享经验，共同探索未来的职业发展道路。

（四）加强海外实习实训机会

为了让学生更好地适应全球化的工作环境，行业学院还应积极与海外企业和机构合作，为学生提供海外实习实训的机会。这些实习实训项目不仅让学生亲身体验到国际企业的运营模式和管理文化，还让他们有机会将所学知识应用于实际工作中，提升自己的专业技能和职业素养。同时，海外实习实训经历也是学生未来求职时的重要加分项，有助于他们在激烈的国际竞争中脱颖而出。

通过上述一系列国际化措施的实施，行业学院成功地为学生搭建了一个开放、包容、国际化的学习和成长平台。在这个平台上，学生不仅能够掌握扎实的专业知识和技能，还能够拥有开阔的国际视野和跨文化交流能力。这些素质的综合提升使他们成为具有国际竞争力的高素质技术技能人才，为我国经济社会的国际化发展提供有力的人才保障。同时，这些具有国际视野的人才也将在未来的国际舞台上发挥重要作用，推动全球经济的繁荣与发展。

第四节 "双高计划"与行业学院的构建策略

"双高计划",即中国特色高水平高职学校和专业建设计划,是推动我国高等职业教育高质量发展的重大战略举措。在这一背景下,行业学院的构建被赋予了新的使命与机遇。以下是对构建行业学院策略的详细阐述,旨在探讨如何通过精准定位、整合资源、创新机制及强化评价等策略,实现行业学院的高质量发展。

一、精准定位:明确方向,凸显特色

在构建行业学院的宏伟蓝图中,精准定位不仅是起点的灯塔,更是贯穿始终的指南针,它确保学院在复杂多变的教育与产业环境中保持清晰的航向,稳步前行。这一过程涉及对区域产业生态的深刻洞察、对学校资源的精准整合以及对差异化发展路径的积极探索,共同绘制出行业学院独具特色的发展蓝图。

(一)区域产业对接:深度融合,共绘发展蓝图

在行业学院的发展蓝图中,区域产业对接是至关重要的,它不仅是学院精准定位、特色发展的基石,也是推动区域经济转型升级、实现高质量发展的重要驱动力。

1. 深入调研,精准定位

行业学院需对区域经济进行深入的调研分析,全面把握产业结构的现状、发展趋势以及未来的规划蓝图。这一过程中,学院应重点关注区域内主导产业和新兴产业的崛起与变革,了解这些产业的技术特点、市场需求、竞争格局以及发展趋势。通过细致的调研,学院能够精准定位自身在区域经济发展

中的角色和使命，为后续的专业设置、教学内容调整及合作模式创新提供有力的数据支撑和决策依据。

2. **动态调整，优化专业布局**

基于区域产业的调研结果，学院需动态调整和优化专业布局，确保专业设置与产业需求紧密对接。这意味着学院要密切关注产业链的各个环节和细分领域的发展动态，及时增设或调整相关专业，以满足产业对人才的需求。同时，学院还应注重专业的交叉融合和协同创新，通过跨学科、跨专业的课程设置和教学模式改革，培养具备综合素质和创新能力的高素质技能型人才。

3. **深度融合，同步产业前沿**

在教学内容方面，学院应积极引入行业最新标准、技术动态和典型案例，使教学内容始终保持与产业前沿的同步性。这要求学院教师不仅要具备扎实的理论基础和丰富的教学经验，还要不断跟踪行业动态和技术发展趋势，及时更新教学内容和教学方法。此外，学院还可以通过邀请企业专家进校园授课、举办行业讲座和研讨会等方式，加强与产业界的交流与合作，让学生在学习过程中能够接触到最新的技术和理念。

4. **紧密合作，实现教育与产业交融**

为了实现教育与产业的深度交融，学院应积极与企业建立紧密的合作关系。这包括共建实训基地、开展联合研发、实施订单式人才培养等多种合作模式。通过共建实训基地，学院可以为学生提供真实的工作环境和实践机会，帮助他们更好地掌握专业技能和职业素养；通过联合研发，学院可以与企业共同攻克技术难题，推动产业升级和创新发展；通过订单式人才培养，学院可以根据企业的实际需求制定人才培养方案，为企业输送量身定制的高素质技能型人才。

5. **共绘蓝图，推动区域经济发展**

通过区域产业对接的深入实施，行业学院将与区域经济形成良性互动、共同发展的良好局面。学院不仅为区域经济发展提供了源源不断的高素质技能型人才支持，还通过技术创新和成果转化等方式为产业升级和转型升级注入了新的动力。同时，区域经济的繁荣发展也为学院提供了更广阔的发展空间和更多的合作机会，推动了学院在教学质量、科研水平和社会服务能力等方面的全面提升。

（二）学校优势融合：传承创新，打造特色品牌

在高等教育日益竞争激烈的今天，行业学院要实现精准定位与可持续发展，就必须深入挖掘并整合学校自身的办学优势、专业特色和师资力量，通过传承与创新相结合的方式，打造出独具特色的品牌。这一过程不仅是学院自我提升和差异化发展的重要途径，也是其吸引优质生源、提升社会认可度的关键所在。

1. 传承学校历史积淀与办学经验

学院应当珍视并传承学校长期积累的历史文化和办学经验。这些宝贵的资源是学院发展的根基，为学院提供了独特的文化底蕴和办学特色。通过深入挖掘学校历史，学院可以发现并提炼出那些具有普遍价值和时代意义的教育理念、管理模式和教学方法，为当前的发展提供有益的借鉴和启示。

2. 勇于创新，突破传统框架

在传承的基础上，学院必须勇于创新，敢于突破传统框架的束缚。面对快速变化的行业需求和教育环境，学院应保持敏锐的洞察力和前瞻性的思维，积极探索符合时代要求的教育模式和教学方法。通过引入先进的教育理念、技术手段和管理模式，学院可以不断提升自身的办学水平和核心竞争力。

3. 结合行业需求，融入行业特色元素

在课程设置上，学院应紧密结合行业需求，融入行业特色元素。这要求学院深入了解行业动态和市场需求，准确把握行业发展趋势和人才培养方向。通过开设具有行业针对性的课程模块和教学资源，学院可以为学生提供更加贴近实际、更具针对性的学习内容，帮助他们更好地适应行业发展和市场需求。

4. 多样化教学方法，激发学习兴趣

在教学模式上，学院应采用项目式、案例式、工学交替等多样化的教学方法。这些方法注重学生的主体性和实践性，能够激发学生的学习兴趣和创新能力。通过参与实际项目、分析真实案例、交替进行理论与实践学习等方式，

学生可以更加深入地理解和掌握所学知识，提升解决实际问题的能力。

5. 加强实践教学，提升职业素养

实践教学是行业学院不可或缺的重要环节。学院应加强与企业的合作，为学生提供更多参与实际项目、解决实际问题的机会。通过实习实训、校企合作、产学研结合等多种方式，学生可以接触到真实的工作环境和业务流程，了解企业的运作方式和文化氛围，从而提升自身的实践能力和职业素养。同时，这些实践经历也将成为学生未来求职和职业发展的重要资本。

6. 打造特色品牌，树立行业形象

通过上述措施的实施，学院可以逐步构建起具有鲜明特色的品牌体系。这些特色不仅体现在课程设置、教学模式和实践教学等方面，还体现在学院的办学理念、校园文化和社会责任等方面。通过持续的品牌建设和宣传推广，学院可以在同类院校中脱颖而出，树立起鲜明的品牌形象和口碑效应。同时，这些特色也将成为学院吸引优质生源、提升社会认可度和影响力的重要因素。

（三）差异化发展：错位竞争，开辟蓝海市场

在高等教育日益多元化的今天，差异化发展已成为行业学院突破同质化竞争、实现可持续发展的关键策略。通过精准定位、特色打造以及错位竞争，学院能够开辟出属于自己的蓝海市场，为区域经济的转型升级和可持续发展注入新的活力。

1. 清醒认知，明确差异化定位

学院需要对自身进行全面的自我评估，清醒地认识到自身的优势和不足。这包括对学院的历史积淀、办学实力、师资力量、教学资源等方面的深入分析，以及对区域内其他高校和职业院校的对比分析。通过这一过程，学院可以明确自身在区域教育生态中的位置，并找到差异化的切入点。差异化定位不仅要体现在专业设置和教学内容上，更要深入到办学理念、人才培养目标、服务面向等多个层面，确保学院在各个方面都具备独特的竞争力和吸引力。

2. 聚焦细分领域，精耕细作

在差异化定位的基础上，学院可以聚焦于某个或某几个细分领域的深度挖掘和精耕细作。这些细分领域可以是区域内具有发展潜力的新兴产业，也可

以是传统行业中亟待转型升级的关键领域。通过深入研究这些领域的发展趋势、技术特点、市场需求等，学院可以开发出具有针对性的课程模块、教学资源和实践项目，形成在该领域的独特优势和品牌影响力。这种深度聚焦不仅有助于学院在特定领域内建立权威地位，还能为区域经济的发展提供有力的智力支持和人才保障。

3. 创新人才培养模式，满足特殊需求

除了聚焦细分领域外，学院还可以通过创新人才培养模式和服务模式来满足行业企业的特殊需求。这包括实施订单式人才培养、工学交替、产教融合等多种模式，以及提供定制化培训、技术咨询、研发合作等多元化服务。通过这些创新举措，学院可以更加紧密地与行业企业建立联系，深入了解其实际需求和发展方向，从而培养出更加符合市场需求的高素质技能型人才。同时，这些创新模式和服务也将为学院带来更多的合作机会和收入来源，进一步增强学院的可持续发展能力。

4. 错位竞争，开辟蓝海市场

在差异化发展的过程中，学院应注重错位竞争策略的运用。这意味着学院应避免与区域内其他高校和职业院校在相同领域或相同模式下进行直接竞争，而是选择具有前瞻性和竞争力的差异化发展路径。通过错位竞争，学院可以开辟出属于自己的蓝海市场，即那些尚未被充分开发或竞争程度较低的市场领域。在这些领域中，学院可以充分发挥自身优势，快速占领市场份额，形成独特的竞争优势和品牌影响力。

5. 持续优化，保持领先地位

差异化发展是一个持续优化的过程。学院需要不断关注行业动态和市场需求的变化，及时调整和优化自身的差异化发展策略。这包括定期评估学院的发展状况、收集师生和企业的反馈意见、跟踪竞争对手的动态等。通过持续优化，学院可以确保自身的差异化定位始终具有前瞻性和竞争力，从而在激烈的竞争中保持领先地位。同时，学院还应注重与区域经济发展的紧密结合，积极参与区域经济的转型升级和可持续发展进程，为区域经济的发展贡献更多的智慧和力量。

二、整合资源：汇聚力量，共筑平台

在行业学院的构建与发展过程中，资源整合如同一股汇聚各方力量的洪流，为学院的持续发展提供了不竭的动力。这一过程不仅要求学院具备敏锐的洞察力和高效的执行力，更需要充分发挥行业协会的桥梁纽带作用，积极调动政府、学校、企业以及校际间的资源，共同构建起一个资源共享、优势互补、互利共赢的生态系统。

（一）政府支持：政策引领，资金护航

在行业学院的发展进程中，政府的支持作用至关重要，它不仅为学院提供了必要的政策导向和资金保障，还通过多种渠道促进学院与区域经济的深度融合，共同推动产业升级与转型。

1. 政策引领：构建有利的发展环境

政府通过出台一系列优惠政策，为行业学院的发展构建了一个有利的外部环境。这些政策包括但不限于以下几方面：

（1）税收优惠：政府可以给予行业学院及其合作企业在税收方面的减免或优惠，降低其运营成本，鼓励其加大投入，提升教学和科研质量。

（2）用地支持：在学院建设阶段，政府可以提供土地划拨、租赁或低价出让等优惠政策，确保学院有足够的空间进行设施建设和扩展。

（3）人才引进：政府可以制定特殊的人才引进政策，如提供住房补贴、子女教育优惠、科研启动资金等，吸引高水平教师和研究人员加入行业学院，提升学院的师资力量和科研实力。

2. 资金护航：确保持续发展动力

资金是学院发展的生命线。政府通过设立专项基金、提供财政补贴、引导社会资本投入等方式，为行业学院提供充足的资金支持。

（1）专项基金：政府可以设立针对行业学院的专项基金，用于支持学院的重点项目建设、科研创新、人才培养等方面。这些资金的使用应明确目标、严格监管，确保每一分钱都用在刀刃上。

（2）财政补贴：对于符合一定条件的行业学院，政府可以给予一定的财政

补贴，以减轻其运营压力，鼓励其积极开展教育教学和科研活动。

（3）社会资本引导：政府还可以通过PPP（政府和社会资本合作）等模式，引导社会资本投入行业学院的建设和运营中，形成多元化的资金来源渠道。

3. 项目合作：推动产业升级和转型

政府通过项目合作的方式，引导行业学院积极参与区域经济发展规划，共同推动产业升级和转型。

（1）产学研合作项目：政府可以组织行业学院与区域内企业开展产学研合作项目，鼓励学院将科研成果转化为实际生产力，推动产业技术进步和产业升级。

（2）区域发展规划参与：政府可以邀请行业学院参与区域经济发展规划的制定和实施过程，为政府决策提供科学依据和智力支持。同时，学院也可以借此机会了解区域经济发展趋势和行业需求变化，及时调整自身发展方向和重点。

（3）公共服务平台建设：政府可以支持行业学院建设公共服务平台（如技术研发中心、检测认证中心、人才培训中心等），为区域内企业提供一站式服务，促进资源共享和协同创新。

综上所述，政府的支持是行业学院发展的重要保障。通过政策引领、资金护航和项目合作等多种方式，政府可以为行业学院营造一个良好的发展环境，助力其实现高质量发展目标。

（二）校企合作：深度融合，共赢未来

校企合作作为行业学院发展战略中的核心环节，其重要性不言而喻。它不仅促进了教育资源与企业资源的有效整合，还为实现教育与产业的深度融合、培养符合市场需求的高素质人才提供了坚实平台。

1. 资源共享，优势互补

（1）生产环境与技术资源：企业拥有先进的生产设备、技术资源和丰富的市场经验，这些是学院难以独自构建的宝贵资源。通过校企合作，学院能够将这些资源引入教学过程，使学生能够在真实或模拟的企业环境中学习和实践，增强学习的针对性和实效性。

（2）教育资源与人才优势：学院拥有丰富的教育资源，包括专业的师资力量、系统的课程体系和先进的教学理念。这些资源能够为企业提供员工培训、技术咨询、产品研发等多方面的支持，帮助企业解决技术难题，提升创新能力。

2. 平台共建，协同创新

（1）共建实验室与研发中心：校企双方可以共同投资建设实验室和研发中心，围绕行业关键技术和前沿领域开展科研攻关。这种合作模式不仅能够加速科研成果的转化应用，还能够培养出一批具有创新意识和实践能力的科研人才。

（2）实习实训基地建设：学院与企业合作建立实习实训基地，为学生提供真实的职业环境和实践机会。通过在企业中的实习实训，学生能够深入了解行业运作流程、掌握岗位技能、积累工作经验，为未来的职业发展打下坚实基础。

3. 产学研用一体化运作

（1）教学与实践相结合：校企合作将教学过程与实践环节紧密结合，使学生在掌握理论知识的同时，能够及时将其应用于实践中去。这种教学模式有助于培养学生的实践能力和创新精神，提高人才培养质量。

（2）科研与生产相互促进：学院与企业的科研合作能够推动行业技术进步和产业升级。学院为企业提供技术支持和智力支持，帮助企业解决技术难题；企业则为学院提供实践机会和市场反馈，促进科研成果的转化应用。

4. 共赢发展，推动产业升级

（1）人才培养与输送：校企合作有助于培养符合市场需求的高素质人才。学院根据企业需求调整专业设置和课程体系，确保学生所学知识与市场需求相契合；企业则通过提供实习实训机会和就业岗位，实现人才的精准输送。

（2）产业升级与转型：通过校企合作，企业能够借助学院的教育资源和人才优势，加快技术创新和产品升级步伐。同时，学院也能够及时了解行业动态和市场需求变化，调整研究方向和重点，为产业升级和转型提供有力支持。

（3）校企合作是行业学院实现资源整合、提升教育质量、推动产业升级的重要途径。通过深化与企业的合作，学院能够为学生提供更加贴近实际的学习和实践机会；企业则能够借助学院的教育资源和人才优势，实现技术创新和产业升级。这种双赢的合作模式不仅有助于提升双方的竞争力，还能够共同推动行业技术进步和产业发展。

（三）校际合作：共享资源，协同发展

校际合作作为行业学院发展的重要战略之一，对于拓宽学院视野、提升综合实力、促进区域职业教育与产业发展的深度融合具有不可估量的价值。

1. 共享优质教育资源，提升办学水平

（1）教育教学经验交流：学院应积极与其他高职院校、本科院校及科研机构建立合作关系，通过定期的教学研讨会、观摩课、教师互访等形式，共享教育教学理念和教学方法。这种交流有助于学院及时了解和吸收最新的教育教学改革成果，优化自身的教学体系，提升教学质量。

（2）课程与教材共享：校际合作可以推动课程与教材的共建共享。学院可以与其他院校合作开发具有区域特色和行业针对性的课程与教材，实现教育资源的优化配置和高效利用。这不仅丰富了学院的教学内容，也提高了教育资源的利用效率。

2. 优势互补，实现协同发展

（1）科研创新合作：学院应加强与科研机构的合作，共同参与科研项目申报、研究过程及成果转化等环节。通过合作，学院可以引入先进的科研技术和方法，提升自身的科研能力和创新能力；同时，科研机构也能借助学院的教育资源和人才优势，推动科研成果的转化应用。

（2）社会服务合作：学院可以与其他院校合作开展社会服务项目，如技术咨询、技能培训、社区服务等。通过合作，学院能够拓宽服务领域，提升服务质量；同时，也能增强学院的社会影响力和知名度。

3. 拓宽视野，提升国际化水平

（1）联合培养项目：学院应积极参与校际间的联合培养项目，为学生提供更广阔的学习和发展空间。通过参与国际交流项目、双学位项目等，学生可以接触到不同国家和地区的文化、教育理念和先进技术，拓宽国际视野，提升跨文化交流能力。

（2）学术交流活动：学院应定期举办或参与校际间的学术交流活动，如学术讲座、研讨会、论坛等。这些活动有助于学院师生了解学科前沿动态和最新研究成果，激发创新思维和学术热情；同时，也能促进学院与国内外学术界的交流与合作。

4. 推动区域职业教育与产业发展深度融合

（1）构建区域职业教育联盟：学院应积极参与构建区域职业教育联盟，与区域内其他职业院校、企业、行业协会等建立紧密的合作关系。通过联盟平台，学院可以共享职业教育资源、协调专业设置和招生计划、推动产教融合和校企合作等，实现区域职业教育的协同发展。

（2）产业技术创新联盟：学院可以与区域内的科研机构、企业等共同构建产业技术创新联盟。通过联盟合作，学院可以深入了解产业发展趋势和市场需求变化，及时调整专业设置和研究方向；同时，也能为企业提供技术支持和智力支持，推动产业技术创新和产业升级。这种合作模式有助于实现职业教育与产业发展的深度融合和相互促进。

总之，资源整合是行业学院构建与发展的重要保障。通过充分发挥行业协会的桥梁作用，积极争取政府支持、深化校企合作、加强校际合作等措施的实施，可以汇聚各方力量，共筑多元共赢的发展平台。这不仅有助于提升行业学院的办学水平和影响力，更能够为区域经济发展和产业升级提供有力的人才支撑和智力支持。

三、创新机制：激发活力，促进发展

在行业学院的发展征途中，创新机制不仅是其高效运转的基石，更是推动其持续、健康发展的不竭动力。面对日新月异的行业环境和市场需求，学院必须勇于突破传统束缚，建立灵活高效、开放包容的运行机制和管理体制，以适应并引领行业变革的浪潮。

（一）灵活调整：紧跟时代步伐，精准对接产业需求

在当今这个日新月异的时代，行业学院作为培养未来行业人才的重要基地，必须紧跟时代步伐，灵活调整自身的教育教学体系，以精准对接不断变化的产业需求。这不仅是对学院教育质量的考验，更是其实现可持续发展、保持竞争力的关键所在。

1. 建立科学的市场调研和预测机制

为了准确把握产业发展趋势和市场需求变化，学院首先需要建立一套科学的市场调研和预测机制。这一机制应包括以下几个方面：

（1）定期调研：学院应定期组织专业团队或委托第三方机构，对目标行业进行深入的调研，了解行业现状、发展趋势、技术革新方向以及人才需求状况。

（2）数据分析：通过收集和分析大量的行业数据，如市场规模、增长率、竞争格局、技术专利等，为学院的专业调整提供数据支持和决策依据。

（3）预测模型：建立基于历史数据和行业趋势的预测模型，对未来几年的产业发展进行预测，为学院的长远规划提供参考。

2. 快速响应机制

面对行业的新变化、新需求，学院需要建立快速响应机制，确保能够迅速做出调整。

（1）灵活调整专业设置：根据市场调研结果和预测模型，学院应及时调整专业设置，增设符合产业发展趋势的新专业，淘汰或整合过时或市场需求不足的专业。

（2）优化课程体系：针对专业调整后的新需求，学院应重新规划课程体系，确保课程内容与行业需求紧密相关，同时注重培养学生的实践能力和创新精神。

（3）更新教学内容：学院应密切关注行业动态和技术革新，及时更新教学内容，引入最新的行业知识、技术标准和案例，确保学生所学知识与行业实践保持同步。

3. 跨学科学习与复合型人才培养

为了更好地适应未来行业的发展需求，学院还应鼓励学生跨学科学习，培养复合型人才。

（1）设置跨学科课程：学院可以在各专业中设置一定数量的跨学科课程，如管理学、信息技术、法律等，以拓宽学生的知识面和视野。

（2）开展联合培养项目：学院可以与其他院校或企业合作，开展联合培养项目，通过跨学科的教学和实践，培养具有多学科背景和综合能力的复合型人才。

（3）强化实践教学：学院应加大实践教学的比重，通过校企合作、实习实训等方式，让学生在真实或模拟的工作环境中学习和实践，提升其解决实际问题的能力和团队协作能力。

总之，灵活调整是学院应对行业变化、实现教育与产业紧密对接的重要策略。通过建立科学的市场调研和预测机制、快速响应机制以及鼓励跨学科学习等措施，学院可以不断提升自身的教育教学水平和竞争力，为培养适应未来行业需求的高素质人才奠定坚实基础。

（二）开放办学：汇聚多元智慧，增强办学活力

在当今全球化与信息化交织的时代背景下，行业学院若要保持其教育的前沿性、实用性和创新性，就必须秉持开放办学的理念，打破传统界限，广泛汇聚各方智慧与资源，以此激发内在活力，推动学院全面发展。开放办学不仅是对外交流与合作的过程，更是学院自我革新、持续进步的驱动力。

1. 引入外部力量，丰富教学资源

（1）行业专家参与教学：学院应积极邀请行业内的领军人物、资深专家担任客座教授或兼职教师，他们不仅拥有深厚的专业背景和丰富的实践经验，还能带来最前沿的行业动态和技术趋势。通过开设专题讲座、主持研讨会、指导毕业设计等多种形式，这些行业专家能够为学生提供第一手的行业信息和实战案例，使教学内容更加贴近实际，增强学生的学习兴趣和动力。

（2）企业技术人员支持实践教学：与企业的深度合作是开放办学的重要体现。学院可以邀请企业技术人员参与实践教学环节，如实验室建设、项目指导、实习实训等。他们的加入能够为学生提供真实的工作环境和项目经验，帮助学生更好地将理论知识应用于实践，提升解决实际问题的能力。同时，企业技术人员的参与也能促进产学研深度融合，推动学院科研成果的转化和

应用。

2. 拓宽交流平台，促进国际合作

（1）参与行业活动与学术会议：学院应积极参与国内外各类行业活动、学术会议和展览，这不仅是展示学院教学成果和科研实力的窗口，更是与同行交流学习、拓展合作网络的重要平台。通过参加这些活动，学院可以及时了解行业动态和前沿技术，与国内外专家学者建立联系，共同探讨行业发展趋势和热点问题，为学院的发展注入新的思想和动力。

（2）建立国际合作伙伴关系：在全球化背景下，学院应致力于与国际知名高校、科研机构和企业建立合作伙伴关系。通过互派访问学者、联合培养研究生、共同开展科研项目等方式，实现教育资源的跨国界共享和优势互补。这不仅能够提升学生的国际视野和跨文化交流能力，还能为学院带来国际化的办学理念和教学方法，提升学院的国际竞争力和影响力。

3. 创新管理机制，激发内在活力

（1）建立灵活多样的合作模式：学院应根据自身特点和需求，探索建立灵活多样的合作模式。例如，可以与企业共建实训基地、研发中心或产业学院；可以与高校建立学分互认、联合培养等机制；还可以与科研机构合作开展科研项目攻关和技术创新。这些合作模式能够充分发挥各方的优势资源，实现资源共享和互利共赢。

（2）优化内部管理结构：学院应不断优化内部管理结构，提高管理效率和服务水平。可以建立由行业专家、企业代表和学生组成的顾问委员会或理事会，参与学院的决策咨询和监督评估工作；可以实行扁平化管理，减少管理层级和决策环节；还可以推行绩效考核和激励机制，激发教职工的积极性和创造力。

4. 营造开放包容的校园文化

（1）鼓励创新思维和批判性思维：学院应营造一种开放包容、鼓励创新的校园文化氛围。鼓励学生敢于质疑、勇于探索未知领域；鼓励教师开展教学科研创新活动，提出新观点、新方法；鼓励师生之间、学生之间开展广泛的交流和合作，共同解决问题、推动进步。

（2）加强人文关怀和心理疏导：在开放办学的过程中，学院还应关注师生的心理健康和成长需求。可以建立心理咨询中心或工作室，为师生提供心理咨询和疏导服务；可以开展丰富多彩的校园文化活动和社会实践活动，丰富师生的精神文化生活；还可以加强师生之间的沟通与交流，建立和谐融洽的师生关系和校园文化氛围。

综上所述，开放办学是行业学院激发内在活力、提升创新能力的重要途径。通过引入外部力量、拓宽交流平台、创新管理机制和营造开放包容的校园文化等措施的实施，学院能够汇聚多元智慧、增强办学活力，为培养具有创新精神和实践能力的高素质人才奠定坚实基础。

（三）激励机制：激发潜能动力，促进全面发展

在高等教育领域，构建一个科学、合理且富有成效的激励机制，是推动学院持续健康发展、激发教职员工潜能与动力的核心策略。这一机制不仅关乎个人成就感的满足，更直接关系到学院整体教学质量的提升、科研实力的增强以及人才队伍的稳固与壮大。

1. 多元化奖项设置，彰显个人与团队价值

（1）教学成果奖：教学成果是学院教育质量的重要体现。设立教学成果奖，旨在表彰那些在教学理念创新、教学方法改革、学生培养成效等方面取得显著成绩的教师和团队。奖项可细分为不同层级，如校级、省级乃至国家级，通过层层选拔与评审，确保获奖者能够成为全院的标杆与榜样，激励更多教师投身于教学改革与实践。

（2）科研成果奖：科研成果是学院学术水平的重要标志。学院应设立科研成果奖，对在基础研究、应用研究、技术开发等方面取得突破性进展或重大成果的科研项目和个人给予奖励。这不仅是对科研人员辛勤付出的肯定，也是对其学术贡献的认可，有助于激发科研人员的创新热情，推动学院科研实力的持续提升。

（3）其他专项奖：学院还可以根据实际需要设立其他专项奖，如社会服务贡献奖、优秀教学管理奖、青年才俊奖等，以全面覆盖教职员工的不同工作领域和贡献类型，确保每位教职工的辛勤付出都能得到应有的认可与回报。

2. 完善职称评审与职务晋升制度，明确职业发展路径

（1）职称评审制度：职称评审是教师职业发展的重要环节。学院应建立一套公平、公正、透明的职称评审制度，明确评审标准、程序及周期，确保评审结果的客观性和公信力。通过职称评审，不仅可以激励教师不断提升自身专业能力和学术水平，还能为学院选拔出一批批优秀的学科带头人和教学骨干。

（2）职务晋升制度：职务晋升是教师职业发展的另一重要途径。学院应完善职务晋升制度，明确各类职务的任职资格、职责要求及晋升渠道，为教师提供明确的职业发展路径和广阔的晋升空间。通过职务晋升，不仅可以激发教师的工作积极性和创造力，还能增强教师的归属感和忠诚度，为学院的持续发展奠定坚实的人才基础。

3. 强化正向激励，营造积极向上的工作氛围

（1）物质激励与精神激励并重：在激励机制的构建中，学院应注重物质激励与精神激励的有机结合。物质激励如奖金、津贴、住房补贴等，可以直接满足教师的物质需求；而精神激励如荣誉证书、表彰大会、公开表扬等，则可以更好地满足教师的精神需求，激发其内在动力。两者相辅相成，共同构成了一个完整而有效的激励体系。

（2）构建良好的工作环境与氛围：除了直接的奖励措施外，学院还应努力营造一个良好的工作环境与氛围。这包括提供先进的教学科研设施、舒适的办公环境以及和谐的人际关系等。良好的工作环境与氛围有助于提升教师的工作满意度和幸福感，进而激发其工作积极性和创造力。

4. 持续优化激励机制，确保与时俱进

（1）定期评估与调整：学院应定期对激励机制的实施效果进行评估与反馈，及时发现并解决存在的问题与不足。根据评估结果和学院发展的需要，适时对激励机制进行调整与优化，确保其始终符合时代要求、满足学院发展需求。

（2）借鉴先进经验：学院还应积极借鉴国内外先进高校的激励机制建设经验，结合自身实际情况进行消化吸收和再创新。通过不断学习与实践，完善学院的激励机制建设，推动学院教育教学和科研工作的全面发展。

科学合理的激励机制是激发教师和管理人员工作积极性和创造力的重要保障。学院应通过多元化奖项设置、完善职称评审与职务晋升制度、强化正向激励以及持续优化激励机制等措施，构建一个公平、公正、公开且富有成效的激励体系，以激发教职员工的内在潜能和动力，促进其在教学、科研等方面的全面发展，为学院的持续发展注入新的活力。

综上所述，创新机制是行业学院高效运转和持续发展的关键所在。通过灵活调整专业设置、课程体系和教学内容，实行开放办学模式以及建立科学合理的激励机制等措施的实施，学院可以不断激发内在活力与潜能，提升办学水平和影响力，为行业发展和产业升级贡献更多的智慧和力量。

四、强化评价：科学评估，持续改进

在行业学院的建设与发展过程中，强化评价不仅是衡量其成效的标尺，更是推动其不断进步与完善的内在动力。一个科学、全面、有效的评价体系，能够精准地把握学院的发展现状，及时发现问题，为学院的持续改进提供有力支撑。

（一）多维度评价：全面审视，精准定位

在教育领域，多维度评价作为一种科学而全面的评估方法，对于提升学院的整体质量、促进可持续发展具有不可替代的作用。它不仅要求评估者从多个角度、多个层面进行深入剖析，还强调评估结果的客观性和全面性，以便学院能够精准定位自身的发展状况，明确改进方向。

1. 教学质量评价：核心竞争力的基石

教学质量是学院的生命线，直接关系到学生的培养质量和学院的声誉。因此，教学质量评价在多维度评价体系中占据核心地位。具体而言，教学质量评价可以从以下几个方面展开：

（1）课程质量评估：通过专家听课、同行评议、学生反馈等方式，对课程内容的科学性、前沿性、实用性以及教学方法的有效性进行全面评估。这有助于发现课程设置中的不足，推动课程体系的持续优化。

（2）教师教学评价：建立科学的教师教学评价体系，包括教学能力、教学态度、师生互动、教学效果等多个维度。通过学生评教、同行评价、自我反思等方式，全面评价教师的教学表现，激励教师不断提升教学水平。

（3）学生学习成效反馈：通过考试、作业、项目、实习等多种方式，收集学生学习成效的数据，评估学生的学习成果和能力提升情况。这有助于了解教学效果，为教学改进提供依据。

2. 科研水平评价：创新驱动力的源泉

科研水平是衡量学院学术实力和创新能力的重要指标。科研水平评价应关注以下几个方面：

（1）科研项目数量与质量：统计学院承担的各级各类科研项目数量，评估项目的学术价值、创新性及完成质量。这有助于了解学院的科研活跃度和科研实力。

（2）科研成果转化情况：关注科研成果的应用价值和社会影响力，评估科研成果转化为生产力的情况。这有助于推动产学研深度融合，促进科研成果的商业化和社会化。

（3）学术论文发表：统计学院教师在国内外权威期刊上发表的学术论文数量和质量，评估学院的学术影响力和国际竞争力。这有助于了解学院的学术水平和研究深度。

3. 社会服务评价：责任与担当的体现

社会服务是学院履行社会责任、服务区域经济发展的重要途径。社会服务评价可以从以下几个方面进行：

（1）校企合作项目：评估学院与企业合作项目的数量、质量及实施效果，了解学院在促进产学研合作、推动技术创新方面的贡献。

（2）技术咨询服务：统计学院为企业提供的技术咨询、技术支持等服务情况，评估学院在解决企业实际问题、推动产业升级方面的能力。

（3）社会培训活动：关注学院开展的社会培训、继续教育等活动情况，评估学院在提升社会成员素质、服务终身学习体系方面的作用。

4. 学生满意度评价：以人为本的落脚点

学生满意度是衡量学院工作成效的重要标尺。通过问卷调查、座谈会等形式，直接听取学生的意见和建议，了解学生对学院各项工作的满意度和期待。

这有助于学院及时发现并解决学生关注的问题，提升服务质量和管理水平。同时，学生满意度评价也是学院践行"以人为本"教育理念的具体体现。

多维度评价为学院提供了一个全面审视自身发展状况、精准定位问题和不足的框架。通过教学质量、科研水平、社会服务和学生满意度等多个维度的综合评价，学院能够更加清晰地认识到自身的优势和不足，为制定科学合理的发展规划和改进措施提供有力支持。

（二）定期评估：周期性检视，把握发展脉搏

在学院管理的广阔图景中，定期评估如同一面明镜，它不仅映照出学院当前的运行状态，更指引着学院未来发展的方向。这一机制的实施，对于确保学院建设成效的持续优化、促进学院整体健康发展具有不可估量的价值。

1. 评估机制的建立与周期性设定

学院应根据自身实际情况和发展需求，建立科学合理的评估机制。这一机制应明确评估的周期、内容、方法以及参与主体等关键要素。通常而言，年度评估作为短期评估的典范，能够迅速反映学院一年内的建设成效与问题；而中期评估则更侧重于对较长周期内学院发展战略的执行情况进行全面审视，为学院的中期调整与规划提供依据。通过设定这样的周期性评估，学院能够实现对自身发展脉络的清晰把握。

2. 评估内容的全面性与系统性

定期评估的内容应涵盖学院的各个方面，包括教学质量、科研水平、师资队伍、学生发展、社会服务、资源配置等多个维度。这种全面性与系统性的评估方式，有助于学院全面了解自身在各个领域的表现与成就，同时也能够揭示出潜在的问题与不足。在评估过程中，学院应注重细节与深度的结合，既要关注宏观层面的整体成效，也要深入挖掘微观层面的具体问题。

3. 数据收集与分析的科学性

数据的准确性和可靠性是评估结果有效性的基础。学院在定期评估中应高度重视数据的收集与分析工作。通过建立健全的数据收集体系，确保评估所需数据的全面、准确与及时。同时，运用科学的数据分析方法，对收集到的数据进行深入剖析与解读，提炼出有价值的信息与结论。这些数据与结论将为后续的改进与提升工作提供有力的支撑与指导。

4. 问题发现与改进措施的制定

定期评估的核心价值在于其问题发现与改进指导的功能。通过评估，学院能够及时发现自身在发展过程中存在的问题与隐患，如教学质量下滑、科研创新能力不足、资源配置不合理等。针对这些问题，学院应制定切实可行的改进措施与方案，明确责任主体与时间表，确保问题得到有效解决。同时，学院还应建立跟踪与反馈机制，对改进措施的实施效果进行持续监测与评估，确保改进工作的有效性与持续性。

5. 评估结果与学院发展的深度融合

定期评估不应仅仅停留在发现问题与制定措施的层面，而应将评估结果与学院的发展目标、战略规划等紧密结合起来。学院应将评估结果作为制定和调整发展战略的重要依据，确保学院的发展方向与评估结果相契合。同时，学院还应将评估结果作为激励与约束机制的重要组成部分，对表现优异的部门和个人给予表彰与奖励，对存在问题的部门和个人进行督促与整改。通过这样的方式，学院能够形成一套完整的管理闭环体系，推动学院整体建设成效的持续优化与提升。

（三）反馈调整：积极响应，持续优化

在学院管理体系中，反馈调整作为评价工作的最终环节，其重要性不言而喻。它不仅是对前期评估工作的有效回应，更是推动学院持续改进、优化发展的关键驱动力。

1. 深入解读评估结果，精准定位问题

学院在收到评估结果和反馈意见后，首要任务是进行深入解读和分析。这一过程需要全面、客观地审视评估报告中的各项数据和指标，准确把握学院在各个方面的表现情况。同时，学院应重点关注评估中揭示出的问题和不足，通过细致的分析和讨论，精准定位问题的根源和性质，为后续制定改进措施提供有力依据。

2. 制定具体的改进措施和行动计划

针对评估中发现的问题和不足，学院应迅速行动，制定具体的改进措施和行动计划。这些措施和计划应具有针对性和可操作性，能够直接针对问题根源提出解决方案。在制定过程中，学院应充分考虑自身的实际情况和发展需求，确保改进措施的科学性和可行性。同时，学院还应明确责任人和时间节点，确保各项措施得到有效执行和推进。

3. 加强沟通与协作，广泛听取意见

在反馈调整过程中，学院应注重与师生、企业、社会等各方面的沟通和交流工作。通过召开座谈会、问卷调查、个别访谈等方式，广泛听取各方面的意见和建议。这些意见和建议能够为学院提供多元化的视角和思路，帮助学院更加全面、深入地了解问题所在，并制定出更加科学合理的改进措施。同时，通过加强沟通与协作，学院还能够增强内部凝聚力和外部支持力，为改进措施的顺利实施创造有利条件。

4. 建立持续改进机制，不断优化发展模式

反馈调整不是一次性的工作，而是一个持续不断的过程。学院应建立持续改进机制，将反馈调整工作纳入常态化管理体系中。这一机制应包括定期评估、问题反馈、改进措施制定、执行监督等环节，形成一个完整的管理闭环体系。通过持续改进机制的实施，学院能够不断优化和完善自身建设和发展模式，提高管理水平和教育质量，推动学院实现可持续发展。

5. 强化监督与检查，确保措施有效落实

为了确保各项改进措施得到有效落实并取得预期成效，学院应加强对改进措施执行情况的监督和检查力度。这包括建立专门的监督机构或团队，负责跟踪和评估改进措施的进展情况；制定详细的监督和检查计划，明确检查内容、标准和时间节点；加强对责任人的考核和问责机制建设等。通过强化监督与检查工作，学院能够及时发现和解决执行过程中出现的问题和困难，确保改进措施得到有效落实并取得显著成效。

综上所述，强化评价是确保行业学院建设成效的重要手段。通过构建科学合理的评价体系和激励机制、实施多维度评价和定期评估以及积极响应反馈意见并持续优化建设方案和管理措施等措施的实施，学院能够不断提升自身的办学水平和影响力，为区域经济发展和产业升级做出更大的贡献。

第五节　职业教育集团的协同创新与利益协调

职业教育集团作为职业教育体系中的重要组织形式，通过整合多方资源，实现资源共享、优势互补，对于推动职业教育的创新发展具有重要意义。在职业教育集团的运行过程中，协同创新与利益协调是两个至关重要的方面。

一、协同创新

在职业教育领域，协同创新不仅是提升教育质量、增强服务产业发展能力的关键路径，也是推动职业教育集团化办学向纵深发展的重要策略。以下是对"协同创新"在职业教育集团中的具体实践及其深远影响的详细阐述。

（一）资源整合与共享：构建高效协同的生态系统

在职业教育领域，资源整合与共享已成为推动教育现代化、提升教育质量的重要途径。职业教育集团作为教育资源整合的重要平台，通过构建高效协同的生态系统，实现了教育资源的优化配置与共享利用，为职业教育的高质量发展注入了强劲动力。

1. 师资力量的整合与共享

（1）打破壁垒，实现互聘联聘：传统上，各职业院校和培训机构往往各自为政，师资力量难以流动。职业教育集团成立后，通过制定统一的师资互聘、联聘政策，打破了这一壁垒。高校教授、职业院校教师以及企业中的技术专家可以跨单位授课，形成了灵活的师资流动机制。这种机制不仅缓解了部分院校师资短缺的问题，还使学生能够接触到更多元化的教学理念和方法，拓宽了知识视野。

（2）专兼结合，优化师资结构：职业教育集团注重专任教师和兼职教师的有机结合。专任教师主要负责基础理论教学和学术研究，而兼职教师则来自企业一线，拥有丰富的实践经验和行业前沿知识。这种专兼结合的教师队伍结构，既保证了教学的理论深度，又增强了教学的实践性和针对性。同时，兼职教师的引入也促进了校企之间的深度融合，为校企合作育人提供了有力支撑。

（3）学术交流与经验分享：集团内教师之间的学术交流与经验分享是提升整体教学水平的重要途径。通过组织定期的教学研讨会、工作坊、观摩课等活动，教师们可以就教学方法、课程设计、学生管理等方面进行深入探讨和交流。这种互动不仅促进了教师个人能力的提升，还推动了集团内教学理念和方法的创新与发展。

2. 实训基地和教学设施的共享

（1）高水平实训基地的共建共享：职业教育强调实践性教学，而实训基地是实践教学的重要场所。职业教育集团内成员单位根据自身特色和专业优势，共同建设了一批高水平的实训基地和实验室。这些实训基地不仅设备先进、功能完善，而且与行业需求紧密对接。通过向集团内其他成员开放使用，提高了实训基地的利用效率，降低了各成员单位的运营成本。

（2）多元化实践学习平台的提供：实训基地的共享为学生提供了更多元化的实践学习平台。学生可以在不同类型的实训基地中接受不同层次的实践训练，从基础技能训练到综合应用能力提升，再到创新创业实践，全方位提升自己的职业素养和综合能力。这种多元化的实践学习体验有助于学生更好地适应未来职业需求，提高就业竞争力。

（3）校企合作的深化：实训基地和教学设施的共享还促进了校企合作的深化。企业可以参与实训基地的建设和管理，将自己的技术标准和要求融入实践教学过程中。同时，学生也可以通过在实训基地的实践训练，了解企业文化、熟悉企业流程、掌握企业技术，为未来的职业生涯打下坚实基础。这种深度的校企合作不仅提升了职业教育的质量和水平，还为企业输送了更多高素质的技术技能人才。

（二）产学研深度融合：打通技术创新与人才培养的闭环

在职业教育领域，产学研深度融合被视为推动教育创新、促进产业升级的重要途径。职业教育集团通过搭建教学、科研、生产三位一体的综合体系，实现了教育链、人才链与产业链、创新链的有效衔接，为技术创新与人才培养构建了一个闭环生态系统。

1. 构建产学研深度融合的综合体系

职业教育集团积极寻求与企业、科研机构等外部伙伴的深度合作，共同构建一个开放、协同、共赢的产学研综合体系。这一体系以市场需求为导向，以技术创新为核心，以人才培养为基础，将学校的教育资源、科研机构的研发能力、企业的生产实践紧密结合起来，形成优势互补、资源共享、利益共生的良好局面。

2. 共建研发中心、实验室和实训基地

（1）研发中心：作为产学研深度融合的核心平台，研发中心致力于解决行业共性的技术难题，推动技术创新和产业升级。集团内成员单位与企业、科研机构共建研发中心，可以汇聚各方人才、资金、设备等优势资源，形成强大的研发合力。在这里，学校师生与企业技术人员可以紧密合作，共同开展科研项目，推动科研成果的转化与应用。

（2）实验室：实验室是科研活动的重要场所，也是技术创新的重要源泉。职业教育集团与企业、科研机构共建实验室，可以为学生提供更加先进的实验设备和更加丰富的实验资源。通过参与实验室的科研项目，学生可以深入了解行业前沿技术，掌握科研方法和技能，培养创新思维和实践能力。同时，实验室还可以成为企业技术创新的孵化器，为企业产品升级换代提供技术支持。

（3）实训基地：实训基地是职业教育实践教学的重要载体，也是产学研深度融合的重要平台。通过与企业共建实训基地，学校可以为学生提供更加贴近企业实际、更加符合市场需求的实践教学环境。在实训基地中，学生可以参与企业的生产实践过程，了解企业运作流程和管理模式，提升职业素养和综合能力。同时，实训基地还可以成为企业人才培养的摇篮，为企业输送更多高素质的技术技能人才。

3. 促进知识、技术、信息的自由流动与共享

在产学研深度融合的综合体系中，知识、技术、信息的自由流动与共享是关键。职业教育集团通过建立完善的合作机制和信息交流平台，促进各方之间的紧密合作与深入交流。学校可以及时了解行业发展趋势和企业技术需求，调整教学计划和科研方向；企业则可以借助学校的科研力量和人才优势，解决技术难题，推动产品升级换代。同时，各方还可以通过共享科研成果、技术专利、市场信息等资源，实现互利共赢和共同发展。

4. 实现科技成果的快速转化与应用

产学研深度融合的最终目的是实现科技成果的快速转化与应用。职业教育集团通过搭建科技成果转化平台、建立科技成果评价机制等措施，促进科技成果的商业化、产业化和市场化。学校师生与企业技术人员共同研发的科技成果可以在平台上进行展示和交易；企业则可以根据自身需求选择合适的科技成果进行转化和应用。这种高效的科技成果转化机制不仅有助于提升企业的核心竞争力，也有助于推动区域经济的持续健康发展。

（三）课程体系与教学模式创新：适应行业变革，培养未来人才

在职业教育领域，随着行业环境的日新月异和市场需求的快速变化，传统的课程体系与教学模式已难以满足培养未来所需人才的要求。因此，职业教育集团致力于课程体系与教学模式的持续创新，以确保教育内容与行业趋势的紧密对接，为学生铺设一条通往成功职业生涯的坚实道路。

1. 课程体系建设的优化与前瞻

（1）引入行业标准与企业案例：职业教育集团深知课程内容与实际工作需求的紧密关联。因此，在课程体系建设中，集团积极引入行业标准、企业真实案例等教学资源，使课程内容更加贴近实际工作场景。这不仅有助于学生提前了解行业规范，还能让他们在学习过程中积累解决实际问题的经验。

（2）动态调整课程设置与教学内容：面对行业发展的不确定性和新兴技术的不断涌现，职业教育集团保持高度的敏感性和前瞻性。通过定期调研行业发展趋势、分析新兴技术动态，集团应及时调整课程设置和教学内容，确保学生所学知识与行业前沿保持同步。这种动态调整机制有助于提升学生的竞争力，使他们能够在未来的职场中立于不败之地。

（3）跨学科整合与模块化设计：为了适应复杂多变的行业环境，职业教育集团还注重跨学科的整合与模块化课程设计。通过打破传统学科界限，将相关知识点进行有机融合，形成具有针对性的教学模块。这种设计不仅有助于学生构建全面的知识体系，还能提高他们综合运用知识解决实际问题的能力。

2. 教学模式的创新与实践

（1）项目式教学与情境教学：职业教育集团积极采用项目式教学、情境教学等现代教学方法。项目式教学强调学生的主体性和实践性，通过参与实际项目的设计、实施与评估，让学生在实践中学习、在学习中实践。情境教学则通过模拟真实工作场景，让学生身临其境地感受职场氛围，提升他们的职业素养和综合能力。

（2）翻转课堂与混合式学习：为了进一步提高教学效果和学习效率，职业教育集团还尝试引入翻转课堂和混合式学习等新型教学模式。翻转课堂将传统课堂中的知识传授环节移至课外，让学生通过自学完成；而课堂时间则主要用于答疑解惑、讨论交流和实践操作。混合式学习则结合线上与线下教学的优势，为学生提供更加灵活多样的学习方式和资源。

（3）教师发展与教学研讨：教师是教学模式创新的关键力量。职业教育集团鼓励教师进行教学研讨和经验交流活动，促进教学方法的相互借鉴与融合。同时，集团还注重教师的专业发展，通过提供培训、研修等机会，提升教师的教学能力和水平。这种开放包容的教学氛围不仅有助于教师的个人成长，也为学生提供了更加优质的教学资源和服务。

综上所述，协同创新作为职业教育集团高质量发展的核心引擎，在资源整合与共享、产学研深度融合以及课程体系与教学模式创新等方面发挥着重要作用。通过不断探索和实践，职业教育集团将进一步优化资源配置、提升教学质量、增强服务能力，为培养更多高素质技术技能人才、服务区域经济社会发展做出更大贡献。

二、利益协调

在职业教育集团的运作中，利益协调是确保集团稳定、高效运行的关键环节。它不仅关乎各成员单位的切身利益，更直接影响到集团整体的凝聚力和发展动力。以下是对建立合理利益分配机制、加强沟通与协商以及强化共同利益意识三个方面的详细阐述与拓展。

（一）建立合理的利益分配机制：公平与效率的双重保障

职业教育集团在成立之初，就应当把利益分配机制的建立作为首要任务之一。这要求集团管理层具备高度的前瞻性和战略眼光，能够充分考虑各成员单位的实际情况和发展需求，制定出既公平又高效的利益分配方案。

（1）明确责权利关系是利益分配的基础。集团应详细界定各成员单位的职责、权利与义务，确保每个成员单位都清楚自己在集团中的角色和定位。在此基础上，制定具体的合作协议，明确利益分配的原则、标准和程序，确保各方在合作过程中有章可循、有据可依。

（2）利益分配机制应注重公平性与激励性的结合。公平性要求集团在分配利益时遵循等价交换原则，确保各成员单位按照其贡献大小获得相应的回报。同时，为了激发成员单位的积极性和创造力，利益分配机制还应具有一定的激励性，对表现突出的成员单位给予额外的奖励或优惠政策。

（3）建立有效的监督机制是确保利益分配机制落实的关键。集团应设立专门的监督机构或委员会，负责监督利益分配的执行情况，及时发现并纠正任何违规行为。同时，建立信息公开和反馈机制，让各成员单位能够及时了解利益分配的情况，并有权提出意见和建议。

（二）加强沟通与协商：构建和谐的合作氛围

职业教育集团内的成员单位来自不同的领域和背景，其利益诉求和关注点往往存在差异。为了妥善解决这些差异带来的冲突和分歧，集团应建立有效的沟通与协商机制。

（1）定期召开会议是沟通与协商的重要形式。集团应定期组织召开全体成员单位参加的会议，就集团的发展规划、重要决策、利益分配等事项进行充分讨论和协商。会议应确保各成员单位都有发言权和表决权，充分听取各方意见和建议。

（2）开展交流活动有助于增进成员单位之间的了解和信任。集团可以组织各种形式的交流活动，如参观考察、经验分享会、技能竞赛等，让成员单位在互动中加深了解、增进友谊。这些活动不仅有助于解决合作中的具体问题，还能为未来的合作奠定坚实的基础。

（3）在出现分歧时及时进行沟通和协商至关重要。集团应建立快速响应机制，一旦发现成员单位之间存在分歧或矛盾，立即启动沟通与协商程序。通过面对面的交流、坦诚的沟通以及寻找双方都能接受的解决方案，努力化解分歧、消除矛盾，确保集团内部的和谐稳定。

（三）强化共同利益意识：激发协同创新与合作共赢的动力

职业教育集团作为一个整体，其成员单位之间应树立共同利益意识。这种意识是激发协同创新与合作共赢的重要动力源泉。

（1）各成员单位应充分认识到自身的发展离不开集团的支持与帮助。集团为成员单位提供了资源共享、优势互补、协同创新等平台和支持，有助于成员单位提升教学质量、增强服务能力、拓展发展空间。因此，各成员单位应珍惜集团这个平台，积极参与集团的各项活动，为集团的发展贡献自己的力量。

（2）各成员单位应积极贡献自己的力量和资源，共同推动集团的发展壮大。在合作过程中，各成员单位应充分发挥自身的优势和特长，为集团提供高质量的教学资源、科研成果、技术支持等。同时，积极参与集团的决策和管理过程，为集团的发展出谋划策、贡献力量。

（3）通过强化共同利益意识，可以激发各成员单位的积极性和创造力。当成员单位意识到自己的利益与集团的利益紧密相连时，就会更加积极地投入到合作中去，努力寻求创新点、突破点和发展点。这种积极性和创造力的激发将有力推动集团的协同创新与合作共赢进程，为职业教育事业的发展注入新的活力和动力。

第六节 "三螺旋"理论在现代产业学院中的应用

"三螺旋"理论,作为一种解释知识经济时代政府、产业与学术界之间新型互动关系的理论框架,为现代产业学院的建设提供了深刻的启示与实践指导。在现代产业学院这一创新平台上,"三螺旋"理论的应用不仅促进了知识、技术与市场的深度融合,还加速了教育链、人才链与产业链、创新链的有效衔接。

一、政府的引导与支持

(一)政府引导作用的深度剖析

在现代产业学院这一新兴教育模式的发展进程中,政府的引导作用显得尤为关键。政府通过其独特的政策制定、战略规划、标准制定与评估等职能,为现代产业学院提供了明确的发展方向、有力的资源支持以及科学的监管体系,确保了其健康、有序地成长。

1. 政策制定与导向:引领发展航向

政府作为宏观经济政策的制定者,在现代产业学院的发展初期便发挥了重要的引领作用。通过深入研究国内外产业发展趋势和教育改革动态,政府能够制定出具有前瞻性和引导性的政策体系。这些政策包括但不限于税收优惠、土地供给优惠、科研项目资助等经济激励措施,旨在降低现代产业学院的运营成本,提升其吸引力,进而吸引高水平的教育资源和优质的产业资源向这一领域聚集。此外,政府还通过政策引导,鼓励企业深度参与现代产业学院的专业设置、课程开发、实习实训等关键环节,促进了产学研之间的深度融合,为现代产业学院注入了强大的生命力。

2. 战略规划与布局：构建区域特色体系

政府根据区域经济发展战略和产业转型升级的实际需求，对现代产业学院进行科学合理的规划与布局。这一过程中，政府充分考虑了区域内的教育资源、产业资源和创新资源的分布情况，力求通过整合这些资源，构建起符合地方特色的现代产业学院体系。这种战略规划不仅有助于提升区域整体的教育水平，为地方经济发展提供强有力的智力支持，还能够促进区域内不同产业之间的协同发展，形成优势互补、资源共享的良好局面。

3. 标准制定与评估：确保办学质量与效益

为了保障现代产业学院的办学质量和效益，政府还积极参与了相关标准的制定与评估工作。政府依据国家教育政策、产业发展趋势以及现代产业学院的实际特点，制定了涵盖教学质量、科研创新、社会服务等多个方面的评估指标体系。通过对现代产业学院进行定期评估与监督，政府能够及时发现并纠正存在的问题，推动其不断优化办学模式、提升办学水平。同时，这种评估机制还能够激励现代产业学院积极创新、追求卓越，为培养更多高素质的技术技能人才、推动产业转型升级做出更大的贡献。

政府在现代产业学院的发展过程中发挥了不可替代的引导作用。通过政策制定与导向、战略规划与布局以及标准制定与评估等多方面的努力，政府为现代产业学院提供了明确的发展方向、有力的资源支持以及科学的监管体系，为其健康、有序地成长奠定了坚实的基础。

（二）政府支持力度的全面展现

在现代产业学院这一创新教育模式的发展过程中，政府的支持力度无疑是其快速崛起和持续繁荣的重要驱动力。政府通过全方位、多层次的支持措施，为现代产业学院提供了坚实的保障和广阔的发展空间。

1. 资金支持：注入发展动力

资金是现代产业学院建设和发展不可或缺的资源。政府充分认识到这一点，通过设立专项基金、提供财政补贴等多种方式，为现代产业学院提供了直接的资金支持。这些资金不仅用于学院的基础设施建设，如教学楼、实验室、图书馆等的建设和维护，还用于师资队伍的引进和培养，确保学院拥有一支高素质、专业化的教学科研团队。此外，政府资金还助力科研项目的孵化和成果转化，推动学院在科技创新和产业应用方面取得突破。这种全方位的资金支持，为现代产业学院的快速发展奠定了坚实的基础。

2. 资源配置：优化发展环境

政府在资源配置方面同样发挥着关键作用。通过优化教育资源配置，政府确保现代产业学院能够获得优质的教学资源、科研资源和实习实训资源。这包括引进国内外先进的教学设备和软件、购买高质量的教材和参考资料、建立与产业界紧密联系的实习实训基地等。同时，政府还积极推动校企合作，鼓励企业向现代产业学院捐赠设备、提供实训基地等，进一步丰富学院的资源体系。这种资源优化配置，不仅提升了学院的教学质量和科研水平，还为学生提供了更加贴近实际、更具挑战性的学习体验。

3. 环境营造：构建发展生态

除了资金和资源支持外，政府还致力于营造有利于现代产业学院发展的外部环境。首先，政府通过优化政务服务、简化审批流程、提供法律咨询等措施，为现代产业学院的发展提供便捷高效的服务。这有助于学院更好地聚焦于教学和科研工作，减少不必要的行政负担。其次，政府还通过举办各类交流活动、搭建合作平台等方式，促进现代产业学院与政府、企业、学术界之间的交流与合作。这些活动不仅为学院带来了更多的合作机会和发展资源，还促进了知识、技术、信息的自由流动和共享，为学院的创新发展注入了新的活力。

政府在现代产业学院发展过程中的支持力度是全面而深入的。从资金支持到资源配置再到环境营造，政府通过一系列切实有效的措施，为现代产业学院提供了坚实的后盾和广阔的发展空间。这种全方位的支持不仅促进了现代产业学院的快速发展和繁荣，也为推动区域经济转型升级、提升国家竞争力做出了重要贡献。

（三）多方共建、共享、共赢局面的形成

在现代产业学院这一创新教育模式的发展进程中，政府的有效引导与支持如同催化剂，加速了政府、产业与学术界之间的深度融合，共同绘制了一幅共建、共享、共赢的宏伟蓝图。这一局面的形成，不仅标志着现代产业学院步入了发展的新阶段,也为地方经济的转型升级和国家的创新驱动发展战略注入了强劲动力。

1. 共同参与:构建多元主体合作框架

政府、产业与学术界作为现代产业学院发展的三大核心主体,各自拥有独特的资源和优势。政府的政策导向和资源配置能力、产业的实践经验和市场洞察力、学术界的科研实力和创新精神,三者相互补充、相互促进,共同构成了现代产业学院发展的坚实基石。在这一框架下,各方积极参与学院的规划、建设与管理,通过定期召开联席会议、设立联合工作组等方式,加强沟通协调,确保各项工作的顺利推进。

2. 共同建设:整合资源,优化布局

在共同参与的基础上,政府、产业与学术界围绕现代产业学院的发展目标,共同整合资源、优化布局。政府通过政策引导和资金支持,为学院的发展提供有力保障;产业界则通过提供实习实训基地、参与课程开发、联合开展科研项目等方式,将最新的技术成果和产业需求融入教学过程;学术界则发挥其科研优势,推动产学研深度融合,促进知识创新和技术转化。这种资源整合和布局优化,不仅提升了学院的办学水平和创新能力,也促进了产业链、创新链与人才链的深度融合。

3. 共同分享:实现成果共享与利益共赢

在现代产业学院的发展过程中,各方不仅共同投入资源、共同建设学院,还积极分享成果、实现利益共赢。学院通过与企业合作开展科研项目、提供技术咨询和服务等方式,将科研成果转化为实际生产力,为企业创造经济效益;同时,企业也通过参与学院的教学活动、提供实习实训机会等方式,培养了一批批符合市场需求的高素质技术技能人才。此外,学院还通过举办学术论坛、科研成果展览等活动,促进学术成果的交流与共享,提升了学院的知名度和影响力。这种成果共享与利益共赢的模式,不仅激发了各方的积极性和创造力,也推动了现代产业学院与区域经济的协同发展。

4. 共赢局面:推动区域经济与产业升级

多方共建、共享、共赢局面的形成,不仅为现代产业学院的发展注入了新的活力与动力,也为地方经济的转型升级和产业升级提供了有力支撑。通过产学研深度融合和人才培养模式的创新,现代产业学院不断输出高素质的技术技能人才和科技创新成果,为地方经济的持续健康发展提供了重要的人才保障和智力支持。同时,学院还通过与企业合作开展技术创新和产业升级项目等方式,推动传统产业转型升级和新兴产业培育发展,为区域经济的结构优化和产业升级做出了积极贡献。

多方共建、共享、共赢局面的形成是现代产业学院发展的重要里程碑。它不仅标志着学院办学水平和创新能力的显著提升,也为政府、产业与学术界之间的深度合作提供了宝贵的经验和借鉴。未来,随着这一局面的不断深化和完善,现代产业学院必将在推动区域经济发展和国家创新驱动发展战略中发挥更加重要的作用。

二、产业的深度参与

在现代产业学院的建设蓝图中,产业界的深度参与是不可或缺的一环,它不仅为学院注入了实践导向的活力,也为产业的未来发展培育了源源不断的人才与创新动能。这种深度的融合体现在以下多个关键领域:

(一)专业设置与课程设计

在现代产业学院的教育体系中,专业设置与课程设计是连接理论知识与实践应用的桥梁,直接关系到学生未来职业发展的方向与质量。因此,产业界的深度参与显得尤为重要,它不仅能够确保学院教育的时效性和实用性,还能促进产学研的紧密结合,共同培养符合市场需求的高素质人才。

1. 专业设置的前瞻性与实用性

(1)市场需求导向:产业界作为市场的前沿阵地,对行业发展趋势、市场需求变化有着敏锐的洞察力。因此,在专业设置过程中,产业界的参与能够确保学院紧跟市场步伐,根据行业需求调整专业设置,避免教育资源的浪费和人才培养的盲目性。通过共同分析市场需求,预测行业未来走向,学院能够精准定位专业方向,培养出更多符合市场需求的专业人才。

(2)前瞻性布局:除了满足当前市场需求外,产业界还能凭借其丰富的行业经验和前瞻性的眼光，为学院提供专业设置的建议。这有助于学院在专业设置上保持一定的前瞻性，提前布局未来可能兴起的领域或方向，为学生未来的职业发展预留更广阔的空间。

2. **课程设计的实践性与创新性**

（1）融入实践经验：产业界在长期的生产经营过程中积累了丰富的实践经验，这些经验对于提升课程教学的实用性和针对性具有重要意义。通过将行业标准、企业规范、技术前沿等内容融入课程体系，产业界能够帮助学生更好地理解理论知识在实际工作中的应用场景，增强学生的职业适应性和竞争力。同时，这种实践经验的融入还能激发学生的学习兴趣和动力，提高教学效果。

（2）推动课程创新：随着科技的飞速发展和行业的不断变革，课程内容的更新换代也日益加快。产业界的参与能够推动学院在课程设计上不断创新，引入新的教学理念、教学方法和教学手段。例如，通过与企业合作开发在线课程、虚拟仿真实验等教学资源，学院能够为学生提供更加丰富多样的学习体验；同时，通过邀请企业专家进校授课、举办专题讲座等方式，学院还能让学生了解行业最新动态和技术前沿，拓宽学生的视野和知识面。

3. **协同共创的深远意义**

产业界与学院在专业设置与课程设计上的深度融合，不仅有助于提升学院教育的质量和水平，还能促进产学研的紧密结合和协同发展。通过共同分析市场需求、预测行业未来走向、融入实践经验、推动课程创新等措施，产业界与学院能够形成合力，共同培养出更多符合市场需求的高素质人才。同时，这种合作模式还能为企业的技术创新和产业升级提供有力的人才支撑和智力支持，推动地方经济的持续健康发展。

（二）实践教学的深度融入

在现代产业学院的教育体系中，实践教学的深度融入不仅是其区别于传统教育模式的重要特征之一，更是培养学生实践能力、创新精神和职业素养的关键环节。产业界作为实践教学的重要参与者，通过提供实习实训基地、项目合作、案例分析等多种方式，为学生搭建了从理论到实践、再从实践反哺理论的桥梁，构建了一个知行合一的学习生态。

1. 实习实训基地：真实工作环境的模拟

实习实训基地是实践教学的重要载体，它们为学生提供了一个将理论知识转化为实践技能的平台。产业界通过投资建设或合作共建这些基地，不仅为学生配备了与行业接轨的先进设备和技术，还模拟了真实的工作环境和工作流程。在这样的环境中，学生能够亲身体验到职业岗位的实际要求，通过动手操作、团队协作等方式，掌握专业技能和职业素养。这种实践经验的积累，对于学生未来步入职场、适应工作环境具有重要意义。

2. 项目合作：实际问题的挑战与解决

项目合作是实践教学深度融入的另一种重要形式。企业可以将自身在生产经营过程中遇到的实际问题转化为教学项目，与学院共同开展研究。学生在参与项目的过程中，需要运用所学知识进行分析、设计、实施和评估，这不仅锻炼了学生的专业技能和团队协作能力，还激发了他们的创新思维和解决问题的能力。同时，项目合作还能够促进产学研的深度融合，推动企业的技术创新和产业升级。

3. 案例分析：经验传承与智慧启迪

案例分析是实践教学中的一种常用方法，它通过对实际工作中的典型案例进行深入剖析，引导学生从中汲取经验和教训。产业界可以提供丰富的案例资源，包括成功案例、失败案例以及行业内的经典案例等。通过对这些案例的学习和分析，学生能够更好地理解理论知识在实际工作中的应用场景和限制条件，掌握解决实际问题的思路和方法。此外，案例分析还能够帮助学生树立正确的职业观念和价值观，培养他们的职业素养和道德意识。

4. 激发创新思维与解决问题的能力

实践教学的深度融入，不仅关注学生专业技能的培养，更注重其创新思维和解决问题能力的提升。在实习实训基地和项目合作中，学生需要面对各种未知的挑战和不确定性因素，这迫使他们不断思考、尝试和创新。同时，企业导师和学院教师的指导与反馈，也能够帮助学生及时发现和纠正问题，不断优化和完善解决方案。这种过程不仅锻炼了学生的创新思维和解决问题的能力，还培养了他们的自信心和应对复杂情况的能力。

实践教学的深度融入是现代产业学院教育的重要特色之一。通过实习实训基地的建设、项目合作的开展以及案例分析的引入等多种方式，产业界与学院共同构建了一个知行合一的学习生态。在这个生态中，学生不仅能够掌握扎实的专业技能和职业素养，还能够培养创新思维和解决问题的能力，为未来的职业发展奠定坚实的基础。

（三）资源与平台的共享

在现代产业学院的发展模式中，资源与平台的共享是深化产学研合作、促进教育链、人才链与产业链、创新链有效衔接的关键环节。产业界与学院通过共建共享各类资源平台，不仅实现了资源的优化配置和高效利用，还促进了知识的流动、技术的创新和人才的成长，共同构建了一个互利共赢的生态系统。

1. 物质资源的共享与优化

首先，产业界为学院提供了宝贵的物质资源支持，包括实习实训基地、实验设备等。这些资源为学生提供了将理论知识应用于实践的机会，帮助他们更好地掌握专业技能和职业素养。同时，学院也利用自身的教学科研优势，对这些资源进行科学合理的配置和管理，确保其能够充分发挥效用。通过共享这些物质资源，产业界与学院共同降低了运营成本，提高了资源利用效率，实现了资源的优化配置。

2. 共建共享平台的搭建与运营

为了进一步促进产学研的深度融合，产业界与学院还共同搭建了技术研发中心、创新实验室、产业孵化器等平台。这些平台不仅为学院师生和企业员工提供了交流合作的空间，还为他们提供了进行技术研发、产品创新、成果转化等活动的必要条件。在平台上，各方可以共享最新的科研成果、技术信息和市场信息，共同解决技术难题和市场挑战。同时，平台还为企业提供了人才储备和技术支持的渠道，有助于企业吸引和培养优秀人才，推动企业的转型升级和可持续发展。

3. 知识与技术的共享与创新

资源与平台的共享不仅限于物质层面，更重要的是知识和技术的共享与创新。在平台上，学院师生和企业员工可以围绕共同的研究课题或技术难题进行深入交流与合作，分享彼此的研究成果和经验教训。这种知识的共享不仅有助于解决具体问题，还能够激发新的创新灵感和思路。同时，平台还促进了技术的交叉融合和协同创新，推动了新技术、新工艺、新产品的不断涌现。这些创新成果不仅提升了学院的科研水平和影响力，也为企业带来了实实在在的经济效益和社会效益。

4. 推动企业的转型升级与可持续发展

资源与平台的共享不仅有利于学院和企业的共同发展，还推动了企业的转型升级和可持续发展。通过参与共建共享平台，企业能够接触到更多的创新资源和人才资源，有助于其加快技术创新和产品升级的步伐。同时，平台还为企业提供了市场拓展和品牌推广的渠道，有助于其扩大市场份额和提升品牌影响力。此外，平台还促进了企业与学院之间的深度合作和长期合作关系的建立，为企业提供了稳定的人才输送和技术支持渠道，为其可持续发展奠定了坚实的基础。

资源与平台的共享是现代产业学院发展中不可或缺的一环。通过共建共享各类资源平台，产业界与学院共同构建了一个互利共赢的生态系统，促进了知识的流动、技术的创新和人才的成长。这种共享模式不仅提升了学院的办学水平和科研实力，也推动了企业的转型升级和可持续发展，为地方经济的繁荣和社会的进步做出了积极贡献。

三、学术的创新引领

学术界在现代产业学院中扮演着创新引领者的角色，其强大的科研能力和丰富的学术资源为学院的持续发展和产业的转型升级提供了强有力的支撑。

（一）前沿科学研究与技术创新

在当今快速变化的科技时代，前沿科学研究与技术创新已成为推动社会进步和产业升级的重要力量。学院作为知识创新的高地，依托高校的丰富学术资源，积极投身于这一领域，不仅致力于探索学科前沿，更紧密关联产业需求，将科研成果转化为实际生产力，为企业和社会创造价值。

1. 学科前沿的积极探索

学院聚焦学科领域的最新进展，鼓励师生追踪国际学术动态，开展原创性、探索性的科学研究。通过设立专项基金、搭建科研平台、引进高层次人才等措施，学院为前沿科学研究提供了坚实的支撑。这些研究不仅拓展了学科的知识边界，也为技术创新奠定了坚实的理论基础。

2. 产业需求的紧密结合

学院在追求学科前沿的同时，始终关注产业需求，致力于将科研成果转化为实际应用。通过与企业建立紧密的合作关系，学院能够及时了解产业发展的痛点和难点，为科研方向的选择提供有力指导。同时，学院还积极参与企业的技术研发项目，针对企业实际需求开展技术攻关，为企业提供技术支持和解决方案。这种产学研深度融合的模式，不仅加快了科研成果的转化速度，也提升了企业的技术水平和市场竞争力。

3. 科研成果的快速转化

学院与企业之间的紧密合作，为科研成果的快速转化提供了有力保障。学院通过建立科技成果转化机制，加强与企业、政府部门、投资机构的沟通与合作，推动科研成果从实验室走向市场。同时，学院还积极培育孵化科技型企业，为科研成果的商业化应用提供全链条服务。这些举措不仅促进了学院科研成果的转化和产业化，也为地方经济的发展注入了新的活力。

4. 师生参与企业的技术研发项目

学院鼓励师生积极参与企业的技术研发项目，通过与企业共同开展科研活动，实现产学研的深度融合。师生在参与企业项目的过程中，不仅能够将所学知识应用于实践，提升解决实际问题的能力，还能够深入了解企业的运营模式和市场需求，为未来的职业发展积累宝贵经验。同时，企业的参与也为学院带来了更多的实践案例和教学资源，促进了教学质量的提升和人才培养模式的创新。

5. 产学研深度融合的深远影响

前沿科学研究与技术创新的深度融合，不仅推动了学院科研水平的提升和科研成果的转化，也为企业的技术进步和产品升级提供了有力支持。这种合作模式促进了知识、技术、人才等要素的流动和优化配置，提高了整个社会的创新能力和竞争力。同时，它还促进了学院与企业的相互理解和信任，为双方未来的深度合作奠定了坚实基础。展望未来，随着科技的不断进步和产业的不断升级，前沿科学研究与技术创新的深度融合将发挥更加重要的作用，为经济社会的高质量发展注入新的动力。

（二）技术咨询与人才培养

在现代经济体系中，技术创新与人才发展是推动产业转型升级和可持续发展的核心要素。学院作为知识传承与创新的重要载体，应充分发挥其专业优势和技术实力，通过技术咨询与人才培养两大支柱，为企业发展注入强劲动力，实现学院与企业的共赢发展。

1. 技术咨询：精准对接企业需求

学院利用深厚的学术积淀和前沿的技术视野，为企业提供全方位、定制化的技术咨询服务。这些服务包括但不限于以下几个方面：

（1）定制化培训方案：针对企业特定岗位或业务需求，学院设计并实施个性化的培训课程，帮助企业员工快速掌握新技能、新知识，提升工作效率和创新能力。

（2）技术讲座与研讨会：定期举办行业前沿技术讲座、专题研讨会等活动，邀请专家学者、企业代表分享最新研究成果和实践经验，促进企业间的技术交流与合作，拓宽企业视野。

（3）项目咨询与规划：为企业提供项目可行性分析、技术路线规划、风险评估等咨询服务，助力企业科学决策，规避潜在风险，确保项目顺利实施。

通过技术咨询，学院不仅帮助企业解决了实际技术难题，还促进了产学研之间的深度融合，加速了科技成果的转化和应用。

2. 人才培养：构建高素质技术技能人才队伍

学院与企业合作，共同构建高素质技术技能人才的培养体系，为企业发展提供源源不断的人才支持。具体措施包括：

（1）校企合作科研项目：学院与企业联合申报科研项目，共同开展技术研发和创新活动。在项目实施过程中，学生有机会参与到真实的企业项目中，通过实践锻炼提升专业技能和创新能力。

（2）共建研发中心：学院与企业合作共建研发中心或实验室，实现资源共享、优势互补。在研发中心内，学生可以接触到行业前沿的技术和设备，与企业技术人员共同开展研究工作，加速从理论到实践的转化过程。

（3）实习实训与就业对接：学院与企业建立紧密的实习实训合作关系，为学生提供丰富的实践机会和就业岗位。通过实习实训，学生可以深入了解企业文化、岗位需求和行业发展趋势，为未来的职业生涯做好充分准备。

通过人才培养合作，学院不仅为企业输送了大量高素质的技术技能人才，还促进了学生实践能力和创新精神的培养，为学生的全面发展奠定了坚实基础。

3. 共赢发展：推动产业转型升级和可持续发展

技术咨询与人才培养的深度融合，不仅提升了企业的技术水平和市场竞争力，还推动了产业的转型升级和可持续发展。一方面，企业通过获得学院的技术支持和人才支持，能够更快地适应市场变化和技术变革，实现产品升级和服务创新；另一方面，学院通过与企业合作开展科研项目和人才培养工作，不断丰富教学内容和教学方法，提升教学质量和科研水平。这种共赢发展的模式，为经济社会的高质量发展注入了新的动力。

（三）培养学生的创新意识和实践能力

在快速变化的现代社会中，创新与实践能力已成为衡量人才价值的重要标尺，也是推动社会进步和产业升级的关键要素。学院作为培养未来产业领袖和技术精英的摇篮，深刻认识到培养学生创新意识和实践能力的重要性，并将其视为教育的核心目标之一。

1. 开设创新课程，激发创新思维

学院积极调整课程设置，融入创新元素，开设了一系列旨在激发学生创新思维和创造潜能的创新课程。这些课程不仅涵盖了传统学科的基础理论，还融入了跨学科的知识和方法，鼓励学生打破思维定势，勇于探索未知领域。通过案例分析、小组讨论、项目式学习等多样化的教学方式，引导学生主动思考、积极交流，培养批判性思维和解决问题的能力。

2. 组织创新竞赛，搭建展示平台

学院定期举办各类创新竞赛，如科技创新大赛、创业计划大赛、设计竞赛等，为学生提供一个展示自己创新成果和才华的舞台。这些竞赛不仅考验了学生的专业知识和技能，更重要的是锻炼了他们的团队协作能力、创新思维和抗压能力。在竞赛过程中，学生们需要面对各种挑战和困难，通过不断尝试和迭代，最终完成作品并接受专家评审和观众检验。这种实战演练不仅提升了学生的实践能力和综合素质，还为他们未来的职业发展积累了宝贵经验。

3. 建立创新实验室，提供实践空间

学院高度重视实验室建设，特别是创新实验室的打造。这些实验室配备了先进的仪器设备和丰富的实验材料，为学生提供了充足的实践空间和资源支持。在创新实验室中，学生们可以自由地开展实验研究、技术开发和产品设计等活动。实验室还配备了专业的指导教师和技术支持团队，为学生提供必要的指导和帮助。通过参与实验室项目，学生们不仅能够深化对专业知识的理解和掌握，还能够培养自己的动手能力和创新精神。

4. 鼓励参与科研项目和实践活动

学院鼓励学生积极参与科研项目和实践活动，将所学知识应用于实际问题解决中。学院与企业和科研机构建立广泛的合作关系，为学生提供丰富的科研和实践机会。学生们可以参与到导师的科研项目中，承担一定的研究任务；也可以参与到企业的技术研发和产品创新中，为企业解决实际问题。此外，学院还可以组织学生参加社会实践、志愿服务等活动，让学生在实践中了解社会、服务社会、增长才干。

5. 以学生为中心的教学模式

学院始终坚持以学生为中心的教学理念，尊重学生的个性差异和兴趣爱好，注重培养学生的自主学习能力和终身学习习惯。在教学过程中，学院注重启发式教学和探究式学习，鼓励学生主动思考、积极提问、勇于探索。同时，学院还建立了完善的学生评价和反馈机制，及时了解学生的学习情况和需求，不断优化教学内容和方法。这种以学生为中心的教学模式不仅提高了学生的综合素质和就业竞争力，也为社会的创新发展贡献了宝贵的人才资源。

第六章
职业教育校企深度融合模式改革

在职业教育领域，校企深度融合已成为提升教育质量、促进产业升级的重要途径。本章将详细阐述职业教育校企深度融合模式的几项关键改革措施，包括主体化改革、以就业为导向的教学体系改革、"双证制"实施、现代学徒制探索以及"小实体大平台"校企合作模式的改革与实践。

第一节 主体化改革：激发教育活力

在当今快速变化的社会经济环境中，教育体系面临着前所未有的挑战与机遇。传统教育模式往往侧重于学校的单一主体地位，忽视了社会各界在人才培养中的重要作用。主体化改革作为应对这一挑战的重要策略，旨在通过构建多元主体共同参与、协同育人的新格局，全面激发教育活力，促进教育与经济社会的深度融合。

一、明确各方职责，构建共治共享的教育生态

在当今快速发展的社会背景下，教育已不再仅仅是学校的独角戏，而是需要学校、企业、政府及社会机构等多方共同参与、协同努力的复杂系统。为了构建一个高效、和谐、可持续发展的教育生态，明确并强化各方职责显得尤为重要。

（一）学校：核心教育主体的角色强化

学校作为教育活动的核心场所，其角色不仅仅局限于知识的传授者，更是学生能力培养、价值观塑造及综合素质提升的摇篮。在主体化改革中，学校需从以下几个方面强化其教育主体角色：

（1）明确教育目标：学校应紧跟时代步伐，将培养具有创新精神、实践能力、国际视野和社会责任感的高素质人才作为核心教育目标。这意味着教育不再仅仅关注分数和升学率，而是更加注重学生的全面发展。

（2）优化课程体系：学校应根据市场需求和学生兴趣，灵活调整课程设置，增加跨学科、实践性和创新性的课程内容。同时，鼓励教师探索新的教学方法和手段，如项目式学习、翻转课堂等，以激发学生的学习兴趣和主动性。

（3）拓宽教育资源：学校应积极寻求与企业、政府及社会的合作机会，通过共建实训基地、引入企业导师、开展联合科研项目等方式，拓宽教育资源渠道，为学生提供更加丰富多样的学习体验和实践机会。

（4）强化师资队伍：教师是教育质量的关键。学校应加大对教师队伍的培养和引进力度，提升教师的专业素养和教学能力。同时，鼓励教师参与企业实践、国际交流等活动，拓宽视野，增强实践能力。

（二）企业：人才培养的重要伙伴

企业在市场经济中扮演着重要角色，对人才的需求有着最直接、最敏锐的感受。因此，在主体化改革中，企业应被赋予更多参与人才培养的权力和责任。具体包括以下几个方面：

（1）参与人才培养全过程：企业可以通过与学校合作，参与到专业设置、课程开发、实践教学等关键环节中来。根据市场需求和行业发展趋势，为学校提供宝贵的建议和反馈，确保教育内容与市场需求的有效对接。

（2）提供实习实训机会：企业可以为学生提供真实的职业体验和实践机会，如设立实习基地、提供实习岗位等。这不仅有助于学生将所学知识应用于实际工作中，还能帮助学生了解企业文化和行业规范，为其未来的职业生涯奠定坚实基础。

（3）联合研发项目：企业可以与学校联合开展科研项目和技术攻关，共同解决行业难题。这种合作模式不仅有助于推动科技进步和产业升级，还能培养学生的科研能力和团队协作精神。

（三）政府：政策引导与监管服务的双重角色

政府在主体化改革中发挥着至关重要的作用。一方面，政府需要制定和实施一系列有利于教育发展的政策措施；另一方面，政府还需加强对教育市场的监管。

（1）制定政策措施：政府应根据教育发展的实际情况和未来趋势，制定科学合理的政策措施。如通过税收优惠、资金扶持等方式激励学校和企业积极参与教育改革；通过设立专项基金支持教育创新项目等。

（2）加强市场监管：政府应建立健全的教育市场监管机制和评估体系，确保教育活动的公平、公正和有序进行。对于违规办学、虚假宣传等行为要依法严惩不贷；对于教育质量低下的机构要及时督促整改或取缔。

（3）推动教育公平：政府还应关注教育公平问题，通过加大对农村和贫困地区教育的投入力度、实施特殊教育政策等方式缩小城乡、区域、校际之间的教育差距。

（四）社会机构：评价与监督的独立第三方

社会机构作为独立于学校、企业和政府之外的第三方力量，在主体化改革中扮演着重要的评价和监督角色。

（1）客观评价教育质量：社会机构可以通过制定科学合理的评价标准和方法体系对教育质量进行客观公正的评价。这有助于提升教育的透明度和公信力，促进教育质量的不断提升。

（2）加强社会监督：社会机构还可以通过建立投诉举报机制、开展社会调查等方式加强对教育活动的监督力度。这有助于及时发现和纠正教育改革中的问题和偏差，保障教育事业的健康发展。

（3）促进教育交流与合作：社会机构还可以组织各种形式的教育交流与合作活动，如论坛、研讨会等，为学校、企业和政府等各方提供交流和合作的平台。这有助于增进各方之间的了解和信任，推动教育生态的和谐稳定发展。

二、创新管理机制，促进教育链与产业链的深度融合

在当今快速变化的经济环境中，教育链与产业链的深度融合已成为推动教育与经济协调发展的关键。为了实现这一目标，创新管理机制显得尤为重要。通过建立校企联合管理委员会或理事会，并共同参与关键环节的管理，我们可以有效促进教育与产业的深度融合，为培养符合市场需求的高素质人才提供有力保障。

（一）建立校企联合管理委员会或理事会

（1）机构的设立与构成：校企联合管理委员会或理事会是一个由学校和企业双方代表共同组成的高层次决策机构。其成员应包括学校的校长、教务处长、院系领导等关键岗位人员，以及企业的董事长、总经理、技术总监等高

层管理人员。这样的组合确保了决策层面的广泛代表性和深入交流的可能性。

（2）职能定位：该机构的主要职责是协商制定教育发展规划、专业设置方案、课程开发计划等核心事项。它不仅是学校与企业之间的桥梁和纽带，更是推动双方深度合作与共赢的重要平台。通过定期召开会议、交流信息、共享资源等方式，校企双方可以深入了解彼此的需求和期望，共同探索教育链与产业链深度融合的新路径。

（3）运作机制：为确保校企联合管理委员会或理事会的有效运作，需要建立健全的工作制度和议事规则。例如，明确会议召开的时间、地点、议程等具体事项；规定决策事项的表决方式和通过标准；建立信息沟通机制，确保双方能够及时掌握对方的发展动态和合作进展。

（二）共同参与关键环节的管理

（1）学校规划与专业设置：在校企联合管理委员会或理事会的指导下，学校可以更加精准地把握市场需求和产业发展趋势，科学制定学校发展规划和专业设置方案。通过邀请企业专家参与论证和咨询，学校可以及时调整和优化专业设置，确保所开设的专业与市场需求高度契合，为学生提供更加广阔的就业前景和发展空间。

（2）课程开发与教学资源：课程是教育教学的核心要素之一。为了提升教育内容的实用性和针对性，学校可以邀请企业专家参与课程设计和教学资源的开发工作。企业专家可以根据自身的工作经验和实际需求，为课程设计提供宝贵的建议和反馈。同时，学校还可以引入企业的真实案例和项目来丰富教学内容和形式，使学生能够更加直观地了解行业动态和市场需求。

（3）教学实施与实践教学：在教学实施过程中，学校可以积极探索与企业合作的新模式和新途径。例如，通过校企共建实训基地、实习实训基地等方式，为学生提供更加真实的职业体验和实践机会。同时，学校还可以邀请企业专家来校授课或开展专题讲座等活动，使学生能够更加深入地了解企业文化和行业规范。这些措施不仅有助于提升学生的实践能力和职业素养，还有助于增强他们的就业竞争力和社会适应能力。

（4）质量评价与反馈机制：质量评价是保障教育质量的重要手段之一。为了建立更加客观、公正的评价体系，学校可以邀请企业和社会第三方机构共同参与质量评价工作。通过制定科学合理的评价指标和方法体系，对教育质量进行全面、深入的评价和分析。同时，建立有效的反馈机制，确保评价结果能够及时传达给相关方面并得到有效利用。这将有助于学校及时发现问题、改进工作并不断提升教育质量水平。

总之，通过建立校企联合管理委员会或理事会并共同参与关键环节的管理等措施，可以有效地促进教育链与产业链的深度融合。这不仅有助于提升教育资源的利用效率和教育质量的整体水平，还有助于培养更多符合市场需求的高素质人才，为经济社会发展提供有力支撑。

三、激发内生动力，推动教育事业的持续发展

在推动教育事业持续发展的过程中，激发内生动力是关键环节。通过创新激励机制和促进教育与实践的深度融合，我们可以有效激发学校、企业及教师等各方参与职业教育的积极性和创造力，为教育事业的蓬勃发展注入强劲动力。

（一）股权激励与收益分配机制

（1）机制设计与实施：股权激励与收益分配机制是一种创新的合作模式，旨在将企业的经济利益与职业教育的质量提升紧密联系起来。具体而言，可以允许企业通过投资职业教育项目获得一定的股权比例或参与项目的收益分配。这样，企业在职业教育中的投入将不再是资金或资源的单向输出，而是成为一种长期的投资行为，其收益与职业教育项目的成功直接相关。

（2）激发企业积极性：该机制能够有效激发企业参与职业教育的积极性。因为当企业意识到其投资能够带来直接的经济回报时，它们将更加关注职业教育的质量和效果，愿意投入更多的资源和精力来支持职业教育的发展。这种"利益共享、风险共担"的合作模式，有助于形成校企双方长期稳定的合作关系和利益共同体。

（3）促进教育质量的提升：股权激励与收益分配机制还有助于提升职业教育的质量。因为企业作为职业教育的直接受益者之一，将更加注重教育内容与市场需求的契合度以及毕业生的实际工作能力。这将促使学校不断优化课

程设置、改进教学方法、加强实践教学环节等,以确保所培养的人才能够满足企业的实际需求。

(二)鼓励教师到企业兼职或创业

(1)增强教师实践能力:鼓励学校教师到企业兼职或创业是提升教师实践能力的重要途径。通过深入企业一线了解市场需求和技术动态,教师可以更加直观地感受到行业发展的脉搏和趋势,从而将最新的知识和技能引入课堂教学之中。这种实践经验的积累将极大地丰富教师的教学内容和方法,使其更加贴近实际、生动有趣。

(2)促进校企深度融合:教师到企业兼职或创业还有助于促进教育链与产业链的深度融合。因为教师在企业中的工作不仅限于教学和科研活动,还可能涉及到企业的技术研发、产品升级等核心业务领域。这种深度的参与将使教师能够更加全面地了解企业的运作机制和市场需求,从而在教学过程中更加注重培养学生的实践能力和创新精神。同时,教师还可以利用自己的专业知识和技术优势为企业解决实际问题或开展技术创新活动,实现校企双方的互利共赢。

(3)提升教师个人价值:对于教师个人而言,到企业兼职或创业也是一种实现个人价值和社会价值的重要途径。通过参与企业的实际工作和技术创新活动,教师可以不断提升自己的专业素养和综合能力水平,成为行业内的专家和领军人物。此外,教师还可以将自己在企业中的经验和成果带回学校分享给更多的学生和同行,推动整个教育事业的进步和发展。

股权激励与收益分配机制以及鼓励教师到企业兼职或创业等措施是激发内生动力、推动教育事业持续发展的重要手段。这些措施不仅有助于激发企业参与职业教育的积极性、提升职业教育的质量水平,还有助于增强教师的实践能力和市场敏锐度、促进校企双方的深度融合和互利共赢,最终实现教育事业的蓬勃发展和社会经济的全面进步。

综上所述,主体化改革通过明确各方职责、创新管理机制和激发内生动力等措施,可以有效打破传统教育体系中学校单一主体的局面,构建学校、企业、政府及社会多元主体共同参与、协同育人的新格局。这不仅有助于提升教育质量和效率,还有助于促进教育与经济社会的深度融合和协调发展。

第二节 以就业为导向的教学体系改革

在当今快速发展的经济环境中,教育体系的改革必须紧密围绕市场需求,以就业为导向,确保培养出的学生能够迅速适应并贡献于社会。以就业为导向的教学体系改革,不仅是对传统教学模式的革新,更是对教育理念的深刻转变,它要求教育内容与职业标准紧密对接,教学方法与岗位需求高度匹配,从而培养出既具备扎实理论基础又拥有卓越实践能力的高素质技能型人才。

一、动态调整专业设置:紧跟时代步伐,精准对接市场需求

在快速变化的现代社会中,教育作为推动社会进步与经济发展的重要力量,其专业设置与市场需求之间的契合度直接影响着人才培养的成效与社会的整体福祉。因此,以就业为导向的教学体系改革,首要且核心的任务便是实现专业设置的动态调整,确保教育内容与行业发展的脉搏同频共振,精准对接市场需求,为学生铺设一条从校园到职场的顺畅通道。

(一)市场洞察:预见趋势,把握先机

教育机构需建立起一套高效的市场洞察机制,这包括但不限于定期的行业调研、企业走访、就业市场分析报告等多元化手段。通过这些活动,学校能够深入了解不同行业的最新动态、发展趋势以及未来可能的人才需求变化。特别是对那些新兴产业、高新技术产业以及具有潜力的细分领域,学校应给予高度关注,因为这些领域往往代表着未来经济发展的方向和就业市场的热点。

(二)数据驱动:科学决策,精准定位

在收集到大量市场数据后,学校需运用先进的数据分析工具和技术,对数

据进行深入挖掘和分析，以揭示隐藏的市场规律和趋势。这些数据可以包括但不限于行业增长率、就业岗位需求、薪资水平、毕业生就业率及就业质量等关键指标。通过数据分析，学校能够更加科学地预测未来市场需求，并据此对专业设置进行精准定位和调整。例如，对于需求增长迅速的专业，学校可以适当扩大招生规模；而对于需求萎缩或就业前景不明朗的专业，则应及时进行缩减或调整方向。

（三）灵活应变：快速响应，持续优化

市场需求是不断变化的，因此专业设置的调整也需要具备高度的灵活性和应变能力。学校应建立一种快速响应机制，能够根据市场变化及时调整专业设置和教学内容。这要求学校不仅要有敏锐的市场嗅觉，还要有敢于创新、勇于尝试的精神。同时，学校还应建立一种持续改进和优化专业设置的机制，通过定期评估、反馈调整等方式，不断优化专业结构和课程体系，确保人才培养质量与社会需求始终保持高度一致。

（四）前瞻布局：引领未来，培养精英

除了紧跟市场需求外，学校还应具备前瞻性的战略眼光，能够预见未来行业的发展趋势和人才需求变化。通过深入研究行业发展趋势、技术创新方向以及国家政策导向等因素，学校可以提前布局一些具有前瞻性的专业方向或交叉学科领域。这些专业方向或领域虽然在当前可能尚未形成明显的市场需求或就业热点，但它们代表着未来产业发展的方向和趋势，对于培养具有创新精神和未来视野的高素质人才具有重要意义。

（五）协同合作：产学融合，共赢发展

在专业设置动态调整的过程中，学校还应积极寻求与企业的深度合作与协同。通过与企业建立紧密的合作关系，学校可以更加直接地了解企业的用人需求和标准，从而更加精准地调整专业设置和教学内容。同时，学校还可以邀请企业参与人才培养方案的制定和实施过程，共同打造符合市场需求的高素质技能型人才。这种产学融合的模式不仅有助于提升学生的就业竞争力，还能促进企业与学校之间的互利共赢和共同发展。

二、课程与岗位对接：深度融合产业与教育，实现无缝衔接

在教育体系中，课程不仅是知识的传递者，更是技能培养与职业素养塑造的基石。面对日益激烈的就业竞争和快速变化的市场需求，以就业为导向的教学体系改革尤为关键的一环在于实现课程与职业岗位的深度对接。这一目标的实现，需要学校、企业及社会各界的共同努力，共同构建一个深度融合产业与教育、实现无缝衔接的人才培养生态体系。

（一）企业专家深度参与课程开发

为了确保课程内容的时效性和实用性，学校应积极拓宽视野，主动邀请企业专家参与到课程开发的全过程中来。企业专家作为行业内的佼佼者，他们不仅掌握着最前沿的技术动态和市场趋势，还深谙职业岗位的实际需求和工作流程。他们的参与，能够为课程内容的设置提供宝贵的行业视角和实践经验，使课程内容更加贴近实际工作场景，更具针对性和实用性。

在课程开发过程中，企业专家可以参与课程标准的制定、教学内容的规划、教学方法的设计以及教学资源的开发等多个环节。他们可以根据自身的实践经验和对行业发展的理解，为课程注入新的元素和活力，使课程内容更加丰富多彩、生动有趣。同时，他们还可以提供实际案例和项目，让学生在模拟真实工作环境中进行学习和实践，从而更加深入地理解和掌握所学知识。

（二）融入行业最新技术、标准和规范

随着科技的飞速发展，行业内的技术、标准和规范也在不断更新换代。为了确保学生能够掌握最前沿的知识和技能，学校应密切关注行业动态，及时将行业最新技术、标准和规范融入课程内容之中。这不仅可以提高学生的就业竞争力，还为他们未来的职业发展奠定坚实的基础。

在融入行业最新技术、标准和规范的过程中，学校可以与企业建立紧密的合作关系，共同研发符合市场需求的教学内容和教学资源。同时，学校还可以定期组织教师和学生参加行业会议、研讨会和培训班等活动，了解最新的行业动态和技术发展趋势，以便及时调整和优化课程内容。

（三）根据岗位需求变化及时更新课程内容

市场需求是不断变化的，职业岗位的需求也在随之调整。为了确保教育链与产业链的有效对接和深度融合，学校应根据岗位需求的变化及时更新课程内容。这要求学校具备敏锐的市场洞察力和灵活的课程调整机制，能够迅速捕捉到市场需求的变化趋势，并据此对课程内容进行有针对性的调整和优化。

在更新课程内容的过程中，学校应充分考虑岗位的实际需求和未来发展趋势。例如，对于新兴职业岗位或职业领域，学校可以增设相应的课程或课程模块；对于传统职业岗位或职业领域，学校则可以根据市场需求的变化对课程内容进行精简或重组。同时，学校还应注重培养学生的综合素质和创新能力，以适应未来职业发展的多样性和不确定性。

（四）构建产学研用一体化的教学模式

为了实现课程与职业岗位的深度对接和无缝衔接，学校还应积极构建产学研用一体化的教学模式。这种教学模式将教学、科研、产业和实际应用紧密结合在一起，形成一个相互促进、共同发展的有机整体。

在产学研用一体化的教学模式下，学校可以与企业建立长期稳定的合作关系，共同开展教学科研活动和技术创新项目。通过合作研发、联合培养、实习实训等方式，学校可以为企业输送高素质的技能型人才和科研成果；同时，企业也可以为学校提供实践平台和技术支持，促进教学质量的提升和科研成果的转化应用。这种互利共赢的合作模式不仅有助于实现课程与职业岗位的深度对接和无缝衔接，还有助于推动产业与教育的深度融合和共同发展。

三、强化实践教学：构建真实工作场景，提升学生实践能力

在当今这个知识爆炸、技术日新月异的时代，仅仅掌握理论知识已远远不能满足社会对人才的需求。以就业为导向的教学体系改革，深刻认识到实践教学在人才培养中的核心地位，它不仅是连接理论知识与实际应用的桥梁，更是激发学生创造力、培养其解决问题能力的关键所在。因此，强化和优化实践教学环节，构建真实或高度仿真的工作场景，成为教育改革的重要方向。

(一)加大实践教学比重,构建全方位实践体系

学校应从根本上调整教学计划,显著增加实践教学的比重,使理论教学与实践教学相辅相成、相互促进。这要求学校不仅要在课程设置上给予实践教学足够的时间和空间,还要在教学内容、教学方法和评价体系上进行全面改革。通过构建包括课堂实验、课程设计、实习实训、毕业设计等在内的全方位实践体系,确保学生在校期间能够充分接触并参与到各类实践活动中去。

(二)建设高标准校内实训基地,模拟真实工作环境

校内实训基地是实践教学的重要载体,其建设水平直接影响到实践教学的效果。学校应投入充足资源,建设一批高标准、现代化的校内实训基地。这些实训基地应模拟真实或高度仿真的工作环境,配备先进的仪器设备、软件系统和教学资料,使学生能够在接近实际工作的环境中进行技能训练和项目操作。同时,实训基地还应注重与行业的紧密联系,定期引入行业最新技术和标准,确保实践教学的时效性和前瞻性。

(三)拓展校外实习基地,深化校企合作

校外实习基地是实践教学的延伸和补充,它为学生提供了直接参与企业实际项目开发和生产流程管理的机会。学校应积极寻求与企业的合作机会,建立长期稳定的校外实习基地。通过与企业签订合作协议、共同制定实习计划、选派优秀企业导师等方式,确保学生在实习期间能够得到充分的指导和支持。此外,学校还应鼓励学生积极参与企业的技术创新和产品研发活动,将所学知识应用于实际工作中,不断提升自己的实践能力和创新能力。

(四)推行工学交替、任务驱动等教学模式

工学交替和任务驱动是两种非常有效的实践教学模式。工学交替模式通过让学生在学校和企业之间交替学习和工作,实现了理论知识与实践经验的深度融合。这种模式有助于学生更好地理解职业岗位的实际需求和工作流程,提高他们的职业素养和就业竞争力。任务驱动模式则是以具体任务为导向,让学生在完成任务的过程中学习和成长。这种模式能够激发学生的学习兴趣和积极性,培养他们的自主学习能力和团队合作精神。学校应根据专业特点和教学需求,灵活选择并应用这些教学模式,以提高实践教学的效果和质量。

（五）完善实践教学评价体系，确保教学质量

实践教学的效果需要通过科学的评价体系来检验和反馈。学校应建立完善的实践教学评价体系，包括对学生实践能力的考核、对实训基地和实习基地的评估以及对实践教学的整体评价等方面。通过定期开展实践教学检查、组织专家进行评审和反馈、收集学生和企业的意见和建议等方式，不断完善和优化实践教学体系。同时，学校还应将实践教学评价结果与教师的绩效考核和职称评定挂钩，激励教师积极参与实践教学改革和创新工作。

强化实践教学是以就业为导向的教学体系改革的重要组成部分。通过构建全方位实践体系、建设高标准校内实训基地、拓展校外实习基地、推行有效的教学模式以及完善实践教学评价体系等措施的实施，可以显著提升学生的实践能力、创新精神和职业素养，为他们未来的职业发展奠定坚实的基础。

总之，以就业为导向的教学体系改革是一项系统工程，需要学校、企业、政府及社会各界的共同努力和支持。通过动态调整专业设置、课程与岗位对接以及强化实践教学等措施的实施，我们可以构建出一个更加符合市场需求、更加注重实践能力培养的教学体系。这样不仅能够提升学生的就业竞争力和职业发展潜力，还能为社会经济发展提供有力的人才支撑和智力保障。

第三节 "双证制"：认证与能力的双重保障

"双证制"教育模式，作为现代职业教育体系中的一项重要创新，其核心在于将学历证书与职业资格证书并重，旨在培养既拥有深厚理论功底又掌握精湛职业技能的复合型人才。这一制度不仅顺应了社会对高素质技能型人才的迫切需求，也为学生的全面发展与就业创业提供了强有力的支持。

一、课程与考证融合：构建无缝对接的学习路径

在"双证制"教育模式的推动下，课程与考证的深度融合已成为培养高素质技能型人才的重要途径。这一融合策略不仅旨在帮助学生同时获得学历证书与职业资格证书，更重要的是通过这一过程，构建一条从理论学习到实践应用，再到职业认证的无缝对接学习路径。

（一）课程内容重构：精准对接考试要求，强化实践导向

课程内容的重构是实现课程与考证融合的核心。学校需组织专业教师团队，深入研究各类职业资格证书的考试大纲、标准与要求，确保课程内容与考试内容紧密衔接。具体而言，这一过程包括以下几个关键步骤：

（1）知识点梳理与匹配：通过对照考试大纲，对现有专业课程的知识点进行全面梳理，识别出与考试要求高度相关的内容，进行重点强化；同时，对考试中涉及但课程中未覆盖的知识点进行补充和完善。

（2）课程内容优化：基于知识点梳理的结果，对课程内容进行系统性优化。通过调整课程结构、更新教学材料、增加实践案例等方式，使课程内容更加贴近考试实际，增强教学的针对性和实效性。

（3）实践环节强化：为了帮助学生更好地适应考试环境，提升应试能力，

课程设计中应特别注重实践环节的强化。通过增加案例分析、模拟考试、技能实训等实践环节，让学生在模拟真实考试场景中进行学习和练习，从而提高他们的实战能力和心理素质。

（二）教学方法创新：激发学习兴趣，提升实践能力

教学方法的创新是实现课程与考证融合的重要手段。通过采用项目式教学、任务驱动等现代教学方法，可以引导学生在解决实际问题的过程中学习和掌握理论知识与职业技能，从而达到学以致用的目的。

（1）项目式教学：围绕某个具体项目或任务展开教学，让学生在完成项目的过程中逐步掌握相关知识和技能。这种教学方式能够激发学生的学习兴趣和动力，使他们在实践中不断发现问题、解决问题，从而加深对知识的理解和记忆。

（2）任务驱动：教师根据教学目标和考试要求设计一系列任务，引导学生在完成任务的过程中学习和掌握相关知识。这种教学方式能够促使学生主动思考、积极探索，提高他们的自主学习能力和问题解决能力。

（3）翻转课堂：利用现代信息技术手段，如在线课程、微课等，将部分理论知识的学习放在课前进行，课堂上则主要进行讨论、答疑和实践操作。这种教学方式能够增加师生互动的时间，提高课堂教学的效率和效果。

（三）教学资源整合：汇聚三方力量，共筑学习平台

教学资源的整合是实现课程与考证融合的重要保障。学校应充分利用学校、企业和社会三方的优质教学资源，为学生提供更加丰富、多元的学习体验。

（1）学校资源：发挥学校在教学设施、师资力量等方面的优势，为学生提供良好的学习环境和条件。同时，鼓励教师积极参与课程改革和教学研究，不断提升教学质量和水平。

（2）企业资源：加强与企业的合作与交流，邀请行业专家进校授课、举办讲座或工作坊等活动。此外，还可以引入企业真实项目作为教学案例或实训项目，让学生在参与项目的过程中了解行业动态和市场需求，提升他们的职业素养和就业竞争力。

（3）社会资源：充分利用图书馆、博物馆、科技馆等社会公共资源以及在线教育资源平台等网络资源，为学生提供更加广泛的学习资源和机会。同时，鼓励学生参加各类技能竞赛、社会实践等活动，拓宽他们的视野和知识面。

综上所述，课程与考证的融合是一个系统工程，需要学校、教师和学生三方的共同努力和配合。通过课程内容重构、教学方法创新和教学资源整合等措施的实施，可以构建一条从理论学习到实践应用再到职业认证的无缝对接学习路径，为学生的职业发展奠定坚实的基础。

二、强化技能培训：打造高水平的实训基地

在"双证制"教育体系的框架下，技能培训作为连接理论知识与实践操作的关键环节，其重要性不言而喻。它不仅关乎学生个人职业竞争力的塑造，也是衡量学校教育质量和社会适应能力的重要指标。因此，学校必须高度重视实训基地建设，精心规划技能培训课程，并不断优化师资队伍，以打造高水平的技能培训体系，确保学生技能水平达到甚至超越行业标准。

（一）实训基地建设：打造接近真实的职业训练场

实训基地是技能培训的物质基础，其建设水平直接影响学生的训练效果和学习体验。学校应根据专业特点和职业资格证书要求科学规划、精心布局，建设一批设施先进、功能完善、管理规范的实训基地。

（1）先进设备的配备：紧跟行业发展趋势，引进国内外先进的实训设备和技术，确保学生能够在最接近真实工作环境的条件下进行训练。这些设备不仅应满足日常教学需求，还应具备一定的前瞻性和可扩展性，以适应未来技术的发展。

（2）真实环境的模拟：实训基地应模拟真实的工作环境，包括工作流程、操作规范、安全标准等，使学生能够在模拟的职场中感受工作氛围，提升职业素养和团队协作能力。此外，还可以通过虚拟现实（VR）、增强现实（AR）等现代技术手段，为学生创造更加沉浸式的训练体验。

（3）企业化管理：引入企业化管理模式，将实训基地视为一个小型的企业运营单位，实行项目管理、团队协作、绩效考核等制度。这不仅能够提升学

生的职业素养和管理能力，还能帮助他们更好地适应未来的工作环境。

（二）技能培训课程开发：构建全方位技能训练体系

技能培训课程是实训基地的灵魂，其质量直接关系到学生的技能水平和职业发展。学校应紧密结合职业资格证书的考试标准与行业规范，开发一系列针对性强、实用性高的技能培训课程。

（1）课程内容全面覆盖：从基础技能到高级技能，从理论知识到实践操作，课程内容应全面覆盖职业技能的各个方面。同时，还应注重课程之间的衔接和递进关系，形成系统化的技能训练体系。

（2）注重创新思维培养：在传授基本技能和操作方法的基础上，注重培养学生的创新思维和自主学习能力。通过案例分析、项目实践等方式引导学生主动思考、积极探索解决问题的方法和途径。

（3）灵活多样的教学模式：采用项目式教学、任务驱动等现代教学方法，让学生在解决实际问题的过程中学习和掌握技能。同时，还可以利用在线课程、微课等信息技术手段，为学生提供更加灵活多样的学习方式。

（三）技能培训师资培养：打造高素质教学团队

优秀的师资队伍是技能培训质量的根本保障。学校应加强技能培训师资队伍建设，通过多种途径提升教师的教学水平和实战能力。

（1）引进企业专家：积极引进具有丰富实践经验和行业影响力的企业专家作为兼职教师或客座教授，为学生传授最新的行业知识和技能。同时，还可以邀请他们参与课程开发和教学指导等工作，提升课程的实用性和针对性。

（2）选派教师培训：鼓励和支持教师参加各种形式的专业培训和学术交流活动，不断提升他们的专业素养和教学能力。特别是对于新入职的年轻教师，应给予更多的培养和支持，帮助他们快速成长为教学骨干。

（3）建立健全的激励机制：建立健全的师资激励机制，激发教师的工作热情和创造力。通过设立教学奖项、科研成果奖励等方式表彰优秀教师；同时，还应关注教师的职业发展需求，为他们提供更多的晋升机会和发展空间。

综上所述，强化技能培训、打造高水平的实训基地是"双证制"教育体系中的关键环节。学校应高度重视实训基地建设、精心开发技能培训课程、不断优化师资队伍结构，以构建全方位、多层次的技能培训体系，为学生的职业发展奠定坚实的基础。

三、建立互认机制：打通学历与职业的绿色通道

在"双证制"教育体系的深入实施中，建立学历证书与职业资格证书之间的互认机制，是促进学生全面发展、提升就业竞争力、实现教育与产业深度融合的重要举措。这一机制的建立，旨在打破传统教育与职业体系之间的壁垒，为学生搭建起从校园到职场的无缝对接桥梁。

（一）互认协议签订：奠定合作基石，明确互认标准

互认协议的签订是建立互认机制的第一步，也是最为关键的一环。学校需积极寻求与行业协会、职业资格认证机构等权威机构的合作，通过签订正式协议，明确双方在学历证书与职业资格证书互认方面的权利、义务及具体操作流程。

（1）明确互认标准：协议中应详细列出学历证书与职业资格证书的互认标准，包括但不限于课程对接、学分转换、技能考核等方面。这些标准需确保学生在获得学历证书的同时，其所学知识和技能能够满足职业资格证书的要求。

（2）规范互认程序：协议还应明确互认的具体程序，包括学生申请、资格审核、考试或评估、证书颁发等各个环节。通过规范化的程序，确保互认过程的公正、透明和高效。

（3）界定互认范围：根据专业特点和行业需求，协议应界定互认的具体范围，明确哪些学历证书与哪些职业资格证书可以实现互认。这有助于学生和用人单位清晰地了解互认政策的具体内容和适用范围。

（二）信息共享平台建设：促进信息流通，优化资源配置

信息共享平台的搭建，是实现学校、行业协会与职业资格认证机构之间信息互通与资源共享的重要途径。该平台应具备以下功能：

（1）行业动态发布：及时发布行业发展趋势、政策动态、考试信息等方面的最新资讯，帮助学生和教师了解行业动态和市场需求。

（2）认证标准查询：提供职业资格证书的认证标准、考试科目、考试大纲等详细信息的查询服务，方便学生和教师对照标准进行教学和学习。

（3）教学资源共享：整合学校、行业协会和职业资格认证机构的优质教学资源，如教学课件、实训项目、案例分析等，供教师和学生免费下载和使用。

（4）在线交流互动：设立在线交流平台，鼓励学生、教师、行业专家和认证机构工作人员之间的交流互动，分享经验、解答疑惑、促进合作。

（三）就业创业服务优化：拓宽就业渠道，激发创业活力

依托互认机制，学校可以进一步优化就业创业服务，为学生提供更加便捷高效的就业创业支持。

（1）专场招聘会组织：根据行业需求和学生特点，定期举办专场招聘会，邀请合作企业、行业协会和认证机构参与，为学生提供更多就业机会和岗位选择。

（2）实习就业推荐：建立学生实习就业推荐机制，根据学生的专业背景、技能水平和职业规划，向合作企业推荐优秀学生进行实习或就业。

（3）创业指导与扶持：设立创业指导中心或创业孵化基地，为有意向自主创业的学生提供创业培训、项目评估、资金扶持、法律咨询等全方位服务。同时，还可以邀请成功企业家和行业专家作为导师，为学生提供一对一的指导和帮助。

建立学历证书与职业资格证书之间的互认机制，是"双证制"教育体系得以顺利实施的重要保障。通过签订互认协议、搭建信息共享平台、优化就业创业服务等措施的实施，可以为学生打通学历与职业的绿色通道，实现教育与产业的深度融合和协同发展。

综上所述，"双证制"教育体系通过课程与考证融合、强化技能培训以及建立互认机制等措施的实施，为培养高素质技能型人才提供了有力保障。这一制度的实施不仅有助于提升学生的就业竞争力和职业发展潜力，还能为社会经济发展注入新的活力与动力。

第四节 现代学徒制：人才培养的新模式

现代学徒制，作为教育领域的一项重大创新，正逐步成为连接学校教育与产业需求、促进技能传承与创新的桥梁。这一模式巧妙地将传统学徒培训中的"师带徒"精髓与现代学校教育的系统性、规范性相结合，形成了独具特色的"做中学、学中做"人才培养路径，旨在培养既具备扎实理论基础又精通实践操作的高素质技能型人才。

一、招生即招工：校企合作的深度融合

在现代学徒制的框架下，招生即招工的理念如同一股清流，彻底革新了传统教育与产业之间的合作模式，开启了校企合作的新纪元。这一创新模式不仅深刻体现了教育与产业融合发展的时代趋势，更为学生、企业和学校三方带来了前所未有的机遇与变革。

（一）校企联合：从"两张皮"到"一体化"

在过往的教育体系框架内，学校与企业之间的合作往往局限于表面的、松散的层面，形成了所谓的"两张皮"现象。学校专注于教育资源的整合与教学活动的实施，而企业则主要聚焦于市场需求、技术创新及生产运营等方面。这种分割的状态导致教育资源与市场需求之间存在信息不对称和脱节的问题，影响了人才培养的针对性和实效性。然而，随着现代学徒制等新型教育模式的兴起，校企联合的模式发生了根本性的转变，实现了从"两张皮"到"一体化"的跨越。在这一模式下，学校与企业不再是孤立的两个实体，而是紧密相连、相互依存的合作伙伴。企业不再是简单地接受学校输出的毕业生，而是从人才培养的源头开始介入，与学校共同制定培养目标、规划课程体系、设

计教学方案等。

具体来说，校企联合的一体化体现在以下几个方面：

（1）共同制定人才培养方案：学校与企业根据市场需求和行业发展趋势，共同商讨并确定人才培养的目标、规格和要求，确保所培养的人才能够符合企业的实际需求。

（2）共建共享教育资源：学校与企业共享师资、设备、场地等教育资源，实现优势互补和资源共享。企业专家可以走进课堂，传授实践经验和行业知识；学校教师也可以到企业挂职锻炼，提升实践教学能力。

（3）实施"双导师制"：学校导师负责学生的基础知识和专业理论教学，而企业导师则负责学生的实践技能培养和职业素养提升，形成"双师共育"的良好局面。

（4）开展项目合作与研发：学校与企业可以围绕共同关心的课题或项目开展合作研发，将教学与研究、生产紧密结合，推动技术创新和产业升级。

这种深度融合的校企合作模式，不仅有助于提升人才培养的针对性和实效性，还能够促进教育链与产业链的紧密对接和协同发展，为区域经济的转型升级提供有力的人才支撑。

（二）精准选拔：人才与岗位的完美匹配

在招生即招工的模式下，企业在人才培养过程中的角色发生了重大变化。从传统的被动接受者转变为积极的参与者甚至主导者，企业能够提前介入到招生过程中来，根据自身的发展需求和市场趋势进行精准选拔。

这种精准选拔的方式主要体现在以下几个方面：

（1）明确选拔标准：企业根据岗位需求和人才标准，制定详细的选拔标准，包括专业技能、职业素养、个人潜力等多个维度。这些标准不仅关注候选人的当前能力水平，还关注其未来发展的潜力和可能性。

（2）参与招生过程：企业可以通过设立奖学金、提供实习机会、举办校园宣讲会等方式，吸引和选拔符合自身需求的优秀学生。同时，企业还可以参与学校的面试和考核环节，直接了解学生的综合素质和专业技能水平。

（3）实施定制化培养：在选拔出合适的候选人后，企业可以与学校共同制定个性化的培养方案，包括课程设置、实践环节、职业发展规划等。这种定制化培养方式有助于确保学生所学内容与企业需求高度契合，提高人才培养的针对性和实效性。

（4）建立反馈机制：企业还可以建立人才培养的反馈机制，定期评估学生的学习效果和成长情况，并根据评估结果及时调整培养方案。这种反馈机制有助于实现人才培养的动态优化和持续改进。

通过精准选拔和定制化培养相结合的方式，企业能够确保选拔出的学生不仅符合当前岗位的要求，还具备在未来发展中持续成长和贡献的潜力。这种人才与岗位的完美匹配不仅提高了企业的用人效率和满意度，还为学生个人的职业发展奠定了坚实的基础。

（三）缩短适应期：从校园到职场的无缝过渡

在招生即招工的模式下，学生的职业生涯准备被极大地前置和强化。这种模式的核心在于将学生的学习过程与未来的职业生涯紧密结合，使学生从入学之初就明确了自己的职业目标和方向。因此，在学习过程中，学生不仅接受理论知识的学习，还积极参与企业提供的实践项目、工作坊或实习机会，从而在实际操作中掌握工作技能，熟悉职场环境。

这种"学中做、做中学"的循环模式，让学生能够在校园内就积累到丰富的实践经验，了解企业的运作方式、文化氛围以及岗位要求。当毕业季到来时，学生已经不再是初入职场的"小白"，而是具备了一定职业素养和专业技能的"准员工"。这种无缝过渡不仅减少了学生在职场上因不适应而产生的挫败感，也提高了企业的用人效率，降低了培训成本。

（四）明确方向：增强学习动力与职业规划

招生即招工模式为学生提供了清晰的学习蓝图和职业规划路径。在入学之初，学生就能了解到自己所学专业与未来职业之间的紧密联系，这种明确的职业导向有助于他们建立明确的学习目标，从而在学习过程中更加专注和投入。

当学生明白所学知识的实际应用价值时，他们的学习动力会显著增强。他们会更加主动地选择与自己职业目标相关的课程，积极参与实践活动，努力提升自己的专业技能和综合素质。同时，明确的职业规划也为学生提供了长期的发展目标，使他们能够在学习过程中保持持续的动力和热情，不断追求进步和成长。

此外，职业规划还帮助学生更好地认识自己，了解自己的兴趣、优势和劣势，从而在选择职业道路时更加理性和科学。这种自我认知的提升有助于学生在未来的职业生涯中更好地发挥自己的潜力，实现个人价值。

（五）共赢发展：校企合作的持续深化

招生即招工模式的成功实施，是校企双方共同努力和紧密合作的结果。在这一模式下，学校和企业不再是简单的供需关系，而是成为共同推动教育与产业融合发展的合作伙伴。

学校通过引入企业的实践经验和行业标准来优化课程设置和教学内容，使教学更加贴近市场需求和企业实际。同时，学校还利用企业的资源为学生提供实习实训机会，帮助学生提前了解职场环境和工作要求。这种深度合作不仅提高了学校的教学质量和社会影响力，还为学生提供了更加优质的教育资源和就业保障。

而企业则通过参与人才培养过程来提前锁定优质人才资源并提升员工队伍的整体素质。企业可以根据自己的发展需求和市场趋势来制定人才培养计划并参与选拔过程，确保选拔出的人才符合企业要求并具备发展潜力。此外，企业还可以通过与学校的合作来开展技术研发和产品创新等合作项目，推动产业升级和经济发展。

这种共赢发展的合作模式不仅促进了校企双方的互利共赢，还为社会经济的持续健康发展注入了新的活力与动力。它打破了传统教育与产业之间的壁垒，实现了教育与产业的深度融合和协同发展。

二、工学交替：理论与实践的完美融合

在现代学徒制的宏伟蓝图中，工学交替无疑是最为耀眼的一环，它以独特的魅力将理论与实践紧密交织，为培养高素质技能型人才铺设了一条坚实的道路。这一模式不仅深刻改变了传统教育体系中理论与实践相割裂的困境，更在促进学生全面发展、提升教学质量、深化校企合作等方面展现出了巨大

的潜力与价值。

（一）打破壁垒：理论与实践的深度融合

在传统教育体系中，理论与实践之间的隔阂是长期存在的问题。学生往往在封闭的教室环境中接受理论知识的灌输，而缺乏将所学应用于实际情境的机会。这种教育模式导致了"纸上谈兵"的现象，学生难以将抽象的理论知识与具体的工作实践相结合，影响了其综合能力的培养和职业发展的潜力。

工学交替模式作为一种创新的教育实践方式，成功打破了理论与实践之间的壁垒。该模式通过精心设计的课程结构和实习安排，实现了学校教育与企业实践的紧密结合。学生在学校内接受系统的理论知识学习，掌握扎实的专业基础；同时，他们也有机会定期进入企业，参与真实的生产或服务流程，将所学理论应用于实际操作中。

这种深度融合的教学模式具有显著的优势。首先，它提高了学生对知识的理解和应用能力。通过实践中的操作与反思，学生能够更直观地感受到理论知识的价值和意义，从而加深对其的理解和掌握。其次，它加速了学生适应职场的速度和效率。学生在实习过程中能够提前接触职场环境，了解企业的运作方式和文化氛围，为未来的职业生涯做好充分准备。最后，它促进了学生综合素质的提升。在工学交替的过程中，学生不仅需要具备扎实的专业技能，还需要具备良好的沟通能力、团队合作精神和解决问题的能力等综合素质。

（二）双向反馈：学习成果与职场挑战的双向检验

工学交替模式不仅为学生提供了实践锻炼的机会，还建立了一个有效的双向反馈机制。这种机制使学生的学习成果和职场挑战之间形成了紧密的联系和互动。

一方面，学生在实习过程中需要将课堂上学到的理论知识转化为实际操作能力，并尝试解决工作中遇到的实际问题。这种挑战不仅考验了学生的专业技能和应变能力，也让他们更加深刻地理解了理论知识的价值和意义。通过实践中的尝试和探索，学生能够更加清晰地认识到自己的优势和不足，从而有针对性地调整学习策略和方向。

另一方面，当学生在实习中遇到难题或困惑时，他们可以及时返回学校寻求老师的解答和指导。这种及时的反馈和支持有助于学生及时纠正错误、完善知识体系并提升实践能力。同时，学校也可以通过学生的实习反馈来了解企业需求和市场变化，从而不断优化课程设置和教学内容，使其更加贴近实际、符合市场需求。

这种双向反馈机制不仅促进了学生个人的成长和发展，也推动了学校教育与企业实践的深度融合和协同发展。它使学校教育更加具有针对性和实效性，为企业培养了大量高素质、技能型人才；同时，它也为企业提供了源源不断的创新动力和人才支持，推动了产业结构的优化升级和经济社会的持续健康发展。

（三）良性循环：学习动力与职业成长的双重驱动

工学交替模式在促进学生发展方面构建了一个强大的正反馈循环，即学习动力与职业成长的双重驱动机制。在这一循环中，学生的每一点进步和成就都会成为他们继续前进的动力源泉。

（1）实习中的成功体验极大地激发了学生的学习动力。当学生将课堂上学到的理论知识应用于实际工作中，并成功解决问题或完成任务时，他们会获得巨大的成就感和自信心。这种正面的情感体验会促使学生更加主动地投入到学习中去，探索未知领域，深化专业知识。同时，实习中的挑战和困难也会成为学生努力学习的动力，促使他们不断提升自己的能力和素质。

（2）学习中的新知识和技能为学生提供了更广阔的实习舞台和机会。随着学习的深入和知识的积累，学生逐渐具备了更高级别的专业技能和综合素质。这使他们在实习中能够承担更复杂、更有挑战性的任务，进一步锻炼自己的能力和经验。这种实习与学习的相互促进，形成了一个不断上升的螺旋式发展路径，推动学生在职业成长的道路上不断前行。

这种良性循环不仅促进了学生的全面发展，还为他们未来的职业生涯奠定了坚实的基础。学生在工学交替的过程中逐渐形成了自主学习的习惯、解决问题的能力以及团队合作精神等综合素质，这些都将成为他们未来职业生涯中的宝贵财富。

（四）师资共享：学校教师与企业师傅的携手并进

工学交替模式在师资建设方面也实现了创新性的突破，通过学校教师与企业师傅的紧密合作，实现了教育资源的优化配置和教育教学质量的提升。

（1）学校教师与企业师傅之间的交流与合作促进了知识的共享和互补。学校教师拥有扎实的理论基础和系统的教育方法，能够为学生提供全面的理论指导和学术支持；而企业师傅则具备丰富的实践经验和职场洞察力，能够为学生提供实用的技能和职场建议。通过双方的交流与合作，学校教师可以了解职场需求和技术动态，将最新的知识和技能融入教学内容；企业师傅则可以借助学校的教育资源提升自己的教学能力和理论素养。

（2）师资共享促进了教育教学方法的创新和改革。学校教师和企业师傅可以共同探索适合工学交替模式的教学方法和手段，如项目式学习、案例教学等，以更好地满足学生的学习需求和职场要求。这种教学方法的创新不仅提高了学生的学习兴趣和参与度，也提升了教学效果和质量。

（3）师资共享为学生提供了更加全面和个性化的学习支持。学校教师和企业师傅可以根据学生的特点和需求制订个性化的学习计划和指导方案，帮助学生更好地发挥自己的优势和潜力。同时，双方还可以共同开展职业规划指导、就业推荐等服务工作，为学生的职业发展提供全方位的支持和帮助。

（五）深化合作：校企共赢的桥梁与纽带

工学交替模式作为连接学校与企业的重要桥梁和纽带，不仅促进了教育与实践的深度融合，更在推动校企合作向纵深发展方面发挥了不可替代的作用。这种合作模式不仅为双方带来了直接的经济效益，更在人才培养、技术创新、产业升级等多个层面实现了共赢。

1. 人才培养的定制化与精准化

工学交替模式使学校能够更准确地把握企业的用人需求和市场变化。通过与企业的紧密合作，学校可以及时调整课程设置和教学内容，确保所培养的人才既具备扎实的理论基础，又具备符合企业实际需求的实践技能。这种定制化、精准化的人才培养模式大大提高了学生的就业竞争力和企业的招聘效率，实现了人才供需的有效对接。

2. 技术创新的协同推进

工学交替模式还为企业技术创新提供了有力支持。企业在与学校的合作过程中，可以充分利用学校的教育资源和科研力量，开展新技术、新工艺的研发和应用。同时，学校教师和企业师傅的紧密合作也为技术难题的攻克提供了新思路和新方法。这种协同推进的技术创新模式不仅加快了企业技术升级的步伐，也提升了学校的科研实力和学术水平。

3. 产业升级的智力支撑

工学交替模式对于产业升级同样具有重要意义。随着产业结构的不断优化升级，企业对高素质、技能型人才的需求日益迫切。工学交替模式通过为企业提供定制化的人才培养服务，为企业转型升级提供了强有力的智力支撑。同时，学校在与企业的合作过程中也可以深入了解产业发展趋势和市场动态，为产业升级提供前瞻性的思考和建议。

4. 校企文化的融合与互鉴

工学交替模式还促进了校企文化的融合与互鉴。学校和企业作为两种不同的社会组织形态，在价值观念、管理方式、工作氛围等方面存在显著差异。然而，在工学交替的过程中，双方通过频繁的交流和互动，逐渐实现了文化的融合与互鉴。这种文化的融合不仅有助于双方更好地理解彼此的需求和期望，也为双方的合作奠定了更加坚实的基础。

5. 社会经济效益的显著提升

工学交替模式通过促进校企合作的深化发展，实现了社会经济效益的显著提升。一方面，学校通过与企业合作提高了人才培养的质量和效率，为社会输送了更多高素质、技能型人才；另一方面，企业通过与学校的合作获得了智力支持和人才保障，提升了自身的竞争力和创新能力。这种双赢的合作模式不仅促进了双方的共同发展，也为社会经济的持续健康发展注入了新的活力与动力。

三、师徒传承：技艺与文化的双重传递

师徒传承，作为现代学徒制的核心组成部分，其深远意义远远超出了单纯

技能的传授范畴，它是一场融合了技艺传承、文化传承、情感联结与社会责任的多维度旅程。

（一）技艺的精准传承

技艺的精准传承是师徒制的核心价值所在。在这一过程中，资深师傅扮演着至关重要的角色，他们不仅是技艺的承载者，更是技艺的传递者。师傅们凭借多年在行业中摸爬滚打积累的丰富经验和精湛技艺，能够深刻洞察技艺的本质和精髓，从而制定出科学有效的教学方法。

（1）手把手教学：这是最直接也是最有效的教学方式之一。师傅通过手把手地指导学徒，让他们在实际操作中感受技艺的每一个细节和要领。这种近距离的教学不仅能让学徒快速掌握基本技巧，还能在关键时刻给予及时的纠正和反馈，确保技艺的精准传递。

（2）现场演示：师傅会在工作现场进行技艺的演示，让学徒观察并学习整个工艺流程的每一个环节。现场演示不仅能够直观地展示技艺的复杂性和精细性，还能让学徒在真实的工作环境中感受到技艺的实际应用价值。

（3）模拟操作：在师傅的指导下，学徒会进行模拟操作练习。这种练习可以帮助他们巩固所学知识，提高实际操作能力。同时，模拟操作也是检验学徒学习成果的重要手段，师傅可以通过观察学徒的操作过程和结果，评估他们的学习进度和掌握程度。

（4）个性化教学：每个学徒都有自己的学习特点和进度，师傅会根据他们的实际情况调整教学策略。对于领悟能力强的学徒，师傅会加快教学进度，提供更多的挑战和机会；而对于基础较弱的学徒，师傅则会给予更多的耐心和指导，帮助他们逐步克服困难。

通过这种精准的传承方式，学徒能够迅速掌握行业核心技能，缩短从新手到熟手的成长周期。他们不仅能够在技艺上达到一定的水平，更能够在师傅的言传身教中领悟到技艺背后的精神内涵和行业文化。

（二）文化的深度浸染

师徒传承不仅仅是技艺的传递，更是一种文化的传承。在行业文化的熏陶下，学徒能够深刻理解行业的历史渊源、价值观念、行为准则和道德规范。

这种文化浸染对于培养学徒的职业素养、增强他们对行业的认同感和归属感具有重要意义。

（1）行业文化的理解：学徒在跟随师傅学习的过程中，会逐渐接触到行业的各个方面。他们会了解到行业的历史发展脉络、重要事件和标志性人物等，从而对行业形成全面的认识。这种认识有助于学徒更好地理解行业的本质和特点，为他们未来的职业生涯奠定坚实的基础。

（2）职业素养的培养：行业文化中的价值观念、行为准则和道德规范等对于培养学徒的职业素养具有重要作用。师傅会以身作则地展示这些职业素养的具体表现，如敬业精神、诚实守信、团队合作等。学徒在耳濡目染中会逐渐形成这些良好的职业素养，为他们在职场中的表现打下坚实的基础。

（3）职业热情的激发：师傅还会向学徒讲述行业内的传奇故事、英雄人物和经典案例等。这些故事不仅具有趣味性和吸引力，更能够激发学徒的职业热情和创新精神。学徒在聆听这些故事的过程中会感受到行业的魅力和价值所在，从而更加热爱自己的职业并愿意为之付出努力。

（4）职业观和人生观的形成：在师徒传承的过程中，学徒会逐渐形成自己的职业观和人生观。他们会思考自己的职业发展方向和目标以及如何在职业生涯中实现自己的价值。师傅的言传身教和行业的文化熏陶都会对他们产生深远的影响，帮助他们形成正确的职业观和人生观，并引导他们走向成功的人生道路。

（三）宝贵经验的分享

在师徒传承的深厚纽带中，经验的分享是不可或缺的。师傅们往往拥有丰富的工作经验和人生智慧，这些宝贵的经验是他们多年职业生涯的结晶。师傅们乐于将这些经验无私地传授给学徒，帮助他们更好地应对职场中的各种挑战。

（1）应对突发状况的能力：师傅会分享自己在工作中遇到的各种突发状况及应对策略，让学徒了解如何在紧急情况下保持冷静、迅速判断并作出正确决策。这种能力的培养对于学徒未来的职业发展至关重要。

（2）沟通技巧与客户关系管理：师傅还会传授如何与客户有效沟通的技

巧，包括倾听、表达、协商等。同时，他们也会分享如何建立良好的客户关系，提升客户满意度和忠诚度的方法。这些经验对于学徒在职场中的成功至关重要。

（3）团队协作与领导力培养：在团队工作中，师傅会展示如何与团队成员协作共赢，以及如何发挥个人领导力。他们会教授学徒如何分配任务、协调资源、解决冲突等，以提升整个团队的效率和凝聚力。

此外，师傅还会根据学徒的个性和潜力，为他们量身定制实践机会和挑战。这些实践机会不仅能让学徒将所学知识应用于实际工作中，还能帮助他们发现自己的优势和不足，从而更加有针对性地提升自己。

（四）知识与技艺的交流平台

师徒传承构建了一个开放、包容的知识与技艺交流平台。在这个平台上，师傅与学徒之间、学徒与学徒之间可以自由地交流思想、分享经验、探讨问题。

（1）学习心得的分享：学徒们会分享自己在学习过程中的心得体会，包括遇到的困难、解决的方法以及取得的进步。这种分享不仅能让其他学徒从中受益，还能激发大家的学习热情和积极性。

（2）工作经验的交流：师傅和学徒们会分享自己在工作中的实际经验，包括成功案例、失败教训以及工作中的小窍门等。这些经验交流有助于大家相互学习、取长补短，共同提升工作效率和质量。

（3）技术难题的探讨：在平台上，大家还会针对行业中的技术难题进行深入探讨和交流。通过集思广益和共同研究，新的技术方法和解决方案得以涌现，为行业的持续发展和创新注入了新的活力。

这种交流平台的建立不仅促进了知识与技艺的传承和提升，还激发了创新思维和创造力的火花。它让师徒传承不仅仅是一种单向的传授关系，更成为一种双向的互动和共同成长的过程。

（五）社会责任的担当

师徒传承不仅是一种技艺和文化的传承方式，更是一种社会责任的担当。师傅们作为行业内的前辈和领军人物，深知自己肩负着将行业文化和技艺传承给下一代的重任。

（1）输送人才资源：通过培养优秀的学徒，师傅们为行业输送了新鲜血液和人才资源。这些学徒在师傅的悉心指导下逐渐成长为行业内的佼佼者，为行业的繁荣和可持续发展贡献了自己的力量。

（2）传承行业文化：师傅们还致力于将行业文化和价值观传承给学徒。他们通过讲述行业历史、传承行业精神、弘扬行业道德等方式，让学徒深刻理解并认同行业的核心价值观和文化内涵。这种文化的传承有助于增强学徒的行业认同感和归属感，提升整个行业的凝聚力和向心力。

（3）促进社会和谐：师徒传承还促进了社会和谐与稳定。在师徒关系中，师傅不仅传授技艺和文化，还传授做人的道理和处世的哲学。这些教导有助于学徒形成健全的人格和良好的道德品质，培养他们成为有责任感、有担当的社会公民。同时，师徒之间的深厚情谊也促进了人际关系的和谐与稳定，为社会的和谐发展贡献了力量。师徒传承在现代学徒制中具有不可替代的重要作用。它不仅实现了技艺与文化的双重传递，还促进了知识共享、技艺交流和社会责任的担当。通过师徒传承，我们能够培养出更多具有高超技艺、深厚文化底蕴和社会责任感的优秀人才，为行业的持续发展和社会的繁荣进步贡献力量。

综上所述，现代学徒制作为一种新型的人才培养模式，通过招生即招工、工学交替、师徒传承等具体措施的实施，实现了学校教育与产业需求的深度融合、理论知识与实践技能的完美融合以及技艺与文化的双重传递。这一模式的推广和应用不仅有助于提升我国技能型人才的培养质量和社会认可度，还将为推动我国经济社会的高质量发展提供有力的人才支撑和智力保障。

第五节　校企合作"小实体大平台"模式的改革与实践

在当今快速发展的知识经济时代,校企合作已成为推动教育创新、产业升级的重要驱动力。而"小实体大平台"模式作为校企合作的一种创新探索,以其独特的运作机制和显著成效,逐渐受到广泛关注与推崇。这一模式通过构建小型但高效的实体机构与大型信息共享、资源整合平台相结合,不仅为校企双方提供了深度合作的空间与基础,还极大地促进了资源的高效配置与价值的最大化实现。

一、建设实体机构：奠定合作基石

"小实体大平台"模式作为校企合作的一种创新实践,其核心理念在于通过构建一系列虽小却高效、功能全面的实体机构,来深化校企之间的合作层次,促进教育资源与产业资源的深度融合。这一模式不仅是对传统合作模式的一种超越,更是对新时代下产教融合、协同创新要求的积极响应。

（一）实体机构的建设与定位

（1）研发中心：作为校企合作的核心驱动力,研发中心承担着探索行业前沿技术、引领产业升级的重任。它不仅是技术创新的摇篮,也是解决产业瓶颈问题的关键力量。校企双方可基于各自优势,共同组建研发团队,针对行业内的关键技术难题开展联合攻关。通过资源共享、优势互补,研发中心能够加速技术迭代,推动产业升级,为企业带来核心竞争力的提升。

（2）技术创新中心：技术创新中心更加注重科技成果的转化与应用。它连接着研发与市场,是技术从实验室走向生产线的桥梁。校企双方可在该平台上共同开展技术评估、市场调研、产品开发等工作，确保科技成果的实用性和市场适应性。同时，技术创新中心还承担着知识产权保护、技术标准制定等职责，为科技成果的商业化运作提供全方位支持。

（3）实训基地：实训基地是连接理论与实践的重要纽带，也是培养高素质技能型人才的关键场所。通过模拟真实工作环境，实训基地为学生提供了宝贵的实践机会，让他们在实际操作中学习技能、积累经验。校企双方可共同参与实训基地的建设与管理，引入企业真实项目、先进设备和行业专家，确保实训内容的时效性和针对性。此外，实训基地还可作为企业员工培训、技能提升的基地，实现校企人才培养的双向互动。

（二）共同投入与资源共享

"小实体大平台"模式作为一种创新的校企合作模式，其核心在于强调校企双方的紧密合作与资源共享。这种共享不仅仅局限于物质层面的资源，如资金、设备和场地，更重要的是在知识、技术和人才等软实力上的深度融合与互补。

（1）硬件资源的共同投入：校企双方在合作初期往往会共同投入一定的资金用于建设或升级实验室、研发中心等实体机构。这些机构不仅配备了先进的设备和技术，还提供了充足的场地供师生和企业员工共同使用。这种硬件资源的共享，为双方的合作提供了坚实的物质基础，使科研和教学活动能够顺利进行。

（2）软件资源的深度共享：除了硬件资源外，校企双方在知识、技术和人才等方面的共享更是合作的核心。企业可以将自身的行业经验、技术优势和市场需求等信息分享给学校，帮助学校调整教学内容和方向，使培养的人才更加符合市场需求。同时，学校也可以将自身的科研成果、学术资源和人才优势注入企业，推动企业的技术创新和产业升级。这种双向的资源共享，促进了校企之间的知识交流和技术创新，实现了双方的互利共赢。

（3）资源的优化配置与高效利用：通过建立紧密的合作关系，校企双方能够打破各自领域的壁垒，实现资源的优化配置和高效利用。学校可以充分利用企业的资源，提升学生的实践能力和职业素养；企业则可以借助学校的科研力量，解决技术难题，推动产品升级和市场拓展。这种合作模式不仅降低了合作成本，提高了资源使用效率，还促进了双方之间的长期合作和可持续发展。

（三）合作活动的深化与拓展

基于"小实体大平台"模式下的实体机构，校企双方可以开展一系列深入、具体的合作活动，以进一步加深了解和信任，推动双方的合作向更高层次发展。

（1）技术研讨会与学术交流会：校企双方可以定期举办技术研讨会和学术交流会等活动，邀请行业内的专家学者和企业代表共同探讨技术前沿和行业动态。这些活动不仅促进了思想碰撞和灵感激发，还为双方提供了展示自身实力和成果的机会，有助于提升双方的知名度和影响力。

（2）科研项目与专利申请：校企双方可以联合申报科研项目和专利申请等工作，共同推动科技创新和产业升级。通过联合攻关，双方可以集中优势资源，解决关键技术难题，提升科研水平和创新能力。同时，联合申请专利也有助于保护双方的知识产权，促进科技成果的转化和应用。

（3）技能竞赛与创新创业大赛：校企双方还可以共同举办技能竞赛和创新创业大赛等活动，激发学生的创新精神和创业热情。这些活动不仅为学生提供了展示自己才华和能力的平台，还为他们提供了接触行业前沿、了解市场需求的机会。通过参与这些活动，学生可以更加深入地了解行业特点和市场需求，为未来的职业生涯做好充分准备。同时，这些活动也有助于校企双方发现和培养优秀的人才资源，为双方的长期合作和发展奠定坚实基础。

（四）为校企合作奠定坚实基础

"小实体大平台"模式的建设，无疑为校企合作铺设了一条稳固而宽广的道路，既在物质层面构筑了坚实的基石，又在心理层面搭建了信任的桥梁。

（1）物质基础的稳固性：实体机构，如联合研发中心、实训基地等，作为校企合作的物理载体，为双方提供了一个稳定的合作空间。这些机构不仅配备了先进的设施和设备，还承载了双方共同的目标和愿景。在这样的平台上，校企双方可以围绕具体项目或课题展开长期、深入的合作，共同解决技术难题，推动科研成果的转化和应用。这种稳定的合作机制，有助于双方建立长期稳定的战略伙伴关系，为校企合作的持续发展奠定坚实的物质基础。

（2）心理基础的信任构建：共同参与实体机构的建设和管理过程，是校企双方增进了解、建立信任的重要途径。在这个过程中，双方需要就合作目标、职责分工、利益分配等问题进行深入沟通和协商，形成共识。这种深度的互动和交流，有助于消除彼此之间的隔阂和误解，建立起基于共同利益和相互尊重的信任关系。这种信任关系是推动校企合作向更深层次发展的重要动力。

（3）企业活力与创造力的激发：实体机构的建设和运营，不仅为学校提供了实践教学和科研创新的平台，也为企业注入了新的活力与创造力。企业可以充分利用学校的科研力量和人才资源，解决技术难题，推动产品升级和市场拓展。同时，学校也可以借助企业的市场经验和资源，将科研成果转化为实际生产力，实现产学研的深度融合。这种双赢的合作模式，有助于激发企业的创新活力，推动其技术进步和产业升级。

综上所述，"小实体大平台"模式通过构建一系列功能完善的实体机构，为校企合作提供了有力的物质支撑和合作平台。在这一模式下，校企双方能够共同投入、共享资源、深化合作、拓展领域，实现互利共赢、共同发展的良好局面。

二、搭建信息平台：促进信息共享与高效利用

在"小实体大平台"模式的框架下，信息平台的建设不仅是技术层面的创新，更是校企合作模式深化与优化的关键一环。它作为连接校企双方的"数字桥梁"，极大地促进了信息资源的共享、交流互动的深化以及项目管理的高效执行，为双方合作注入了新的活力与动力。

（一）信息共享的全面性与深度

信息平台作为"小实体大平台"模式的重要组成部分，其在信息共享方面的全面性和深度对于校企合作的成效具有至关重要的影响。

（1）信息资源的全面共享：信息平台利用云计算技术的高扩展性和高可用性，构建了一个能够容纳海量数据的云端存储系统。这些数据涵盖了学校的

科研成果、人才资源、教学课程信息等多个方面，同时也包括了企业的技术需求、市场动态、项目进展等关键信息。这些数据被以结构化、半结构化甚至非结构化的形式存储在云端，确保了信息的完整性和易访问性。这种全面的信息共享机制，使校企双方能够轻松获取到对方领域的最新动态和有价值的信息资源。

（2）深度挖掘与分析：在实现信息全面共享的基础上，信息平台还利用大数据技术对这些数据进行深度挖掘与分析。通过对海量数据的处理和分析，平台能够揭示出隐藏的价值与关联，为校企双方提供更加精准、有价值的信息支持。例如，平台可以分析企业的技术需求与学校的科研成果之间的匹配度，为双方的合作提供科学的依据；也可以分析市场动态和消费者行为趋势，为企业制定市场策略和产品规划提供有力的支持。这种深度的数据挖掘与分析能力，使信息平台成为校企合作中不可或缺的信息枢纽和决策支持工具。

（二）交流互动的即时性与互动性

在"小实体大平台"的信息体系中，交流互动的即时性与互动性被视为增强合作紧密度与效率的关键因素。这一特性通过集成多种现代通讯技术得以实现，为校企双方搭建了一个无界限的沟通桥梁。

（1）即时通讯与在线会议：信息平台内置的即时通讯功能，如消息推送、语音通话、视频会议等，使校企双方能够跨越地理障碍，实现即时、高效的沟通。无论是紧急情况的快速响应，还是日常工作的交流讨论，都能得到迅速处理。此外，在线会议功能支持多人同时参与，配备屏幕共享、白板演示等丰富工具，让远程协作如同面对面交流一般顺畅。

（2）论坛讨论与知识共享：除了即时通讯外，信息平台还设有论坛讨论区，鼓励用户发布话题、分享观点、交流经验。这种开放式的互动模式，不仅促进了信息的广泛传播，还激发了用户的参与热情，形成了浓厚的学习氛围和知识共享文化。校企双方可以在此共同探讨行业趋势、技术难题、市场策略等议题，集思广益，共谋发展。

（3）增强信任与合作意愿：即时性与互动性的交流方式，有助于校企双方更加深入地了解彼此的文化、价值观和工作方式。在频繁的互动中，双方能够建立起更加紧密的联系和信任关系，从而增强合作意愿和稳定性。同时，这种开放、透明的沟通环境，也有助于减少误解和冲突，提高合作效率和质量。

（三）项目管理的透明化与协同性

信息平台在项目管理方面的应用，极大地提升了校企合作的执行力和协同效率。通过集成先进的项目管理工具和技术，平台实现了项目全过程的透明化与协同化管理。

（1）项目计划制订与任务分配：校企双方可以在信息平台上共同制订项目计划，明确项目目标、里程碑、时间节点等关键要素。同时，平台支持任务的细化和分配，确保每个团队成员都清楚自己的职责和任务要求。这种清晰的项目规划和任务分配机制，为项目的顺利实施奠定了坚实基础。

（2）进度跟踪与成果评估：信息平台实时更新项目信息，包括任务完成情况、进度条、问题反馈等。所有参与者都能通过平台及时了解项目状态，并做出相应调整。此外，平台还提供了成果评估功能，支持对项目成果进行量化分析和综合评价。这种透明化的管理方式，有助于确保项目按计划推进，并及时发现和解决潜在问题。

（3）协同工作工具：为了支持跨地域的团队协作，信息平台提供了丰富的协同工作工具。如在线文档编辑功能允许团队成员共同编辑和审阅文档；任务分配与跟踪系统则帮助管理者实时掌握任务执行情况并做出调度；还有版本控制工具确保文档和代码的安全性与一致性。这些工具的应用使团队成员能够无缝协作，共同推进项目进展。

信息平台的即时性、互动性、透明化和协同性特性为校企合作提供了强有力的支持。它们不仅提高了沟通效率和协同能力，还增强了双方的信任与合作意愿，为项目的成功实施奠定了坚实基础。

（四）促进合作的深化与拓展

信息平台的建设不仅着眼于当前校企合作的即时需求，更着眼于长远的合作发展。这一平台成为校企双方合作深化与拓展的催化剂和加速器。

（1）精准识别合作机会：信息平台通过收集、整理和分析大量数据，包括市场趋势、技术动态、科研成果等，为校企双方提供了丰富的信息资源。这些数据不仅帮助双方更准确地把握行业脉搏，还使双方能够更敏锐地捕捉到潜在的合作机会和价值点。通过深入挖掘和分析这些数据，校企双方可以共同探索新的合作领域和模式，从而不断拓展合作的广度和深度。

（2）展示实力与成果：信息平台还是校企双方展示自身实力和成果的重要窗口。通过平台，学校可以展示其科研实力、教学成果和人才培养质量；企业则可以展示其技术创新、市场竞争力和品牌影响力。这种展示不仅有助于提升双方的知名度和影响力，还能够吸引更多潜在合作伙伴的关注和参与。这种正向的循环将进一步推动校企合作的深化与拓展。

（3）构建合作生态：信息平台的建设还促进了校企双方与其他合作伙伴之间的连接与互动。通过平台，校企双方可以与其他高校、研究机构、行业协会等建立更广泛的联系和合作关系，共同构建一个开放、协同、共赢的合作生态。这种合作生态的形成将为校企双方带来更多的合作机会和资源支持，推动双方合作的不断深化和拓展。

（五）提升合作效率与效果

信息平台的建设在提升校企合作效率与效果方面发挥了关键作用。它通过优化信息流通、促进交流互动和提供协同管理工具等手段，实现了合作过程的全面优化。

（1）打破信息壁垒与沟通障碍：传统合作模式中，信息壁垒和沟通障碍是制约合作效率的重要因素。信息平台的建设打破了这些障碍，实现了信息资源的快速流通和高效利用。通过平台，校企双方可以实时共享项目进展、技术难题、市场需求等信息资源，确保双方能够及时了解合作动态并做出相应调整。这种信息流通的畅通无阻极大地提升了合作的效率。

（2）提供便捷的交流互动与协同管理工具：信息平台集成了即时通讯、在线会议、论坛讨论等多种交流互动功能以及项目管理、任务分配等协同管理工具。这些工具为校企双方提供了便捷高效的合作手段，促进了双方之间的深度交流与合作创新。通过平台，双方可以随时随地开展沟通讨论、协同工作，确保合作项目的顺利推进。

（3）降低合作成本与时间成本：以信息为驱动的合作模式不仅降低了合作

成本还缩短了合作周期。通过平台，校企双方可以更加高效地利用资源、减少重复劳动和避免不必要的浪费。同时，平台提供的协同管理工具使团队成员能够跨越地域限制协同工作，从而节省了时间成本。这种高效的合作模式不仅提高了合作成果的质量与影响力，还增强了双方的竞争力和市场适应性。

三、优化资源配置：推动产学研深度融合与成果转化

在"小实体大平台"模式的深入实践中，优化资源配置以推动产学研深度融合与成果转化是其核心战略之一。这一过程不仅关乎校企双方合作的深度与广度，更直接影响到科技创新体系的整体效能与社会经济发展的质量。

（一）资源整合与优化配置

"小实体大平台"模式的核心优势之一在于其强大的资源整合与优化配置能力。这一模式通过构建一个开放、协同、共享的平台，将校企双方及社会各界的优势资源进行有效整合，实现资源的最大化利用。

（1）资源整合的广度与深度：该模式不仅限于校企之间的合作，还广泛吸纳了政府、行业协会、科研机构、金融机构等多方资源。这些资源涵盖了高端人才、研发资金、先进技术、先进设备、市场信息等多个方面，形成了一个多元化、立体化的资源网络。通过平台的整合作用，这些资源得以跨领域、跨行业流动，为合作双方乃至整个行业带来前所未有的发展机遇。

（2）开放共享的合作机制：平台通过制定明确的合作规则和利益分配机制，打破了传统资源壁垒，促进了资源的开放共享。校企双方可以基于共同的目标和需求，灵活组合资源，形成优势互补、互利共赢的合作模式。这种合作机制不仅提高了资源的利用效率，还激发了各方的创新活力，推动了产业的转型升级。

（3）按需流动与优化配置：平台利用大数据、云计算等现代信息技术手段，对资源进行智能化管理和优化配置。通过数据分析和预测，平台能够精准识别合作双方的需求和痛点，为双方提供个性化的资源匹配方案。这种按需流动的资源配置方式，确保了资源能够精准对接到最需要的地方，实现了资源利用的最大化。

（二）产学研深度融合的实践路径

（1）技术研发合作：校企双方基于共同的技术兴趣和市场需求，开展联合研发项目。通过组建跨学科、跨领域的研发团队，集中攻克行业关键技术难题，推动技术创新与产业升级。

（2）人才培养与交流：学校根据企业需求调整教学内容和课程设置，引入企业真实案例和项目，实现教学内容与行业需求的无缝对接。同时，企业为学生提供实习实训机会，让学生在实际操作中学习技能、积累经验。此外，双方还通过互派人员、共同举办研讨会等方式，促进知识交流与思想碰撞。

（3）产学研基地建设：校企双方共同建设产学研基地，作为技术研发、人才培养和成果转化的重要载体。基地不仅具备完善的研发设施和实验条件，还拥有灵活的管理机制和高效的成果转化机制，为科技创新提供有力支撑。

（三）科技成果转化与产业化

产学研深度融合的最终目的是实现科技成果的有效转化与产业化。通过"小实体大平台"的作用，校企双方可以共同推进科技成果的评估、筛选、孵化、中试和商业化等全过程。

（1）联合申报项目：校企双方共同策划和申报国家、地方或行业的科研项目和产业化项目，争取政策支持和资金扶持。

（2）建立成果转化机制：平台内建立完善的成果转化机制，包括技术转移、专利许可、作价入股等多种模式，确保科技成果能够顺利转化为现实生产力。

（3）市场拓展与品牌建设：企业利用其市场渠道和品牌影响力，推动科技成果的市场拓展和品牌建设。同时，学校也积极参与市场推广活动，提升科技成果的知名度和美誉度。

（四）提升企业自主创新能力与核心竞争力

"小实体大平台"模式通过产学研深度融合与成果转化，显著提升了企业的自主创新能力与核心竞争力。这一模式为企业提供了持续创新的动力和源泉。

（1）技术突破与知识产权：企业与学校合作，可以充分利用学校的科研力量和智力支持,共同攻克技术难题和瓶颈。通过联合研发、技术转移等方式,企业能够不断开发出具有自主知识产权的新产品、新技术和新工艺。这些创新成果不仅提升了企业的技术水平,还增强了企业的市场竞争力。

(2)高端人才与创新团队:产学研合作过程中,企业有机会接触到更多的高端人才和创新团队。通过与学校的紧密合作,企业可以吸引和培养一批具有创新思维和实践能力的人才,为企业的可持续发展奠定坚实基础。这些人才将成为企业技术创新和产业升级的重要推动力量。

(3)市场导向与战略调整:产学研深度融合还有助于企业更好地了解行业动态和市场需求变化。通过与学校的合作,企业能够获取更多的市场信息和技术趋势,为企业的战略调整和产品结构优化提供有力支持。这种市场导向的合作模式使企业能够保持敏锐的市场洞察力,及时调整战略方向,保持竞争优势。

"小实体大平台"模式通过优化资源配置、推动产学研深度融合与成果转化,实现了校企双方的深度合作与共赢。这一模式不仅促进了科技创新与产业升级的深度融合,还为企业的可持续发展注入了新的动力与活力。"小实体大平台"模式作为校企合作的一种创新探索,通过建设实体机构、搭建信息平台、优化资源配置等措施,实现了校企双方的深度合作与共赢。这一模式的推广与实践不仅有助于推动我国教育创新与产业升级的协同发展,还将为构建创新型国家提供有力支撑与保障。

总之,职业教育校企深度融合模式的改革是一项系统工程,需要政府、学校、企业及社会各界的共同努力和持续探索。通过实施主体化改革、以就业为导向的教学体系改革、"双证制"、现代学徒制以及"小实体大平台"模式等改革措施,可以激发职业教育活力,提升人才培养质量,为经济社会发展提供有力的人才支撑。

第七章
信息时代下职业教育的质量监控与师资保障

  职业教育质量监控与师资保障是确保职业教育质量持续提升的重要保障措施。通过加强信息化平台建设、在线教学反馈系统建设、教学质量评估与监测以及高素质教师队伍建设等措施的实施，可以不断提升职业教育的教学质量和教师队伍的整体素质。

第一节　信息时代背景下职业教育的产学研合作

在信息时代的浪潮中，职业教育面临着前所未有的机遇与挑战。产学研合作作为提升职业教育质量、促进技术创新与产业升级的有效途径，其重要性日益凸显。本节将从产学研合作的内涵、模式创新、信息平台建设及成果转化四个方面进行详细阐述。

一、产学研合作的内涵

产学研合作，作为一种高效的知识转化与创新能力提升机制，其内涵深远且丰富。它不仅仅是一种简单的合作形式，而是企业、高校及研究机构之间基于长远目光和共同愿景所构建的一种深度协作关系。这种关系超越了传统意义上的"产"、"学"、"研"界限，通过资源共享、优势互补、协同创新等手段，将三者紧密地联系在一起，形成了一个有机的创新生态系统。

在信息时代的大背景下，产学研合作的内涵得到了进一步的拓展和深化。信息技术的飞速发展使知识更新速度加快，技术迭代周期缩短，市场需求变化莫测。因此，产学研合作更加注重信息的快速流通与共享，以及技术成果的快速转化与应用。企业能够借助高校和研究机构的前沿科研成果，迅速提升产品技术含量和市场竞争力；而高校和研究机构则能通过与企业的合作，将科研成果转化为实际应用，解决社会经济发展中的实际问题，同时培养出一批具有创新精神和实践能力的高素质人才。

二、模式创新

（一）项目驱动型合作

项目驱动型合作作为产学研结合的核心模式之一，其深度与广度对推动科技创新、产业升级及人才培养具有不可估量的价值。

1. 明确的目标导向与高度的针对性

项目驱动型合作的核心在于围绕具体而明确的项目或技术难题展开，这种模式直接指向解决实际生产中的关键问题或探索前沿科技领域。相较于其他合作模式，它更加聚焦于特定的目标，因此能够迅速集中资源，包括资金、人才、技术等，形成强大的攻关力量。这种高度的针对性不仅提高了合作效率，也确保了研究成果能够迅速转化为生产力。

2. 跨学科、跨领域的协同创新

在项目驱动型合作中，企业、高校和研究机构基于项目需求，共同组建跨学科、跨领域的研发团队。这种团队构成打破了传统学科和领域界限，促进了不同知识体系和技术方法的融合与碰撞，为创新提供了广阔的空间。通过跨学科交流，团队成员能够相互启发，共同探索新的解决方案，从而大大提升了创新的深度和广度。

3. 灵活高效的合作机制

项目驱动型合作强调灵活性和高效性。在项目推进过程中，各方可以根据实际情况灵活调整合作策略和资源配置，以确保项目能够顺利进行。同时，这种模式还鼓励团队成员之间的紧密协作和快速响应，以应对项目中出现的各种挑战和变化。这种灵活高效的合作机制不仅提高了项目的成功率，也增强了团队的凝聚力和战斗力。

4. 人才培养的实践平台

项目驱动型合作为高校和研究机构的学生及教师提供了宝贵的实践机会。通过参与真实项目，师生们能够深入了解市场需求和产业动态，将所学知识应用于解决实际问题中。这种实践经历不仅有助于锻炼和提升他们的专业技能和创新能力，还能够增强他们的职业素养和团队协作精神。此外，项目合

作还为学生提供了接触行业前沿技术和了解职业发展路径的机会，为他们的未来职业规划提供了有力支持。

5. 项目选题的科学性与可行性

项目选题的科学性和可行性是项目驱动型合作成功的关键。选题应紧密结合市场需求和产业发展趋势，确保研究成果具有实际应用价值。在选题过程中，各方应充分调研市场需求、技术现状和未来发展趋势，确保选题既具有前瞻性又符合实际可行性。同时，还应考虑项目的经济效益和社会效益，确保项目成果能够为社会带来积极影响。

6. 建立有效的沟通机制与利益分配机制

为了确保项目驱动型合作的顺利进行并取得预期成果，各方应建立有效的沟通机制和利益分配机制。沟通机制应确保各方能够及时、准确地传递信息和反馈意见，以便及时调整合作策略和解决合作中出现的问题。利益分配机制则应遵循公平、合理、共赢的原则，确保各方在项目合作中都能获得相应的利益回报。通过建立有效的沟通机制和利益分配机制，可以增强各方之间的信任感和合作意愿，为项目的成功实施提供有力保障。

（二）平台共享型合作

平台共享型合作作为产学研合作的高级形态，其核心价值在于通过构建一个集技术研发、测试验证、成果转化等功能于一体的综合性平台，实现资源的优化配置与高效利用。这种模式不仅促进了技术创新与产业升级的深度融合，还显著降低了合作门槛与成本，加速了科技成果向现实生产力的转化。

1. 平台的构建与运营

（1）资源整合与展示。平台的首要任务是整合企业、高校、研究机构等多方资源，包括人才、技术、资金、设备等。通过建立资源数据库和展示系统，平台能够清晰地呈现各类资源的详细信息，便于合作双方快速找到所需资源并进行有效对接。这种资源整合与展示功能，为产学研合作提供了丰富的资源池和广阔的选择空间。

（2）交流与协作工具。为了促进合作双方的高效沟通与协作，平台应提供先进的在线交流与协作工具。这些工具包括但不限于即时通讯、视频会议、项目管理系统等，它们能够支持合作双方跨越地理界限，实现信息的实时共享与任务的协同推进。此外，平台还可以根据合作需求，定制化开发特定功能的协作工具，以满足不同项目的个性化需求。

（3）质量监控与评价体系。为了确保合作成果的质量与效益，平台应建立健全的质量监控和评价体系。这包括对合作过程的全程跟踪与监督、对合作成果的严格评估与验收等。通过引入第三方评估机构或建立专家评审团队，平台可以对合作项目进行客观、公正的评价，确保合作成果符合预期目标并具备实际应用价值。

2. 平台品牌的打造与推广

在平台运营过程中，品牌打造与推广是提升平台影响力与吸引力的重要手段。平台应注重品牌形象的塑造与传播，通过举办各类产学研交流活动、发布行业研究报告、参与国内外重要展会等方式，提升平台的知名度和美誉度。同时，平台还可以利用互联网、社交媒体等新媒体渠道进行广泛宣传，吸引更多潜在合作伙伴的关注与加入。

3. 加强外部合作与联动

为了推动产学研合作的深入发展，平台还应积极寻求与地方政府、行业协会等机构的合作与联动。通过与政府部门的沟通与合作，平台可以获得更多的政策支持和资源倾斜；与行业协会的紧密合作，则有助于平台了解行业动态、把握市场趋势，为合作双方提供更加精准的服务与指导。此外，平台还可以与其他产学研合作平台建立战略联盟关系，共同构建更加完善的产学研合作生态体系。

（三）战略联盟型合作

战略联盟型合作作为产学研合作中的高级阶段，其独特之处在于通过构建长期稳定的战略合作伙伴关系，将各方利益紧密绑定在一起，共同探索技术创新与产业发展的新路径。这种合作模式超越了简单的项目合作或资源共享，而是深入到战略层面，为产学研各方提供了更为广阔的合作空间和更为深远的合作前景。

1. 长期性、稳定性与战略性

（1）长期性：战略联盟型合作强调的是长期合作与共同发展。通过签订长期合作协议，双方或多方明确了合作的长期目标和愿景，为合作关系的持久稳定奠定了坚实基础。这种长期性不仅有助于各方在合作中积累经验和信任，也为技术创新和产业升级提供了持续的动力。

（2）稳定性：稳定性是战略联盟型合作的另一大特点。通过建立稳定的战略合作伙伴关系，各方能够减少合作中的不确定性和风险，确保合作项目的顺利进行。同时，稳定性还有助于各方在合作中形成共同的文化和价值观，增强团队的凝聚力和向心力。

（3）战略性：战略性是战略联盟型合作的核心所在。它要求合作双方或多方在充分沟通的基础上，明确各自的战略目标和合作愿景，确保合作方向的一致性和前瞻性。通过共同规划发展方向和制定战略计划，各方能够在更广阔的领域和更深的层次上开展合作，共同推动技术创新和产业升级。

2. 战略契合度与信任机制

（1）战略契合度：战略联盟型合作的成功关键在于合作双方或多方的战略契合度。这要求各方在合作前进行充分的沟通和交流，了解彼此的战略意图和合作需求，确保合作方向的一致性和互补性。只有当各方在战略层面达成共识时，才能形成稳固的合作关系并推动合作的深入发展。

（2）信任机制：信任是战略联盟型合作得以持续和深入发展的基石。为了建立和维护信任关系，各方应加强沟通和协作，及时分享信息和资源，共同应对合作过程中可能出现的风险和挑战。同时，各方还应遵守合作协议和承诺，确保合作行为的可靠性和可预测性。通过建立互信机制，各方能够形成紧密的合作关系并共同推动合作目标的实现。

3. 合作成果共享与利益分配

（1）合作成果共享：在战略联盟型合作中，各方应注重合作成果的共享和推广。通过共同研发和创新，各方能够产生具有自主知识产权的核心技术和产品。这些成果不仅有助于提升各方的市场竞争力，还能推动整个行业的进步和发展。因此，各方应积极推动合作成果的共享和应用，将合作成果转化为实际生产力并创造更大的经济价值和社会价值。

（2）利益分配机制：合理的利益分配机制是战略联盟型合作成功的重要保

障。在制定利益分配方案时，各方应充分考虑各自的投入和贡献以及合作成果的实际价值。通过制定合理的利益分配比例和方式，确保各方在合作过程中能够获得合理的回报并激发其积极性和创造力。同时，各方还应注重长期利益与短期利益的平衡以及整体利益与个体利益的协调，确保合作关系的稳定和可持续发展。

三、信息平台建设

在信息时代背景下，构建产学研合作信息平台是提升合作效率与效果不可或缺的一环。这一平台不仅是信息交流的桥梁，更是资源整合与创新的加速器。

1. 资源展示与匹配

（1）功能描述：信息平台的首要任务是全面展示企业、高校及研究机构各自的资源信息，包括但不限于最新的技术成果、丰富的人才储备、先进的设备设施等。通过构建详尽的资源数据库，平台能够为用户提供全面、准确的信息检索服务。同时，借助智能匹配算法，平台能够根据合作双方的需求与条件，自动筛选出最合适的合作伙伴，实现资源的精准对接。

（2）实施策略：为了确保资源信息的真实性和有效性，平台应建立严格的审核机制，对上传的资源信息进行严格把关。此外，平台还应定期更新资源信息，确保用户能够获取到最新的合作机会。在智能匹配方面，平台可以运用大数据分析和机器学习技术，不断优化匹配算法，提高匹配的准确性和效率。

2. 在线交流与协作

（1）功能描述：信息平台集成了即时通讯、在线会议、协同编辑等多种工具，为合作双方提供了便捷的交流与协作环境。这些工具打破了时间和空间的限制，使合作双方能够随时随地开展深入的讨论和协作，极大地缩短了沟通时间，提高了合作效率。

（2）实施策略：为了确保在线交流与协作的顺畅进行，平台应提供稳定、安全的网络环境，并不断优化用户界面和交互体验。同时，平台还应提供多种协作模式，如文档共享、在线编辑、任务分配等，以满足不同合作场景的需求。此外，平台还可以引入第三方服务，如云存储、视频会议等，进一步提升用户的协作体验。

3. 项目管理与跟踪

（1）功能描述：信息平台提供了全面的项目管理工具，支持合作双方从项目计划制定、任务分配、进度跟踪到成果评估的全过程管理。这些工具不仅能够帮助用户清晰地了解项目的整体情况和进度，还能够及时发现和解决项目执行过程中出现的问题，确保项目按时按质完成。

（2）实施策略：在项目管理方面，平台应提供灵活的项目模板和自定义功能，以满足不同项目的特殊需求。同时，平台还应具备强大的数据分析能力，能够自动生成项目报告和图表，帮助用户直观地了解项目进展和成果。在进度跟踪方面，平台应支持实时更新和提醒功能，确保用户能够及时了解项目的最新动态。此外，平台还应提供风险评估和预警机制，帮助用户提前识别和解决潜在的问题。

四、成果转化

产学研合作的最终目的是实现技术成果的转化与应用，为社会经济发展贡献力量。为此，需要建立健全的成果转化机制，具体包括以下几方面：

1. 知识产权保护

（1）重要性：知识产权是技术成果的核心价值所在，也是合作双方共同关注的焦点。加强知识产权管理，明确合作双方的知识产权归属与利益分配，是保护创新成果不被侵犯、维护合作双方合法权益的重要前提。

（2）实施策略：在合作初期，合作双方应签订详细的知识产权协议，明确技术成果的归属权、使用权、转让权等关键条款。同时，平台应提供知识产权查询和咨询服务，帮助用户了解相关法律法规和政策动态。在合作过程中，平台还应加强知识产权的监控和维权工作，及时发现和制止侵权行为。

2. 市场推广

（1）重要性：市场推广是技术成果转化为商业价值的关键环节。企业利用市场资源和渠道优势，对转化后的技术成果进行市场推广，不仅能够实现技术成果的经济价值,还能够为企业带来持续的市场竞争力。

(2)实施策略:在市场推广方面,企业应充分发挥自身的市场资源和渠道优势,制定详细的市场推广计划,包括目标客户分析、营销策略制定、市场推广渠道选择等。同时,平台可以提供市场调研和数据分析服务,帮助企业了解市场需求和竞争态势,为市场推广提供有力支持。此外,平台还可以组织技术成果展示会、行业交流会等活动,为合作双方提供展示和交流的平台。

3. 持续跟踪与反馈

(1)重要性:技术成果的转化并非一蹴而就的过程,而是需要持续跟踪和评估的。通过收集用户反馈和市场信息,合作双方可以及时了解技术成果的应用效果和市场需求变化,为后续的技术改进和创新提供依据。

(2)实施策略:在持续跟踪与反馈方面,平台应建立完善的反馈机制和数据收集系统,定期收集用户反馈和市场信息。同时,平台还应提供数据分析服务,帮助用户深入挖掘数据背后的价值和规律。在收到反馈后,合作双方应及时响应并制定相应的改进措施,确保技术成果能够持续满足市场需求并不断提升性能和质量。

第二节　信息时代背景下职业教育的质量体系

信息时代背景下，职业教育质量体系的构建是提升教育水平、保障人才培养质量的关键。本节将从质量标准的制定、质量监控的实施、质量评价体系的完善及质量文化的培育四个方面进行阐述。

一、质量标准的制定

在职业教育领域，制定科学合理的质量标准是提升教育质量、确保人才培养与社会需求高度契合的基础。这一过程需要深入调研行业发展趋势，紧密对接企业用人需求，以培养出既具备扎实理论基础又拥有过硬实践技能的复合型人才为目标。

（一）行业发展趋势分析

职业教育领域对行业发展趋势的敏锐洞察是制定前瞻性教育策略的关键。随着全球化的深入发展和科技的日新月异，行业技术革新和产业结构的调整步伐不断加快，这对职业教育提出了更高的要求。

1. 国内外行业动态关注

（1）技术革新追踪：通过订阅行业报告、参加专业研讨会、关注权威媒体发布的信息等方式，持续跟踪国内外新技术的研发与应用情况。特别关注那些具有颠覆性、引领性的技术突破，如人工智能、大数据、云计算、物联网等，它们往往预示着行业未来的发展方向。

（2）产业结构调整分析：分析国家及地方政府的产业政策导向，了解哪些产业正在崛起，哪些产业面临转型或衰退。同时，关注国际贸易环境的变化和全球经济格局的调整，以更广阔的视角审视行业的未来发展。

2. 预测市场需求变化

（1）人才需求预测：基于技术革新和产业结构调整的趋势，预测未来市场对各类专业人才的需求变化。特别关注那些与新兴技术紧密相关、具有广阔发展前景的职业领域，如智能制造、新能源汽车、生物医药等。

（2）专业设置与课程优化：根据市场需求预测结果，适时调整和优化职业教育专业设置及课程内容。增设或强化与市场需求紧密相关的专业方向，淘汰或缩减过时、就业前景黯淡的专业。同时，注重课程内容的更新与升级，确保学生掌握的知识技能与行业前沿技术保持同步。

3. 专家与企业参与论证

（1）邀请行业专家：定期邀请行业内的知名专家、学者参与专业设置与课程内容的论证工作。他们具有丰富的行业经验和深厚的专业知识，能够为教育内容的调整和优化提供宝贵的意见和建议。

（2）企业代表参与：积极与企业建立联系，邀请企业代表参与教育论证过程。他们更了解市场对人才的需求和变化，能够为职业教育提供更具针对性的指导和支持。通过校企合作的方式，共同制订人才培养方案和教学计划，确保人才培养与市场需求无缝对接。

（二）企业用人需求分析

职业教育的最终目的是为社会培养高素质的技能型人才。因此，深入了解企业用人需求，是实现这一目标的重要途径。

1. 深入企业一线调研

（1）岗位需求调研：通过实地考察、问卷调查、访谈交流等方式，深入企业一线了解不同岗位对人才的具体要求。包括岗位所需的知识技能、职业素养、团队协作能力等方面。这些要求不仅是学生未来就业的重要参考，也是职业教育内容调整的重要依据。

（2）发展趋势预测：在调研过程中，还要关注企业未来的发展战略和用人趋势。了解企业对于新技术、新工艺、新材料等方面的需求变化，以及对于复合型、创新型人才的需求增长情况。这有助于我们更加准确地把握未来市场的用人需求变化。

2. 细化培养目标与要求

（1）明确核心能力：根据企业用人需求调研结果，细化职业教育培养目标。明确学生应具备的核心能力和素质要求，如专业技能、创新能力、团队协作能力、职业素养等。这些核心能力和素质是学生未来就业和发展的重要基础。

（2）制订详细的教学计划：围绕核心能力和素质要求，制订详细的教学计划。包括课程设置、教学方法、实践教学环节等方面。注重理论与实践相结合，强化学生的实践能力和创新能力培养。同时，加强与企业的合作与交流，共同开发课程标准和评价体系，确保人才培养质量符合企业要求。

3. 建立校企合作机制

（1）共同开发课程标准：与企业合作共同开发课程标准和教学大纲。确保课程内容与行业标准和企业需求紧密对接。同时，邀请企业专家参与课程内容的更新和升级工作，保持课程内容的先进性和实用性。

（2）实施订单式培养：根据企业用人需求和学生意愿，实施订单式人才培养模式。即学校与企业签订合作协议，按照企业要求制订人才培养方案和教学计划。学生毕业后直接进入企业就业，实现教育与就业的无缝对接。这种模式不仅有助于解决学生就业难的问题，也有助于提高职业教育的针对性和实效性。

（三）课程设置与教学内容

在职业教育领域，课程设置与教学内容直接关系到学生知识结构的构建和能力的培养。因此，基于行业发展趋势和企业用人需求，合理设置课程体系，确保课程内容的实用性和前瞻性，是提升职业教育质量的关键。

1. 课程体系的科学构建

（1）课程体系应体现系统性和层次性。从基础理论到专业技能，再到综合应用，各门课程之间应形成有机联系，形成一个完整的知识体系。这样有助于学生逐步深入地掌握专业知识，形成系统的认知结构。

（2）课程内容应紧贴行业前沿和市场需求。随着技术的不断进步和产业结构的不断调整，职业教育必须紧跟时代步伐，及时更新课程内容。通过引入行业最新标准、技术规范和案例研究，确保学生所学知识与实际工作需求保持同步。

2. 教学方法的创新实践

在教学方法上，应注重理论与实践相结合。传统的讲授式教学虽然能够传授知识，但往往缺乏实践性和互动性。因此，应增加案例教学、项目式学习等教学方法，让学生在解决实际问题的过程中掌握知识、提升能力。这些教学方法不仅能够激发学生的学习兴趣和主动性，还能够培养他们的创新思维和团队合作能力。

此外，还应充分利用现代信息技术手段，如在线教育平台、虚拟仿真实验室等，拓展教学空间和时间。通过线上线下相结合的教学方式，为学生提供更加灵活多样的学习体验。

3. 新兴技术与领域的引入

随着科技的不断进步和新兴领域的不断涌现，职业教育必须保持敏锐的洞察力，适时引入相关课程。例如，在智能制造、大数据、人工智能等新兴领域，职业教育应增设相关课程，帮助学生掌握前沿技术和知识。这样不仅能够拓宽学生的知识面和视野，还能够为他们未来的职业发展提供更多可能性。

（四）实践环节与实训基地

实践教学是职业教育的重要组成部分，对于培养学生的实践能力和解决问题的能力具有重要意义。因此，强化实践教学环节、建立稳定的实训基地和校企合作项目至关重要。

1. 实训基地的建设与管理

实训基地是实践教学的重要场所，应配备先进的设备和设施，满足学生技能训练和创新实践的需求。学校应加大对实训基地的投入力度，不断更新和完善实训设备。同时，还应加强实训基地的管理和维护工作，确保设备的正常运行和实训教学的顺利进行。

2. 校企合作的深化与拓展

通过校企合作，学校可以与企业建立紧密的合作关系，共同开展实践教学活动。企业为学生提供真实的工作环境和项目实践机会，让学生在实践中学习、在学习中实践。这种教学模式不仅能够提高学生的实践能力和职业素养，还能够增强他们的就业竞争力。同时，学校还可以与企业共同开发教学资源和课程内容，实现教育与产业的深度融合。

3. 社会实践与志愿服务的鼓励

除了校内实训和企业实践外，学校还应鼓励学生参与社会实践和志愿服务等活动。这些活动不仅能够拓宽学生的视野和知识面，还能够培养他们的社会责任感和综合素质。通过参与社会实践和志愿服务活动，学生可以更加深入地了解社会、关注民生、服务社会。

（五）师资力量与团队建设

教师是教学质量的关键。在职业教育领域，拥有一支高素质、专业化的教师团队是提升教学质量的重要保障。

1. 优秀教师的引进与培养

学校应加大优秀教师的引进力度，吸引那些具有丰富实践经验和深厚理论功底的教师加入职业教育队伍。同时，还应注重青年教师的培养和发展工作。通过提供专业培训、学术交流等机会，帮助他们提升教学水平和科研能力。此外，还应建立完善的教师激励机制和评价体系，激发教师的工作热情和创造力。

2. 教师团队的协作与共享

教师团队之间的协作与共享对于提升教学质量具有重要意义。学校应鼓励教师之间开展教学研究和学术交流活动，分享教学经验和教学资源。通过团队协作和资源共享，教师可以相互学习、相互借鉴、共同进步。同时，学校还应建立教学团队和科研团队等组织形式，促进教师之间的合作与交流。

3. 师德师风的建设与弘扬

师德师风是教师队伍建设的重要内容。学校应注重师德师风的建设与弘扬工作，引导教师树立正确的教育观念和职业道德观念。通过开展师德师风教育活动、评选优秀教师和师德标兵等方式，激励广大教师以高尚的师德和良好的师风影响和教育学生。

二、质量监控的实施

为确保职业教育质量标准的有效执行，必须建立健全的质量监控体系，对教学过程和实践教学进行全面、系统的监控。

1. 教学过程监控

教学过程监控是确保教学质量稳步提升的重要环节，它要求通过多种手段对教师的教学全过程进行全面而细致的评估与监督。

（1）听课评课制度：建立常态化的听课评课机制，鼓励校内外专家、同行及学生代表参与。听课人员需关注教师的教学态度是否积极、教学方法是否得当、教学内容是否准确且贴近实际、课堂氛围是否活跃等多个维度。评课环节则侧重于提出具体、建设性的反馈意见，帮助教师认识到自身的优点与不足，从而明确改进方向。

（2）教学检查制度：定期进行教学检查，包括教学计划执行情况、教学进度把握、教学资料准备等方面。通过检查，确保教学活动有序进行，教学资料丰富且符合教学大纲要求。对于发现的问题，及时与教师沟通，提出整改要求，并跟踪整改进度。

（3）学生反馈机制：学生是教学过程的直接参与者，他们的反馈对于评估教学质量至关重要。通过问卷调查、匿名评价、学习心得分享等形式，收集学生对教师教学的真实感受和建议。这些反馈信息能够为教师提供第一手资料，帮助他们更好地了学生的学习需求，优化教学策略。

（4）多元化评价体系：构建包括专家评价、同行评价、学生评价在内的多元化评价体系。不同评价主体从不同角度对教学进行审视，有助于形成全面、客观的评价结果。评价结果不仅作为教师绩效考核的重要依据，也是教学改革和优化的重要参考。

2. 实践教学监控

实践教学监控是职业教育不可或缺的一部分，对于提升学生的实践能力和职业素养具有重要意义。因此，加强对实践教学的监控力度至关重要。

（1）实践教学管理制度：制定完善的实践教学管理制度，明确实践教学的目标、要求、流程及考核标准。制度应涵盖实训基地管理、校企合作项目管理、实践教学计划制定与执行等多个方面，确保实践教学活动有章可循、有据可依。

（2）实训基地监控：定期对实训基地的运行情况进行检查，包括设备完好率、使用效率、安全状况等方面。确保实训基地能够满足实践教学的需要，为学生提供良好的实践环境。同时，加强对实训基地管理人员的培训和管理，提高他们的服务意识和专业水平。

（3）校企合作项目跟踪：建立校企合作项目跟踪管理机制，对项目进度、质量、效果等方面进行全程监控。通过定期沟通、现场考察等方式，了解项目的实施情况，及时解决存在的问题。同时，加强与企业的合作与交流，共同推动项目的顺利开展和高质量完成。

（4）实践教学考核与评估：制定科学合理的实践教学考核与评估标准，对学生的实践能力和技能水平进行全面评价。通过考核与评估，了解学生的实践效果和学习成果，为教学改进提供依据。同时，将考核与评估结果反馈给教师和学生，帮助他们认识到自身的优点与不足，明确改进方向。

3. 质量信息反馈

质量信息反馈是教学质量监控体系中的重要环节，它要求及时收集和分析教学质量数据，将结果反馈给相关部门和人员，促进教学质量的持续改进和提升。

（1）多元化信息收集渠道：通过问卷调查、座谈会、在线评价等多种方式，广泛收集学生、教师、企业等多方面的意见和建议。确保信息的全面性和客观性，为后续分析提供有力支持。

（2）数据分析与问题识别：对收集到的数据进行整理和分析，运用统计方法和分析工具找出教学中存在的问题和不足。同时，对问题进行分类和排序，明确改进的重点和优先级。

（3）制定改进措施：针对发现的问题和不足，制定具体、可行的改进措施。改进措施应明确责任部门、责任人、完成时间和预期效果等要素，确保改进措施的有效实施。

（4）反馈与跟踪：将质量信息反馈给相关部门和人员，督促他们按照改进措施进行整改。同时，建立跟踪机制，对整改情况进行定期检查和评估。对于整改效果不明显的部分，及时调整改进策略，确保教学质量持续提升。

总之，职业教育质量标准的制定和实施是一个系统工程，需要政府、学校、企业等多方面的共同努力和配合。通过制定科学合理的质量标准、建立健全的质量监控体系以及实施有效的质量改进措施，我们可以不断提升职业教育质量，为经济社会发展培养出更多高素质的技能型人才。

三、质量评价体系的完善

在职业教育领域，一个完善且多元化的质量评价体系是确保教育质量持续提升的重要保障。这一体系不仅关注学生的学习成果，还涵盖了教师的教学表现、企业的合作反馈等多个维度，旨在通过全面的视角来审视和评估教育质量。

1. 多元化评价维度

（1）学生评价：学生是教学质量的直接受益者，他们的反馈对于评估教学效果至关重要。学生评价应涵盖课程内容、教学方法、师生互动、学习资源等多个方面，鼓励学生以客观、真实的态度表达自己的学习体验和感受。通过定期的学生满意度调查、学习成效评估等方式，收集并分析学生评价数据，为教学改进提供依据。

（2）教师评价：教师是教学质量的关键因素。教师评价应关注教师的教学态度、专业能力、教学方法、课堂管理等方面。通过同行评价、学生评价、自我评价以及教学观摩、教学竞赛等活动，全面评估教师的教学水平和教学效果。同时，建立教师激励机制，对表现优秀的教师给予表彰和奖励，激发教师的教学热情和创造力。

（3）企业评价：职业教育与市场需求紧密相关，企业的反馈对于评估人才培养质量具有重要意义。企业评价应关注毕业生的岗位适应能力、职业素养、专业技能等方面。通过毕业生跟踪调查、校企合作项目评估等方式，收集并分析企业反馈数据，了解人才培养质量与企业需求的契合度，为专业调整和课程设置提供依据。

2. 定期教学质量评估

定期教学质量评估是确保教育体系不断优化、教学质量稳步提升的关键环节。这一机制旨在通过周期性、系统性的评估活动，全面审视教学活动的各个环节，从而识别问题、制定对策并跟踪改进效果。

（1）评估周期的设定：评估周期应根据学校实际情况和教学规律来确定，通常每学期或每学年进行一次较为适宜。这样的频率既能保证评估的及时性和针对性，又能避免过于频繁带来的负担。

（2）评估内容的全面性：评估内容应覆盖教学活动的各个方面，包括但不限于课程设置、教学内容、教学方法、实践教学以及师资力量等。课程设置需考察其是否符合行业需求和学生发展；教学内容应关注其前沿性、实用性和系统性；教学方法则需评估其多样性和有效性；实践教学则需关注其真实性和有效性；师资力量则需评价教师的专业素养和教学能力。

（3）评估方法的多样性：为确保评估结果的客观性和准确性，应采用多种评估方法相结合的方式。除了传统的听课评课、教学检查和学生反馈外，还可以引入专家评审、同行评价、问卷调查、数据分析等多种手段。这些方法的综合运用能够更全面地反映教学质量的真实情况。

（4）评估结果的运用：评估结果不仅是评价教师和教学活动的依据，更是制定改进措施、推动教学改革的重要参考。对于评估中发现的问题和不足，应及时组织相关部门和人员进行深入分析，制定针对性的改进措施，并明确责任人和完成时限。同时，建立跟踪机制，对改进效果进行定期检查和评估，确保教学质量持续提升。

3. 数据支持与决策分析

在信息化时代，数据已成为教学管理决策的重要依据。充分利用现代信息技术手段，建立教学质量数据库和数据分析平台，对于提升教学质量管理的科学性和有效性具有重要意义。

（1）教学质量数据库的构建：教学质量数据库应涵盖各类评价数据、教学资源数据、学生成绩数据等。这些数据通过标准化、规范化的方式进行采集和存储，为后续的数据分析提供坚实的基础。

（2）数据分析平台的搭建：基于教学质量数据库，搭建数据分析平台，运用先进的数据分析技术和方法，对收集到的数据进行深入挖掘和分析。通过数据分析，可以发现教学质量的变化趋势、潜在问题以及影响因素等，为教学管理决策提供有力的支持。

（3）教学质量报告与决策建议的生成：根据数据分析结果，生成教学质量报告和决策建议。教学质量报告应全面反映教学质量的整体情况和存在的问题；决策建议则应针对具体问题提出切实可行的解决方案和改进措施。这些报告和建议将为教学管理决策提供科学依据，推动教学质量的持续改进和提升。

四、质量文化的培育

质量文化是职业教育质量保障体系的重要组成部分，它影响着师生的质量观念和行为习惯。营造"质量为本、追求卓越"的职业教育质量文化氛围，对于提升教育质量具有重要意义。

（一）举办质量月活动

1. 活动的背景与意义

在高等教育及职业培训领域，质量是教育的生命线，是提升学校竞争力、培养学生综合素质的基石。定期举办质量月活动，不仅是对教学质量的一次全面审视和提升，更是激发全校师生质量意识、营造质量文化氛围的重要契机。通过集中一个月的时间，围绕"质量提升、创新发展"的主题，开展一系列富有成效的活动，能够有效推动学校教学质量管理的规范化、科学化和精细化发展。

2. 活动的内容与形式

（1）质量讲座：邀请国内外知名教育专家、质量管理学者来校做专题讲座，分享最新的质量管理理念、方法和技术。讲座内容可涵盖教学质量评估、教学质量保障体系构建、质量文化培育等多个方面，为师生提供丰富的理论知识和实践案例。

（2）教学观摩：组织全校师生参与优秀课程的教学观摩活动。通过现场听课、课后评议等方式，让师生直观感受优秀教师的教学风采和教学艺术，学习借鉴先进的教学方法和手段。同时，鼓励教师之间相互交流、相互学习，形成比学赶超的良好氛围。

（3）教学技能大赛：举办教学技能大赛，鼓励教师积极参与。比赛项目可包括教学设计、课堂教学、教学反思等多个环节，全面考察教师的教学能力和专业素养。通过比赛，选拔出一批教学技能精湛、教学效果显著的优秀教师，树立教学榜样，激励广大教师不断提升自己的教学水平。

（4）质量成果展示：设立质量成果展示区，展示学校在教学改革、质量提升方面取得的优秀成果和典型案例。展示内容可包括教学成果奖、优秀教学论文、精品课程建设等多个方面。通过展示，让师生更加直观地了解学校在质量提升方面所做的努力和取得的成效，进一步激发师生对质量的关注和追求。

3. 活动的效果与影响

质量月活动的开展，能够有效增强师生的质量意识和质量责任感，形成人人关心质量、人人参与质量提升的良好氛围。同时，通过活动的开展，能够推动学校教学质量的全面提升，提高教育教学水平，为学生提供更加优质的教育服务。此外，质量月活动还能够促进学校与社会的交流与合作，提升学校的知名度和影响力。

（二）加强质量教育宣传

1. 宣传渠道与方式

（1）校园广播：利用校园广播平台，定期播放关于质量教育的专题节目。节目内容可涵盖质量政策解读、质量标准介绍、质量文化建设等多个方面，让师生在轻松愉快的氛围中接受质量教育。

（2）宣传栏：在校园内设置专门的质量教育宣传栏，定期更新宣传内容。宣传栏可展示质量政策文件、质量标准规范、质量文化理念等相关信息，让师生在日常生活中随时随地感受到质量教育的氛围。

（3）校园网：利用校园网平台，开设质量教育专栏或频道。专栏或频道可发布质量教育相关的新闻资讯、政策法规、案例分析等内容，为师生提供丰富的质量教育资源和学习平台。

2. 宣传内容与重点

（1）质量政策：宣传国家及地方关于教育质量的政策法规和文件精神，

引导师生了解质量政策的重要性和实施要求。

（2）质量标准：介绍教育行业内的质量标准和规范，让师生明确教学质量的具体要求和评估标准。同时，强调质量标准对于提升教学质量的重要性，引导师生自觉遵守和执行质量标准。

（3）质量文化：培育和弘扬质量文化，倡导"追求卓越、注重细节、持续改进"的质量理念。通过宣传质量文化的重要性、内涵和表现形式等方面内容，引导师生树立正确的质量观念和质量意识。

（4）成功案例：邀请行业专家、企业代表来校进行质量讲座和交流活动，分享他们在质量管理方面的成功经验和典型案例。通过案例分析和讨论交流等方式，让师生了解质量管理的实践应用和价值所在，拓宽师生的视野和思路。

3. 宣传效果与影响

加强质量教育宣传能够有效提升师生的质量意识和质量素养，推动学校质量文化的建设和发展。通过广泛的宣传和教育活动，能够让师生深刻认识到质量对于个人成长和学校发展的重要性；同时能够激发师生对质量的关注和追求，形成人人关心质量、人人参与质量提升的良好氛围。此外，加强质量教育宣传还能够促进学校与社会的交流与合作，提升学校的知名度和影响力。

（三）建立质量激励机制

1. 激励机制的重要性

在职业教育环境中，建立一个科学、合理的质量激励机制是推动教学质量持续提升不可或缺的一环。这种机制不仅能够激发师生的积极性和创造力，还能够为教学质量提升注入源源不断的动力。通过表彰和奖励在质量提升方面表现突出的师生，可以树立榜样，激励更多人追求卓越，形成良性竞争与合作的氛围。

2. 激励机制的具体措施

（1）设立奖项体系：根据教学质量的不同方面，设立多样化的奖项，如教学质量奖、教学成果奖、优秀毕业论文奖等。这些奖项应明确评选标准、流程和奖励办法，确保公平公正。同时，奖项的设立应覆盖不同层次和类型的师生，以激发全体师生的参与热情。

（2）挂钩评价体系：将质量评价结果与教师职称评定、绩效考核等紧密挂钩，使教师在追求个人职业发展的同时，更加注重教学质量的提升。这种挂钩机制能够形成有效的质量约束，促使教师不断提升自身的教学能力和水平。

（3）提供发展机会：为在质量提升方面表现突出的师生提供更多的发展机会，如参加国内外学术交流、访学、进修等。这些机会不仅能够提升师生的专业素养和视野，还能够进一步激发他们在教学和科研方面的热情和动力。

3. 激励机制的效果与影响

科学合理的质量激励机制能够显著提升师生的教学积极性和创造力，推动教学质量的持续提升。同时，这种机制还能够促进教师队伍的优化和发展，为学校培养更多高素质的教学人才。此外，激励机制的建立还能够增强学校的凝聚力和向心力，提升学校的整体形象和竞争力。

（四）营造积极向上的质量氛围

1. 营造质量氛围的重要性

积极向上的质量氛围是职业教育质量提升的重要软实力。它能够通过潜移默化的方式影响师生的思想观念和行为习惯，使他们在日常教学和学习中更加注重质量、追求卓越。营造这样的氛围有助于形成全校师生共同参与质量提升的良好局面，为教学质量的持续提升提供有力保障。

2. 营造质量氛围的具体措施

（1）环境布置：在校园内设置质量文化长廊、悬挂质量标语等，让师生在视觉上感受到质量文化的存在。这些布置应富有创意和美感，能够吸引师生的注意并引发他们的思考。

（2）主题活动：定期举办质量主题班会、质量文化月等活动，通过讲座、讨论、展览等形式，让师生深入了解质量文化的内涵和价值。这些活动应注重参与性和互动性，鼓励师生积极参与并表达自己的看法和建议。

（3）氛围营造：在日常教学和管理中，注重营造积极向上的氛围。通过表扬优秀、鼓励创新、倡导合作等方式，让师生感受到学校对质量的重视和期待。同时，学校领导和管理层应率先垂范，以自己的行动为师生树立榜样。

3. 质量氛围营造的效果与影响

积极向上的质量氛围能够浸润师生的心灵，使他们在潜移默化中接受质量文化的熏陶。这种氛围能够激发师生的质量意识和责任感，使他们在日常教学和学习中更加注重质量、追求卓越。同时，氛围的营造还能够增强学校的凝聚力和向心力，促进师生之间的交流和合作，共同推动职业教育质量的不断提升。

第三节　信息时代背景下职业教育的师资队伍建设

师资队伍建设是职业教育发展的核心要素之一。在信息时代背景下，加强师资队伍建设，提升教师信息化教学能力和综合素质，对于提高职业教育质量具有重要意义。本节将从师资结构优化、教师培训与发展、激励机制构建三个方面进行阐述。

一、师资结构优化

在职业教育领域，师资结构的优化是提升教学质量和适应行业发展的关键环节。这一过程需要紧密结合专业发展的长远规划和学生的实际需求，以实现教师资源的高效配置与利用。

（一）行业背景与实践经验的引进：构建产教融合的教育生态

1. 行业技术动态对职业教育的影响

在快速变化的科技与经济环境中，行业技术的迭代速度日益加快，对职业教育提出了更高要求。传统的教学模式往往难以跟上行业发展的步伐，导致学生毕业后难以迅速适应工作岗位的需求。因此，职业教育必须紧密关注行业动态，及时将新技术、新工艺、新标准融入教学内容，确保教育的时效性和实用性。

2. 人才引进策略的多维度探索

（1）校企合作：深化与行业龙头企业的合作，建立教师互派、联合培养等机制。企业可以派遣经验丰富的技术人员或管理人员到校任教，分享实战经验；学校则可选派教师到企业挂职锻炼，提升实践操作能力。这种双向交流不仅丰富了教学内容，还促进了产学研的深度融合。

（2）行业推荐：利用行业协会、专业组织等资源，建立人才推荐网络。这些组织对行业人才有着深入的了解和广泛的联系，能够精准推荐符合学校需求的优秀人才。

（3）猎头招聘：针对高端人才或紧缺岗位，采用猎头招聘的方式，主动出击，寻找并吸引行业内的佼佼者加入教学团队。猎头公司具有专业的人才搜索和评估能力，能够大大提高招聘的效率和精准度。

3. 实践经验的价值体现

引进具备丰富实践经验的教师，不仅能够为学生提供更加贴近实际的教学内容，还能帮助学生建立对行业的直观认识和深刻理解。这些教师能够结合自身的工作经历，将抽象的理论知识转化为生动的案例和实用的技能，激发学生的学习兴趣和动力。同时，他们还能参与校企合作项目的策划与实施，推动学校与行业之间的深度合作，实现教育资源与行业资源的有效对接。

（二）内部培养与激励机制：激发教师潜能，促进持续发展

1. 教师培养体系的完善

（1）专业培训：定期组织教师参加各类专业培训和学习活动，如行业认证考试、高级研修班、国际交流项目等。这些培训不仅有助于提升教师的专业知识和技能水平，还能拓宽他们的国际视野和跨文化交流能力。

（2）个性化发展路径：根据教师的个人兴趣和职业规划，提供定制化的培养方案。鼓励教师结合自己的研究方向和兴趣点，深入探索某一领域或跨学科领域的知识和技能。

（3）导师制度：建立导师制度，为年轻教师配备经验丰富的老教师作为导师。通过导师的指导和帮助，年轻教师可以更快地适应教学岗位的要求，提升教学水平和科研能力。

2. 激励机制的多元化构建

（1）物质奖励：对在教学、科研、社会服务等方面表现突出的教师给予物质奖励，如奖金、津贴、住房补贴等。这些奖励能够直接体现教师的劳动成果和价值贡献，激发他们的工作热情和积极性。

（2）精神激励：除了物质奖励外，还应注重精神层面的激励。通过表彰大会、荣誉证书、职称晋升等方式，对优秀教师进行表彰和肯定。这种精神激励能够增强教师的荣誉感和归属感，提升他们的职业认同感和责任感。

（3）发展机会：为优秀教师提供更多的发展机会和平台，如国内外学术交流、项目主持、团队建设等。这些机会不仅能够提升教师的专业素养和综合能力，还能为他们未来的职业发展奠定坚实的基础。

（三）团队建设与协作：凝聚力量，共创辉煌

1. 跨学科、跨领域教研团队的组建

鼓励和支持教师跨学科、跨领域组建教研团队，共同开展教学研究和创新活动。这种跨学科的合作有助于打破学科壁垒，促进不同领域知识的交叉融合和创新应用。通过团队合作，教师可以共同解决教育教学中遇到的难题和挑战，推动教学质量和科研水平的提升。

2. 教师之间的沟通交流

加强教师之间的沟通交流是团队建设的重要环节。通过定期召开教学研讨会、经验分享会等活动，促进教师之间的教学经验和教学资源的共享。这种交流不仅有助于教师之间的相互学习和借鉴，还能增强团队凝聚力和向心力，形成共同发展的良好氛围。

3. 协作机制的完善

建立完善的协作机制是确保团队建设顺利进行的关键。明确团队成员的职责和分工，制定详细的工作计划和进度安排。同时，建立有效的沟通渠道和反馈机制，及时解决团队合作中出现的问题和困难。通过协作机制的完善和优化，可以确保团队成员之间的顺畅合作和高效运行。

二、教师培训与发展

教师培训与发展是提升教师队伍整体素质、推动教育创新的重要途径。针对当前职业教育面临的挑战和需求，应重点加强以下几个方面的培训与发展工作。

（一）信息化教学能力培训：塑造未来教育新形态

在信息化时代，职业教育领域的变革尤为显著，信息化教学能力的提升已

成为教师队伍建设不可或缺的一环。这一培训不仅关乎技术的掌握，更是教学理念与方法的革新。

（1）培训内容的全面性：信息化教学能力培训应覆盖多个维度，从基础技能到高级应用，如多媒体教学软件（如 PowerPoint、Flash、Camtasia 等）的高效使用，到网络教学平台的搭建与个性化设计（如 Moodle、Blackboard、钉钉等），再到虚拟仿真教学资源的开发与应用，旨在构建全方位、立体化的信息化教学环境。

（2）教学模式的创新：通过培训，鼓励教师探索翻转课堂、混合式学习、项目式学习等新型教学模式，利用信息技术手段实现教学过程的个性化、互动化和高效化。这些模式能够激发学生的学习兴趣，提升他们的自主学习能力，同时也有助于教师更好地掌握学生的学习进度和需求，实现精准教学。

（3）教学效果与学习兴趣的双重提升：信息化教学手段的运用，如通过动画、视频、虚拟现实等多媒体资源，可以使抽象概念具体化、复杂过程直观化，从而降低学习难度，提高教学效果。同时，新颖的教学方式也能吸引学生的注意力，激发他们的学习兴趣和探索欲望，为培养具有创新精神和实践能力的高素质人才奠定坚实基础。

（二）专业技能提升：紧跟时代步伐，引领专业发展

专业技能是教师从事职业教育的核心竞争力。随着科技的日新月异，专业技能的提升成为教师持续发展的重要保障。

（1）行业前沿技术的追踪：定期组织行业前沿技术讲座，邀请行业专家、学者分享最新技术动态和研究成果，帮助教师了解行业发展趋势，拓宽视野。这些讲座不仅有助于教师更新知识结构，还能激发他们的创新思维，为教学科研注入新活力。

（2）实操训练的强化：针对专业特点，设计科学合理的实操训练课程，让教师在实践中掌握专业技能。通过模拟真实工作场景，提升教师的动手操作能力和解决实际问题的能力。此外，还可以组织技能竞赛、技能大赛等活动，激发教师的竞争意识和团队精神，促进技能水平的整体提升。

（3）国内外学术交流的促进：鼓励教师参加国内外学术交流会议，与同

行交流经验、分享成果。这些活动有助于教师了解国际先进的教育理念和方法，拓宽国际视野，提升学术水平。同时，也有助于教师建立广泛的学术联系和人脉资源，为未来的科研合作和职业发展奠定基础。

（三）职业生涯规划：激发潜能，共绘职业蓝图

职业生涯规划是帮助教师明确职业发展方向、激发工作热情的重要途径。通过个性化的规划指导和服务，为教师的职业发展提供有力支持。

（1）个性化规划方案的制定：根据教师的个人特点、兴趣爱好、专业背景和发展需求等因素，制定个性化的职业生涯规划方案。方案应明确职业发展目标、发展路径、所需技能与知识等方面的内容，为教师提供清晰的职业发展方向和路径指引。

（2）职业发展支持与服务：提供全方位的职业发展支持和服务，如职业咨询、进修机会、科研项目资助等。通过职业咨询帮助教师了解自己的职业兴趣、优势和不足，制定切实可行的职业发展计划；通过提供进修机会和科研项目资助，鼓励教师不断深造、拓展研究领域；通过搭建交流平台促进教师之间的合作与交流，共同推动职业教育事业的发展。

（3）激发内在动力与工作热情：通过职业生涯规划的指导和服务，帮助教师明确自己的职业使命和价值追求，激发他们的内在动力和工作热情。当教师对自己的职业发展有了清晰的认识和规划时，他们会更加积极地投入到教学科研工作中去，为实现个人价值和社会贡献而不懈努力。

三、激励机制构建

建立健全的激励机制是激发教师工作热情和创造力的重要保障。针对职业教育教师的特点和需求，应构建多元化、全方位的激励机制。

（一）物质激励与精神激励相结合：构建全面激励体系

在职业教育的激励机制中，物质激励与精神激励如同车之双轮，缺一不可。它们相辅相成，共同作用于教师的内心世界，激发其工作热情和潜能。

1. 物质激励：稳固基础，激发动力

物质激励是满足教师基本生活需求、保障其经济安全的重要手段。建立完善的薪酬制度和福利待遇体系，首先要确保教师的薪酬水平具有市场竞争力，能够吸引并留住优秀人才。这包括基本工资、绩效奖金、年终奖、住房补贴、医疗保险、退休金等多种形式的物质回报。通过合理的薪酬设计，使教师的收入与他们的努力程度、教学成果及贡献紧密挂钩，从而激发他们的工作积极性。

同时，还可以设立专项奖励基金，用于表彰在教学、科研、社会服务等方面做出突出贡献的教师。这些奖励不仅是对教师个人成就的认可，也是对其他教师的激励和鼓舞。

2. 精神激励：提升认同，增强归属

精神激励侧重于满足教师的精神需求，增强他们的职业荣誉感和归属感。通过表彰奖励、荣誉称号等方式，对教师的工作成绩和贡献给予充分的肯定和赞誉。这些荣誉不仅是对教师个人价值的认可，也是对他们职业生涯的一种鞭策和激励。当教师感受到来自学校、同事和社会的尊重与认可时，他们会更加珍惜自己的职业身份，更加投入地工作。

此外，学校还可以通过举办教师节庆祝活动、教师座谈会、教学成果展示会等形式，营造尊师重教的良好氛围。这些活动不仅能够增强教师的职业认同感，还能够促进教师之间的交流与合作，共同推动学校教育事业的发展。

（二）绩效考核与激励机制相挂钩：实现公平与效率的统一

绩效考核是评价教师工作表现的重要依据，也是激励机制的重要组成部分。建立科学合理的绩效考核体系，将教师的教学质量、科研成果、社会服务等方面纳入考核范围，有助于实现公平与效率的统一。

1. 绩效考核体系的建设

绩效考核体系应当具有全面性、客观性和可操作性。全面性要求考核内容涵盖教师各个方面的工作表现，客观性要求考核标准明确、具体、可量化，可操作性则要求考核过程简便易行、便于操作。在具体实施时，可以采用定量考核与定性考核相结合的方式，通过学生评价、同行评价、自我评价等多种渠道收集信息，确保考核结果的公正性和准确性。

2. 激励机制与绩效考核的衔接

将绩效考核结果与激励机制相挂钩，是实现公平与效率统一的关键。根据

考核结果给予相应的奖励或处罚措施，使教师的工作表现与他们的职业发展和薪酬待遇紧密相关。对于表现优秀的教师，可以给予晋升职称、提高薪酬、提供培训机会等奖励；对于表现不佳的教师，则可以通过谈话提醒、限期整改等方式进行督促和帮助。这种奖惩分明的激励机制有助于激发教师的工作积极性和创造力，推动他们不断提升自己的教学水平和科研能力。

（三）职业发展机会与激励机制相衔接：促进教师持续成长

职业发展机会是教师关注的重要方面之一，也是激励机制的重要组成部分。提供多样化的职业发展路径和晋升机会，并将之与激励机制相衔接，有助于促进教师的持续成长和进步。

1. 多样化的职业发展路径

学校应根据教师的个人特点和职业规划，提供多样化的职业发展路径。这包括职称评审、岗位晋升、出国深造等多种形式的职业发展机会。职称评审是教师职业发展的重要里程碑，通过评审可以肯定教师的学术水平和教学能力；岗位晋升则是教师职业发展的重要途径，通过晋升可以获得更高的职位和更好的待遇；出国深造则是教师拓宽国际视野、提升学术水平的重要机会。

2. 激励机制与职业发展机会的衔接

将职业发展机会与激励机制相衔接，使那些在教学、科研、社会服务等方面表现突出的教师能够获得更多的职业发展机会和更好的待遇保障。这不仅可以激发教师的工作热情和创造力，还可以促进他们不断追求卓越和进步。例如，对于在教学和科研方面取得显著成果的教师，可以优先推荐其参加职称评审或岗位晋升；对于有志于出国深造的教师，则可以提供资助或支持其申请相关项目。这些措施不仅有助于教师的个人成长和发展，也有助于提升学校整体的教育质量和科研水平。

参考文献

[1] 刘晓.新形势下对我国职业教育集团化办学的几点思考[J].高等职业教育探索,2018(2):12-18.

[2] 张莹.职业教育培养模式与方法的改革[J].神州·中旬刊,2018(11):105-107.

[3] 郝克明,马陆亭.关于培养高素质创新人才的探讨[J].教育研究,2007(6):3-10.

[4] 教育部.教育部要求大力推进职业教育集团化办学[J].新疆教育学院学报,2009(2):5-7.

[5] 吴雪萍,郝人缘.中国职业教育的转型:从数量扩张到质量提升[J].中国高教研究,2017(3):96-100.

[6] 朱雪梅.中国职业教育吸引力不足的文化成因与对策建议——新制度主义视野[J].职教论坛,2017(1):10-15.